UNA FE
QUE
PERDURA

UNA FE QUE PERDURA

J. Dwight Pentecost

CARIBE

Título en inglés: *A Faith that Endures*
© 1992 J. Dwight Pentecost
Publicado por *Discovery House*

Traductor: *Jordi Quesada*

ISBN: 0-89922-529-2

Impreso en EE.UU.
Printed in U.S.A.
1ª Edición

Contenido

Contenido

Prefacio

El camino de las personas buenas nunca ha sido fácil. Es un camino asediado por aflicciones, pruebas, dificultades y oposición. Los santos en el Antiguo Testamento tuvieron certeza de esto. Creyentes como Noé, Abraham, Moisés, José, Josué, David, Jeremías y Daniel fueron llamados a sufrir por amor a la justicia. El Señor mismo advirtió: «En el mundo tendréis aflicción» (Jn 16.33). Prometió que aquellos que le pertenecen sufrirían el mismo rechazo y oposición que Él sufrió (Jn 15.18-25). El libro de los Hechos recoge el primer cumplimiento de las advertencias del Señor en la vida de sus testigos; mientras hayan creyentes en el mundo, también podemos llegar a padecer tales sufrimientos.

A través de un estudio de la epístola a los Hebreos, se hace evidente que los receptores de esta «palabra de exhortación» (Heb 13.22) pasaban por pruebas serias. El autor reconoce que esto no sólo es lo normal en muchos de los fieles, sino que además es ineludible mientras estamos en este mundo. Por lo tanto, aquellos que sufrían, necesitaban ayuda para afrontar esas experiencias, ese apoyo es lo que el escritor intentó dar mediante esta carta.

Aunque podría haberse esperado que les hubiera reprimido por sus temores y por la debilidad de su fe, al contrario, exhortó a sus lectores a que pacientemente se mantuvieran en la vida de fe que ya conocían. Esto lo hace al mostrarles la superioridad de la revelación de Dios que recibieron a través de su Hijo. Además les muestra que tienen un sacerdote misericordioso y fiel que ministra a su favor, cuya posición está basada en un pacto superior al de los sacerdotes del Antiguo Testamento, cuyo ministerio se fundamenta en un sacrificio mejor que aquellos del sistema levítico, y quien ministra en un santuario mejor que el de Aarón. Puesto que los santos del Antiguo Testamento vivieron por fe (Heb 11), los lectores de esta carta son llamados también a ello en medio de las circunstancias, y a mostrar perseverancia paciente como sus predecesores. Estas exhortaciones son acompañadas con advertencias sobre lo que se perdería si no se continúa caminando por fe en paciente perseverancia: no la pérdida de salvación, sino de las bendiciones que emanan de ello.

Aunque los detalles de nuestras vidas sean diferentes a las de aquellos para quienes se escribió esta epístola, las condiciones generales bajo las que vivimos son las mismas. Estamos en un mundo hostil y sin redimir, en un cuerpo no redimido, con una naturaleza no redimida dentro de nosotros. Somos blanco para los ataques del enemigo porque pertenecemos a Cristo. La carne puede fatigarse en el conflicto. La confianza que proporciona la fe puede dar paso a la debilidad. Por eso, necesitamos ánimo para llevar a cabo la buena lucha de la fe, para seguir caminando por ella, para manifestar paciente constancia en cada prueba y aflicción, para vivir a la luz de la esperanza puesta delante de nosotros en vez de la de las circunstancias presentes.

La ayuda que el autor de Hebreos dio a aquellos en situaciones similares a las nuestras, brindará el auxilio que necesitamos para vivir victoriosamente por la fe. Sus exhortaciones a soportar con paciencia y sus avisos en contra de retroceder en nuestra experiencia espiritual todavía son válidos. Nos muestran la importancia de caminar por fe.

Este libro es uno de los más importantes en todo el Nuevo Testamento para fortalecer y guiar a los creyentes en una vida de fe. No podemos estudiarla seriamente y usar sus verdades sin madurar en el conocimiento de la verdad y en un caminar que agrade al único que nos ha llamado a una vida de fe.

J. Dwight Pentecost

Bosquejo

I.   La revelación de Dios a través de Jesucristo es superior a
     su revelación por medio de los ángeles (1.12.18).

     A.   La revelación de Dios a través del Hijo (1.1-2a)
     B.   La posición del Hijo (1.2b-3)
     C.   La superioridad del Hijo sobre los ángeles (1.4-14)
     D.   Una severa advertencia contra la negligencia (2.1-4)
     E.   Razones para la encarnación del Hijo (2.5-18)
          1.   Cumplir con el propósito de Dios para el hombre
               (2.5-9a)
          2.   Gustar la muerte por todos (2.9b)
          3.   Llevar muchos hijos a la gloria (2.10-13)
          4.   Destruir al diablo (2.14)
          5.   Librar a los sujetos a servidumbre (2.15)
          6.   Convertirse en sacerdote para los hombres (2.16-
               17a)
          7.   Expiar los pecados (2.17b)
          8.   Socorrer a los que son tentados (2.18)

II. Jesucristo, Redentor y Soberano, es superior a Moisés
     (3.14.13).

     A.   La fidelidad de Moisés y Cristo contrastadas (3.1-6)
     B.   La rebelión en Cades-barnea (3.7-11)
     C.   Las consecuencias de la incredulidad (3.12-19)
          1.   Separación de Dios (3.12)
          2.   Endurecimiento del corazón (3.13-16)
          3.   Un acto de rebelión (3.17)
          4.   Pérdida de las bendiciones prometidas (3.18-19)
     D.   La experiencia de Israel como advertencia (4.1-13)

INTRODUCCIÓN

La naturaleza de Hebreos

Cuatro libros en el Nuevo Testamento fueron escritos específicamente para lectores judíos. Y aunque los cuatro autores se dirigían a audiencias judías, los destinatarios difieren en cada caso y las circunstancias a las que se refieren son muy distintas.

El primero de ellos es el Evangelio de Mateo, el cual no fue escrito para probar que Jesús era el Mesías profetizado, pues la resurrección se encargó de ello sin duda alguna. Por el contrario, Mateo lo hizo para explicar el por qué —puesto que Jesús era el Mesías profetizado, como probaron sus palabras y obras— no fue establecido el reino que Él vino a instaurar en la tierra como cumplimiento a las promesas y pactos del Antiguo Testamento.

Mateo registró la respuesta de los líderes a la oferta de Cristo como Rey y lo mostró por la manera como le rechazaron oficialmente (Mt 12.24), el reino que Cristo vino a establecer no pudo serlo. En su lugar, Cristo reveló una nueva forma de teocracia en su discurso profético (Mt 13), mientras una nueva entidad —la iglesia— era anunciada en Mateo 16. Además, por Israel haber repudiado al Mesías, esa generación caería bajo un juicio físico temporal (Mt 12.31-32; 23.38; 24.2). Así es como Mateo explica por qué el reino no fue instituido durante la primera venida del Mesías.

El segundo libro fue la epístola de Santiago, el cual tenía como destinatarios «a las doce tribus que están en la dispersión» (Stg 1.1). Se registra en el libro de Hechos 8.1-4 que la mayoría de los creyentes judíos en Jerusalén huyeron a consecuencia de la gran persecución que había contra la iglesia y se esparcieron por todas partes. En consecuencia, estaban sin la supervisión o instrucción de un apóstol. Santiago escribió para proveerles la enseñanza y control que necesitaban.

Estos creyentes sabían que un Dios justo requiere imparcialidad como base en la comunión con Él. Habían sido educados bajo las normas de justicia de la Ley de Dios, y aunque fueron liberados de la obligación a cumplirla, estaban preocupados con sus aspectos prácticos. Por esta razón, Santiago escribió para demostrar que la fe podía originar una justicia que agradaría a Dios en cada aspecto y situación de la vida. En resumen, si vivían por la fe producirían la justicia de la Ley.

El tercer grupo de libros específicamente dirigido a los judíos son las tres epístolas de Pedro. Escritas: «A los expatriados de la dispersión en el Ponto, Galacia, Capadocia, Asia y Bitinia» (1 P 1.1). Estas personas, como las que recibieron la epístola de Santiago, eran de los creyentes esparcidos por todas partes y sin la supervisión o instrucción de un apóstol; y aun estando así eran perseguidos y padecían gran sufrimiento.

Pedro, en su primera carta explicó cómo la fe estaba relacionada con los sufrimientos de

esos creyentes y les animó a ser pacientes. En la segunda, Pedro pasó a advertirles de los peligros de los falsos maestros y doctrinas que les podían apartar de la fe.

El cuarto libro es la epístola a los Hebreos, de autor desconocido, tenía como destinatarios a los fieles judíos en Palestina, quizás en las afueras o dentro de la misma Jerusalén. Estos, a causa de su identificación con Cristo por el bautismo, se habían alejado del orden religioso establecido y por lo tanto dejaron de recibir por completo los privilegios otorgados a los ciudadanos de Israel. Como Jesús había predicho, la nación mostraba su aversión por Cristo mediante el odio hacia aquellos que se identificaban a sí mismos con Él. Y aunque al principio aceptaron con alegría la persecución y el aislamiento, debido a su prolongada duración, empezaron a debilitarse en el conflicto y a

La relación entre fe y justicia siempre es importante. Como creyentes, debemos recordar que la confianza en el Señor Jesucristo nos justifica delante de Dios, lo que a cambio produce obediencia en nuestras vidas. Obediencia en la carne, por otra parte, no puede nunca justificarnos ante un Dios santo.

buscar alguna manera de escapar. Parece ser que algunos habían sugerido que de mantener ciertas fiestas y rituales en el templo sin abandonar su fe en Cristo, la comunidad judía podría pasar por alto el hecho de haber renunciado a identificarse con la nación y haberlo hecho con Cristo.

Como veremos, el autor de Hebreos exhortará a estos creyentes a ejercitar la fe y la perseverancia paciente en sus circunstancias presentes. Tomará las cosas preciosas en el judaísmo y demostrará el valor superior de lo que Cristo ha provisto a través de su muerte, su resurrección y su actual intercesión como su Sumo Sacerdote.

El autor de Hebreos

A diferencia de otras epístolas, excepto 1 Juan, no existen saludos en los que el autor se identifique a sí mismo con aque-

llos a los que se dirige. Con esto, parece ser como si deseara permanecer en el anonimato.

Clemente, obispo de Roma, menciona la epístola en el año 96 d.C., aunque no hace referencia a su autor. Fue atribuida a Pablo por Clemente de Alejandría alrededor del año 180 d.C., pero sin dar evidencia alguna que apoyara esta opinión. Es posible incluso que esto haya sido para evitar dudas concernientes a la autenticidad y canonicidad de la carta.

Aunque la autoría de Hebreos es muy discutida, hay buenas razones para aceptar la idea de que fue Pablo su autor. Ellas pueden agruparse en dos categorías.

1. Similitudes en circunstancias.

La referencia a Timoteo en 13.23 es muy parecida a las que Pablo hace de su joven compa-

Aunque la cultura en la que vivimos no es únicamente religiosa como la comunidad judía del primer siglo, aquellos que se identifican con Cristo todavía pueden ser apartados de relaciones anteriores o privilegios debido a su profesión de fe. Si ha experimentado desprecio a causa de su relación con Cristo, recuerde que el sistema del mundo lo odia y lo odiará a usted por pertenecer a Él. ¡Pero acuérdese también que el libro de Hebreos contiene palabras de aliento para usted!

ñero en sus epístolas, como cuando estaba en Roma con Él. Las esperanzas del autor de volver a estar con aquellos a quienes fue dirigida la carta (13.18-19) sugiere que estaba encarcelado. Los saludos en 13.24 de parte de algunos en Italia sugiere que fue redactada desde Roma. De modo que, desde el punto de vista cronológico, pudo haber sido escrita por Pablo desde Roma al mismo tiempo que Efesios, Filipenses y Colosenses.

La referencia en 10.34 a la ayuda que los destinatarios de la epístola dieron a su autor, podría referirse a los dos años que Pablo estuvo prisionero en Cesarea. Es posible que lo auxiliaran en ese tiempo. Durante su encarcelamiento en Cesarea, Pablo tuvo una gran oportunidad para conocer el estado de la comunidad cristiana. Puesto que no podía ministrarles en persona, quizás fue posible hacerlo a través de esta carta. Así que parece muy fácil ajustar este documento en la cronología de las experiencias de Pablo, como se reporta en el libro de Hechos.

2. Similitudes en doctrina.

Después de un examen cuidadoso, podemos ver que existen muchas similitudes doctrinales entre lo escrito en

¿Ha sido tentado alguna vez a rendirse o comprometerse en algunas áreas de su vida solamente para apartar de usted la presión de tomar la iniciativa por Cristo? Algunos creyentes preferirían abandonar la posición bíblica en la creación de Dios de todas las cosas, si con ello no son ridiculizados por sus creencias. Otros se deciden a beber socialmente, si con eso evitan el que se rían de ellos por abstinencia. Incluso otros preferirían permanecer en una iglesia liberal o apóstata y no encarar las consecuencias sociales (o familiares) de la vida. Tal y como los lectores originales de Hebreos enfrentaron presiones tremendas para que abandonaran a sus semejantes, muchos cristianos hoy están presionados por los que le rodean para aceptar el punto de vista popular sobre temas como moralidad, divorcio, aborto, incluso la naturaleza circundante. Sin duda alguna, la opción más difícil será siempre permanecer fiel a la Palabra de Dios y a su llamado.

esta epístola y lo que se encuentra en las cartas de Pablo, además ninguna de las doctrinas expuestas aquí contradice, en modo alguno las contenidas en sus otras cartas.

El autor muestra una alta estima por las Escrituras del Antiguo Testamento, así como por la Ley misma, por el sacerdocio de Aarón, por el tabernáculo, por las fiestas y por los sacrificios que formaban parte integral de la Ley. Como Pablo afirma en Filipenses 3.4-7, dejó a un lado lo que era bueno por lo que era superior, conservando aún su gran aprecio por el Antiguo Testamento.

El escritor a los Hebreos expresa también que las bendiciones hechas posibles a través de la venida de Jesucristo son de mayor beneficio que cualquier otra obtenida bajo la Ley. Sin menospreciar el revelado judaísmo del Antiguo Testamento, explica la superioridad del cristianismo. Esto es muy parecido a la actitud de Pablo hacia la Ley y la preeminencia del cristianismo sobre el judaísmo. Como Pablo, el autor de Hebreos destaca la fe sobre los intentos de la carne por mantener la Ley.

En esta carta se pone un gran énfasis en la persona de Jesucristo, quien es ciertamente el tema esencial de las epístolas paulinas.

Se enfatiza, detalladamente la muerte de Cristo como sacrificio propiciatorio.

Existe una gran similitud entre este y Pablo en el uso de las Escrituras. Al citarlas unas dieciocho veces, se refiere a ellas como la palabra viva de Dios (1.5-7,10,13; 2.12-13;

La belleza real de Hebreos es la manera en la que muestra cómo Jesucristo es superior al sistema antiguo que vino a cumplir. Este contraste entre lo bueno y lo mejor contiene una lección para nosotros. Muchas veces somos llevados en diversas direcciones por causas y proyectos que son buenos, pero que amenazan con dominar nuestro tiempo a expensas de lo que podría ser mejor. Al estudiar la Palabra de Dios y entender su idea de lo que es más importante en la vida, podremos llegar a poner de lado algunas de las cosas buenas por lo que es mejor ante sus ojos.

3.7; 4.3; 5.5-6; 7.21; 8.8; 10.5,15,17; 13.5). De la misma manera, se encuentran citas directas del Antiguo Testamento en cada capítulo. Algunos ejemplos incluyen:

Hebreos	Antiguo Testamento
1.5a	Salmo 2.7
1.5b	2 Samuel 7.14
1.7	Salmo 104.4
1.8-9	Salmo 45.6-7
1.10-12	Salmo 102.25-27
1.13	Salmo 110.1
2.6-8a	Salmo 8.4-6
2.12	Salmo 22.22
2.13a	Isaías 8.17
2.13b	Isaías 8.18
3.2,5	Números 12.7
3.7-11	Salmo 95.7b-11
4.4	Génesis 2.2
5.5	Salmo 2.7
5.6	Salmo 110.4
6.14	Génesis 22.17
7.1-2	Génesis 14.17-20
7.17, 21	Salmo 110.4
8.5	Éxodo 25.40
8.8-12	Jeremías 31.31-34
9.20	Éxodo 24.8
10.5-7	Salmo 40.6-8
10.30a	Deuteronomio 32.35a
10.30b	Deuteronomio 32.36a; Salmo 135.14a
10.37-38	Isaías 26.20
11.18	Génesis 21.12
12.5-6	Proverbios 3.11-12
12.20	Éxodo 19.12-13
12.21	Deuteronomio 9.19
12.26	Hageo 2.6
13.5	Deuteronomio 31.6
13.6	Salmo 118.

El escritor de Hebreos, obviamente, tenía en alta estima toda la revelación de Dios, incluyendo las Escrituras del Antiguo Testamento. ¿Tenemos los cristianos de hoy la misma preocupación por la Palabra de Dios? Aunque los libros sobre los principios y aplicación de la Palabra de Dios tengan un lugar importante en nuestras vidas, deberíamos pedir a Dios que nos dé un hambre insaciable por su Palabra, por conocerla, estudiarla y vivirla. En Hebreos parece que la única base real para el entendimiento de las complejidades de la vida cristiana es la Palabra de Dios (Hebreos 4.12).¡Este solo hecho debería motivarnos a hacer un plan de por vida para estudiar sus páginas!

De modo que vemos la fuerte dependencia que el autor tiene de las Escrituras para apoyar sus argumentos.

Existe una similitud entre este escritor y Pablo en la manera de usar las Escrituras del Antiguo Testamento. Al dirigirse a los Hebreos, toma sus ilustraciones de la historia en el Antiguo Testamento, y su doctrina se basa en la revelación del mismo. De igual forma, las exhortaciones de sus cartas se basan en el Antiguo Testamento, y sus advertencias las saca de los errores que Israel cometió en el pasado. Esto es muy similar al uso que hace de esas Escrituras al enseñar doctrina y al modo de practicarla en la conducta de los creyentes.

Un cuidadoso examen de la fraseología utilizada en Hebreos revela una multitud enorme de semejanzas con la fraseología encontrada en las cartas de Pablo. En realidad, muchas de las frases esenciales para el entendimiento de los escritos de Pablo se hallan en el libro de Hebreos. La lista siguiente ofrece algunas de las palabras y alusiones similares entre la epístola a los Hebreos y las de Pablo:

Hebreos	Epístolas de Pablo
1.2	Efesios 3.9
1.3	Colosenses 1.15; Filipenses 2.6; 2 Corintios 4.4
1.3	Colosenses 1.17
1.4	Efesios 1.21; Filipenses 2.9
1.5	Hechos 13.33
1.6	Romanos 8.29; Colosenses 1.15
2.2	Gálatas 3.19
2.4	1 Corintios 12.4,11; Romanos 12.6
2.8	1 Corintios 15.27; Efesios 1.22; Filipenses 3.21
2.10	Romanos 11.36; Colosenses 1.16; 1 Corintios 8.6
2.14	2 Timoteo 1.10
2.16	Gálatas 3.29; 3.7; Romanos 4.16
3.1	Filipenses 3.14; Romanos 11.29
4.12	Efesios 6.17
5.8	Filipenses 2.8
5.13	1 Corintios 3.1; Efesios 4.14; Romanos 2.20; Gálatas 4.3
5.14	1 Corintios 14.20
6.1	1 Corintios 3.14
6.3	1 Corintios 16.7
6.10	2 Corintios 8.24
8.5	Colosenses 2.17

8.6	1 Timoteo 2.5; Gálatas 3.19-20
8.10	2 Corintios 6.16; Romanos 2.15; 2 Corintios 3.3
9.15	Romanos 3.25
10.19	Romanos 5.2; Efesios 2.18; 3.12
10.28	2 Corintios 13.1; 1 Timoteo 5.19
10.30	Romanos 12.19
10.32	Filipenses 1.30; Colosenses 2.1; 1 Tesalonicenses 2.2
10.33	1 Corintios 4.9; Filipenses 4.14
10.38	Romanos 1.17; Gálatas 3.11
12.1	1 Corintios 9.24; Filipenses 3.14
13.18	Hechos 23.1; 1 Tesalonicenses 5.25
13.20	Romanos 15.33; 16.29 1 Corintios 14.33; 2 Corintios 13.11; Filipenses 4.9; 1 Tesalonicenses 5.23

(cf. Moses Stuart, *Commentary on the Epistle to the Hebrews* [Comentario sobre la Epístola a los Hebreos], Andover, NY, 1833, pp. 147-151)

Por supuesto, existen algunos factores que argumentan en contra de Pablo como autor de esta carta, aunque un análisis más profundo provee respuestas razonables a varios de esos planteamientos.

Muchos de quienes la atribuyen a Pablo mencionan la ausencia de sus saludos habituales al decir que escribía a una nación hebrea que le tenía en muy poca estima por haber dejado su posición de influencia en el judaísmo dedicándose al ministerio de Jesucristo. Esta interpretación podría ser válida sólo en el caso de que Pablo se refiriera a los judíos como nación, para traerles de la incredulidad a la fe en Jesucristo. De todas maneras, un examen cuidadoso de la epístola muestra que el escritor no se dirigía a inconversos para llevarlos a la fe, sino por el contrario, a fieles, exhortándoles a caminar por fe en medio de sus sufrimientos presentes y a demostrar una perseverancia paciente. Y puesto que ellos lo apreciaban mucho no existiría razón para el anonimato.

Una explicación mejor para el cambio en el estilo usual de Pablo es la modificación sugerida por Tertuliano, al atribuirle la epístola escrita en hebreo y traducida al griego por Lucas. Aunque esto presentó algunas dudas en su momento sobre la autenticidad de Pablo como autor del libro en la forma en que lo tenemos hoy, esta aclaración se ofreció porque el estilo del texto en griego no parece ser paulino; por el contrario, semeja la retórica y la lógica de los griegos como se ejemplifica a través de los escritores cristianos en Alejandría. Existe una coherencia retórica y un estilo en las cartas reconocidas como de Pablo, mientras que en la epístola a los Hebreos son diferentes.

Otra objeción a la autoría de Pablo se basa en el uso en esta epístola de la Septuaginta, la traducción al griego del texto hebreo, mientras que en sus misivas normalmente hace referencia al texto hebreo actual.

Uno de los aspectos que todavía se debate, es por qué el apóstol a los gentiles escribiría a los hebreos. Esto sugiere que si Pablo redactó esta carta, estaba extralimitándose en su papel y usurpando el de otro de los apóstoles, posiblemente Pedro.

A pesar de los argumentos en contra, la autenticidad de Pablo como autor de Hebreos fue aceptada por la iglesia oriental basada en Alejandría desde cerca del siglo segundo. Según Jerónimo y Agustino, este dominante punto de vista fue reconocido también por la iglesia occidental en Roma. Y aunque no apoyaron tal opinión fuera de la tradición, tampoco la cuestionaron.

Parece existir algo de cierto en la sugerencia de que al igual que el Evangelio según Marcos fue escrito bajo la supervisión

Qué reconfortante es saber que los creyentes del siglo primero enfrentaban presiones tan grandes que también eran tentados a desanimarse y volver a su antigua manera de vida. Aunque algunos predicadores hoy afirman que la vida cristiana debe ser sólo «sol y rosas», la verdad es que la profesión de fe en Cristo puede llegar a ser el principio de grandes pruebas y desafíos. Las buenas nuevas son que Dios ha provisto para nosotros la motivación y los medios para caminar por la fe, incluso para enfrentar los sufrimientos presentes. Y para eso es exactamente para lo que se escribió el libro de Hebreos.

apostólica de Pedro, también la epístola a los Hebreos pudo haberse escrito bajo el control de Pablo, en ese caso, la verdad que contiene y la doctrina que propaga son suyas.

De todas formas, desde la época de la Reforma en adelante, han surgido preguntas serias acerca de quién escribió esta epístola. Ha sido atribuida a Bernabé, Lucas, Apolos, Silvano, así como a Aquila y Priscila. En efecto, casi cada individuo que aparece en el Nuevo Testamento ha sido señalado por alguien como posible autor. Incluso otros han dicho que se debe a personalidades apostólicas como Clemente de Roma.

De modo que, aunque el debate sigue sin poder llegar a una conclusión, no ha habido un consenso concerniente a la identidad del autor, y mientras él decida permanecer anónimo, parece que lo mejor por nuestra parte es dejarlo así. Las dudas sobre el autor nunca han motivado recelo sobre su autoridad, su canonicidad o su confiabilidad.

Los destinatarios de la epístola

Una importante segunda parte incluida normalmente en una salutación, pero que falta en Hebreos, es la identificación de sus destinatarios. Por lo tanto, se nos ha dejado a nosotros el deducir por la epístola misma a quienes se escribía, su condición espiritual y las circunstancias que enfrentaban. El título: La epístola a los Hebreos, que podemos leer en nuestras versiones modernas, no está en ninguno de los manuscritos antiguos. En el año 180 d.C. Clemente de Alejandría hizo mención de una epístola a los Hebreos, aunque ese no era el título dado por el autor. A pesar de todo, obviamente se convirtió en el nombre aceptado.

Debido a las presuposiciones teológicas del libro, algunos han supuesto que estaba dirigido a los gentiles. No obstante, esta idea nace al transferir erróneamente a la iglesia los pactos del Antiguo Testamento dados a la nación de Israel. Este punto de vista ve a la iglesia como la que recibe las cosas prometidas y predichas en el Antiguo Testamento. Y aun así, puesto que todos los pactos fueron hechos con Abraham y su descendencia, la iglesia no puede suplantar a Israel como la entidad en la que serán cumplidos.

Hay otros que sugieren que tiene como destinatarios tanto a judíos como a gentiles. Esto en verdad es así en muchas de las epístolas de Pablo en las cuales se refiere a problemas surgidos práctica y doctrinalmente entre los dos grupos. Pero en esta misiva no se alude a ningún conflicto entre judíos y griegos, ni en lo doctrinal ni en lo moral. Si fuera dirigida a una congregación mixta, el autor no hubiera podido evadir el tratar ese tipo de problemas.

La única conclusión razonable a la que podemos llegar basándonos en un estudio cuidadoso, es que estaba destinada a creyentes físicamente descendientes de Abraham, conocidos como hebreos. Esto se apoya en las frecuentes referencias que el autor hace al Antiguo Testamento y a su historia como fundamento para sus advertencias y exhortaciones. El escritor, a la vez, presupone el conocimiento profundo por parte de sus destinatarios acerca del tabernáculo, el sacerdocio, lo sacrificios y las fiestas que eran parte esencial del sistema levítico del Antiguo Testamento.

El peligro que encara el autor es que los creyentes hebreos, destinatarios de la carta, estaban considerando volver externamente al sistema que dejaron cuando, por bautismo, hicieron confesión pública de su fe en Jesucristo.

Los creyentes de Corinto, Éfeso o Colosas no pudieron haber sido los destinatarios (como algunos han sugerido), puesto que esas iglesias, establecidas por Pablo, estaban formadas por fieles de primera generación. Como contraste, aquellos a quienes estaba destinada eran creyentes de segunda generación (Heb 2.3).

En resumen, se ha prestado poca atención a otras interpretaciones fuera de las que afirman que la epístola era para los hebreos.

Otro asunto a considerar es la residencia de los que primero la recibieron. Se sugiere que habitaban en casi cada ciudad en el mundo grecorromano donde se conoce que hubo iglesias establecidas. En todo caso, un estudio cuidadoso de este libro indica que esos creyentes hebreos vivían en Palestina. Esto se apoya en innumerables referencias.

Por ejemplo, los lectores tienen un conocimiento profundo de los rituales, sacrificios, formas de adoración, servicios, sacerdocio, fiestas del tabernáculo y del templo. Tales conocimientos sólo pueden deberse a una constante práctica de estas cosas y es algo que no cualquiera viviendo en otro lugar podía haber tenido.

Además, las persecuciones y privaciones causantes de la clase de sufrimientos discutidos en el libro (10.32-34) provienen de un judaísmo organizado y de judíos devotos a ese sistema religioso, y sabemos que Palestina experimentaba tal hostigamiento. Al contrario, el acoso cristiano al cual Pablo se refiere en sus cartas no provenía de fuentes judías, sino de las vinculadas a sistemas religiosos paganos o de la opresión política romana.

Otro factor importante a considerar es que la solución propuesta a su sufrimiento, es decir, que se volvieran aparentemente a prácticas judías y respetaran ciertas fiestas, podía haber sido posible sólo para quienes vivían en Palestina. Parece que los destinatarios de la carta tenían acceso directo a Jerusalén y el templo. Así podemos concluir razonablemente que si no habitaban allí o en los alrededores, estaban bastante cerca como para asistir en ocasiones especiales.

La fecha de la epístola

La epístola fue obviamente escrita antes del año 96 d.C., puesto que Clemente de Roma la menciona. Además, si el templo no hubiera estado en pie, no habrían tenido los creyentes la tentación de buscar alivio a su persecución volviendo a sus prácticas. En ese caso, debió ser redactada antes del año 70 d.C., fecha cuando el templo fue destruido por el general romano, Tito. Tal hecho no pudo haber ocurrido sin que se mencionara en esta carta, sobre todo porque los rituales y sacrificios judíos juegan una parte muy importante en los argumentos del autor quien en efecto, parece haber tenido tal acontecimiento en mente al referirse a una calamidad que se acercaba (10.25).

Otro factor más que limita la época de esta epístola es la anticipación de la llegada de las guerras judías que culminaron en la devastación de Jerusalén (Heb 8.13). Puesto que estas actividades militares empezaron en el año 67 d.C., debe haber sido escrita antes de esa fecha. Si Pablo la hacía desde la prisión en Cesarea (donde fue confinado por Félix, quien gobernó hasta el año 58 d.C.) y fue transferido a Roma por Festo (quien gobernó hasta el año 61 d.C.), el libro debió haberse escrito alrededor del año 60 d.C. Finalmente, si uno reconoce la influencia de Pablo en la obra, y recordamos que fue martirizado en el año 65 d.C., entre 60 d.C. y 65 d.C., parece ser lo que mejor se ajusta a las circunstancias. Si Pablo no tiene participación alguna en el libro, una fecha alrededor del año 65 d.C. también encajaría con la situación histórica.

Contexto histórico

Para entender la situación en la que los lectores originales de esta carta vivían, tenemos que examinar el antecedente histórico de la nación de Israel. Un estudio detallado de los precedentes históricos y de la situación contemporánea de esta epístola y sus destinatarios es esencial para comprender lo que el apóstol escribió.

Antes del nacimiento de Cristo, los ángeles anunciaron a María el advenimiento del Hijo de David, para sentarse en el trono de David y regir sobre su reino (Lc 1.31-33). Un aviso similar fue entregado a José por un ángel del Señor, anunciando la llegada de uno que cumpliría la profecía mesiánica de Isaías 7.14 (Mt 1.20-23). En el tiempo del nacimiento de Cristo, de nuevo los ángeles anunciaron a los pastores que el Mesías Salvador había llegado (Lc 2.9-11). Ocho días más tarde Simeón proclamó públicamente que había visto al ungido del Señor (Lc 2.26-35), este anuncio fue corroborado por Ana la profetisa (Lc 2.36-38).

El Dios que dio su pacto a Israel prometiendo la venida de un Mesías no sólo reveló a través de los ángeles la llegada del Rey, sino que también envió al que los profetas dijeron que lo introduciría (Is 40.1-5; Mal 3.1). Al presentar Juan el Bautista a la nación de Israel a Jesucristo como su Salvador (Jn 1.29) y Rey (Mt 3.2), su mensaje se conoció tan ampliamente (Mt 3.5) que la nación supo que el Mesías había llegado y que su reino estaba al alcance de la mano. Por supuesto, una de las condiciones divinamente reveladas para el recibimiento del reino mesiánico y las bendiciones de su pacto era el arrepentimiento del pueblo (Dt 30.1-6; 2 Cr 7.14; Mt 3.2; 4.17).

Para autenticar su propio ofrecimiento como rey y para confirmar la cercanía de su reino mesiánico, Jesús hizo muchos milagros. Israel fue llamada como nación a evaluar la evidencia que Él les presentaba y a responderle desde esa misma perspectiva. Pero, aunque algunos en Israel estaban dispuestos a aceptar como válida la legitimidad de Cristo y el reino que les ofrecía, los líderes religiosos proclamaron públicamente su rechazo. Al actuar como representantes del pueblo debidamente designados por Dios ante la nación, afirmaron que el poder de Cristo no provenía de Dios sino de Satanás; que Él mismo no venía del cielo sino del infierno; y que era un impostor blasfemo (Mt 12.24).

A pesar de todas las evidencias, los líderes persistieron en su rechazo al Mesías. Por lo tanto Cristo les advirtió seriamente a ellos y a toda la nación que de continuar con ese desprecio, esa misma generación (que negó a Cristo como Salvador y Soberano) sufriría un severo juicio físico y temporal para el cual no habría perdón (Mt 12.31-32). Y al acercarse el momento del rechazo final de los líderes a Cristo, el cual se consumó en su crucifixión (Jn 19.15), Jesús repitió sus advertencias acerca del castigo que caería sobre esa generación de continuar su repudio hacia Él y al prometido reino davídico que les ofrecía (Mt 23.37-39; 24.2).

A veces hoy se nos dice que los creyentes pueden ser llevados a la fe en Cristo por alguna clase de influencia exterior, el éxito de los fieles, hechos milagrosos u otras evidencias de las obras de Dios. Aunque la Biblia nos muestra que incluso cuando Jesucristo probó su identidad a través de milagros, fue rechazado por aquellos que no aceptaron ir a Él por la fe. Debemos recordar que ese es el evangelio simple —salvación por gracia mediante la fe basada en la sangre— por el cual las personas pueden ser salvas. Aun así, aquellos que rechazan el evangelio lo repudiarían a Él mismo, aunque se apareciera en persona. En su testimonio de Cristo, concéntrese en comunicar verbalmente las buenas nuevas del evangelio, y permita que Dios atraiga a la gente a través de ello.

Como sabemos a través de la historia, la crucifixión de Cristo ciertamente selló el juicio de Dios sobre esa generación, un juicio que los líderes religiosos aceptaron cuando dijeron: «Su sangre sea sobre nosotros y sobre nuestros hijos» (Mt 27.25). Este fue llevado a cabo por Tito, quien destruyó Jerusalén en el año 70 d.C. Ese juicio venidero, el cual Cristo calificó de ineludible (Mt 12.31-32), estuvo muy presente en el pensamiento de los apóstoles entre Pentecostés y la destrucción de Jerusalén. Como podemos leer en Hechos 2, Pedro se dirigía a la nación que se había responsabilizado por la crucifixión de Cristo al exhortarles: «Sed salvos de esta perversa generación» (Hch 2.40). Mientras se identificaran como ciudadanos de la nación, estarían bajo el juicio que Dios traería a esa generación de Israel.

De todas formas, para los que aceptaron el mensaje de Pedro era posible escapar al juicio venidero. Concretamente si se separaban de la nación, no se considerarían por más tiempo bajo el juicio que Dios había pronunciado. Por consiguiente, Pedro les invitó: «Arrepentíos, y bautícese cada uno de vosotros en el nombre de Jesucristo» (Hch 2.38).

Debido a que la resurrección era la confirmación definitiva de Dios en la persona de Cristo y la oferta de su reino, la proclamación de Pedro convenció a muchos acerca del error de la nación al condenar a Jesús a la muerte. En base a este cambio de actitud y su reconocimiento del pecado al recha-

---

Algunas personas creen erróneamente que la palabra de juicio proclamada por Cristo sobre aquella generación de Israel, representaba la condena de Dios hacia los judíos, por siempre. Trágicamente, este falso concepto ha llevado al maltrato de los judíos en diferentes lugares a lo largo de la historia moderna. Como veremos, Dios no ha acabado con Israel, ni ama a los judíos menos que a todos los gentiles por los que vino y se ofreció a sí mismo. Si tiene amistades o conocidos judíos, recuerde tratarles con amor cristiano y respeto, entendiendo que Dios les ama mucho y desea que vengan a la fe en el Mesías.

zarle, fueron invitados a separarse de la nación y a identificarse con Jesucristo a través del acto del bautismo. Bautismo en aguas. Este acto era señal de que aquellos que se habían identificado con la nación de Israel, ahora bajo juicio, rompían sus nexos con tal relación y se identificaban a sí mismos con Jesucristo.

Ese acto de bautismo es referido por el autor de Hebreos como su profesión de fe (Heb 3.1; 4.14; 10.23). Aquellos judíos que fueron bautizados en el nombre de Jesucristo fueron «expulsados de la sinagoga» (Jn 16.2). No los consideraron por más tiempo ni como judíos, ni como miembros de la comunidad, sino como gentiles. No volvieron a ser bien recibidos en la sinagoga ni en el templo.

Y con esto se excluyeron a sí mismos de cualquier posibilidad de trabajo pues pasaron a ser calificados de impuros.

Pero si, por su fe en Jesucristo, se identificaban públicamente con Él, se salvarían del juicio que Dios pronunció contra esa generación de Israel. El bautismo, así, creó un muro entre los creyentes judíos y la comunidad en la que habían vivido previamente. Antes de su separación de Israel, estas personas iban a la sinagoga, se sentaban a los pies del rabí y se les enseñaban las Escrituras. Pero ahora, más que reunirse allí, lo hacían para ser enseñados por los apóstoles (Hch 1.12-14; 2.42; 4.34-37; 9.26-27), quienes tomaron el papel que hasta entonces habían cumplido los rabinos en

En algunas partes del mundo, la identificación pública con Cristo a través del bautismo motiva la misma clase de persecución y sufrimiento que los creyentes judíos padecieron durante el siglo primero. Esto debería hacernos pensar si la fe en Cristo es en realidad «pública» y si nuestras amistades y conocidos saben que le pertenecemos a Él, y si es tan claro para algunos que de verdad experimentamos la misma reacción que Cristo experimentaría si estuviera hoy aquí. Aunque no deberíamos intencionalmente incitar a la persecución, la Biblia parece mostrarnos que si somos devotos, nuestra identificación con Cristo ofenderá a algunos de los que nos rodean.

la sinagoga; como creyentes confraternizaban de casa en casa en vez de encontrar comunión en la sinagoga. Esta separación de la sinagoga y de los rabinos, más adelante influyó en su alejamiento de la nación de Israel, que encaraba un juicio venidero irrevocable.

Para aquellos que lo entendían, la resurrección confirmó a Jesucristo y demostró que el rechazo de Israel hacia Él fue un pecado a la vista de Dios. Esto en cambio justificó el juicio que Jesús anunció sobre esa generación de Israel. De esta manera, la separación de miles de creyentes hebreos de la sinagoga produjo un odio hacia ellos y por fin generó una prolongada e intensa persecución por parte de los judíos inconversos.

El libro de Hechos ofrece muchos ejemplos acerca de este hostigamiento, empezando con el ministerio de Pedro y continuando a través del de Pablo (cf. Hch 4.1-3; 5.17-28; 7.57-60; 8.3-4; 9.2; 12.1-4; 19.8-9; 21.10-11,20,27-31; 22.4,19; 23.12; 26.10-11). Puesto que estas persecuciones se originaron en Jerusalén, los creyentes que las sufrieron debían haber estado en la tierra de Palestina, o incluso más cerca del centro de represión.

Mientras muchos de los creyentes padecieron a causa del hambre que asolaba el país (Hch 11.27-30), otros que fueron bau-

Con todo lo que se ha dicho acerca de la pobreza y de las personas sin hogar, es difícil para los cristianos saber cuáles son sus responsabilidades. Basados en los ejemplos del Nuevo y el Antiguo Testamentos, la prioridad de Dios, para los creyentes verdaderos en relación a los que padecen, es primero siempre hacerse cargo de la familia en la fe, en particular de los más cercanos. Aunque alimentar a los «pobres anónimos» es genuinamente compasivo y puede proveer maravillosas oportunidades evangelizadoras, en la Ley Mosaica y en la historia del Nuevo Testamento, se espera de los creyentes que ayuden a los de la familia de la fe, practicando vidas devotas y aun en necesidad material. Cuán maravilloso sería si más iglesias tomaran en serio este llamado a ayudar a los de su propia asamblea y a creyentes en otras áreas que sufren debido a necesidades materiales.

tizados en el nombre de Cristo, perdieron toda oportunidad de empleo. De modo que los fieles, debido a su concepto de relación familiar, contribuyeron en lo que podían para satisfacer las necesidades de cada uno. También sabemos que esas circunstancias llevaron a los creyentes de muchas partes a ayudar a los santos en Jerusalén (Hch 2.44-45; 4.32-37).

La ley romana garantizaba libertad religiosa, y Roma se esforzó previamente en no impedirla a las personas bajo su autoridad. El Cristianismo estaba considerado como una secta del judaísmo y por eso era tolerado. No obstante, después del fuego devastador que destruyó a Roma en el año 64 d.C., por el cual los cristianos fueron responsabilizados, empezaron las guerras judías que Roma emprendió contra Palestina. Estos conflictos militares, en definitiva, acabaron con la destrucción de Jerusalén bajo Tito en el año 70 d.C., cumpliendo así con la predicción de juicio dada por Cristo.

Para el escritor de Hebreos, esos días desoladores se acercaban rápidamente. Hablando del pacto mosaico, la fundación de los servicios del templo, escribió: «Lo que se da por viejo y se envejece, está próximo a desaparecer» (Heb 8.13). Pareció anticipar la desolación de Tito, en la que un millón y medio de judíos perderían sus vidas, cuando expresó: «Aún no habéis resistido hasta la sangre, combatiendo contra el pecado» (Heb 12.4). De nuevo dijo: «Veis que el día se acerca» (Heb 10.25). Así podemos ver claramente que los lectores de esta carta vivían en los días previos al juicio calamitoso que caería sobre la nación de Israel, en Jerusalén, y en el templo.

De acuerdo con el libro de Hechos, otra cosa se hace evidente al estudiar el contexto histórico de esta epístola: Aunque los creyentes se distanciaron de la sinagoga, aparentemente no se separaron del templo, pues la sinagoga era una institución humana no establecida divinamente, y como los rabinos no habían sido designados por Dios, los fieles se sintieron libres sin duda alguna de alejarse de las sinagogas y sus maestros. Sin embargo, el tabernáculo-templo era una institución divina y sus servicios obligatorios.

En Hechos encontramos referencias frecuentes a creyentes confraternizando en el templo (Hch 2.1; 3.1,11; 5.12,21,42; 20.16; 21.26-28). Evidentemente vieron a Cristo como el cumplimiento de lo profético en las fiestas del Antiguo Testamento, y continuaron respetando esos ritos en su memoria (Hch 20.6; 1 Co 5.7-8; 16.8). La centralidad del tabernáculo-templo en su pensamiento pudo haber facilitado a algunos fieles el llegar a la conclusión de que puesto que el mismo apóstol Pablo deseaba estar en Jerusalén para observar las fiestas (Hch 20.16), podrían también respetarlas en tiempos y lugares designados. Y lo más importante, muchos aparentemente confiaban en que el hacerlo borraría de la memoria de sus perseguidores el hecho de que abandonaran el sistema, al identificarse a sí mismos con Cristo por medio del bautismo.

Al analizar Hebreos, podemos deducir ciertos factores acerca de aquellos que primero recibieron esta epístola.

1. Se nota a través del libro que el autor ve a sus destinatarios como creyentes genuinos. Y esta perspectiva influye en el resto de lo que sabemos acerca de la audiencia potencial de esta carta. Consideremos los siguientes pasajes:

1.3: «Habiendo efectuado la purificación de nuestros pecados por medio de sí mismo».

2.1-3: El autor les advierte acerca de la negligencia, no rechazando, la salvación con la que se les ha provisto.

3.1: El apóstol se refiere a ellos como hermanos santos, participantes del llamamiento celestial, y a Cristo Jesús como apóstol y Sumo Sacerdote de nuestra confesión.

4.1: El apóstol argumenta que el peligro no es que fracasen en conseguir la salvación, sino que no experimentarán el reposo de lo que ella brinda.

4.3: El apóstol incluye a los destinatarios como hermanos creyentes junto con él.

4.14: Se da por sentado que Cristo, como Sumo Sacerdote, intercede por los creyentes.

4.16: Tienen acceso al trono de la gracia, no para obtener salvación, sino para recibir socorro en sus circunstancias presentes.

5.12: Son suficientemente maduros y han aprendido tanto que están calificados para enseñar a otros.

6.4-5: Cuando el apóstol menciona a los que una vez fueron iluminados y gustaron del don celestial; además fueron hechos partícipes del Espíritu Santo, y asimismo disfrutaron de la buena Palabra de Dios y los poderes del siglo venidero, alude a las actuales experiencias espirituales en las que los lectores originales habían entrado.

6.9-10: Sus obras demuestran lo genuino de su salvación.

7.26-8.1: El escritor afirma que Cristo Jesús es su Sumo Sacerdote intercesor.

9.14: Pueden servir al Dios vivo.

10.10: Han sido santificados

10.15: Recibieron un ministerio del Espíritu.

10.19: Son llamados «hermanos».

10.21: Tienen un Sumo Sacerdote.

10.22-25: Sus corazones han sido purificados de mala conciencia. Han sido lavados. Hicieron confesión pública de su fe en Cristo. Están identificados con otros creyentes.

10.34: Han hecho sacrificios por el escritor.

10.36-39: Lo que necesitan no es salvación, sino paciente perseverancia, la cual es producto de una fe genuina.

12.2: Jesucristo es el autor y consumador de su fe.

12.7: Son llamados «hijos».

12.28: Son herederos de un reino.

13.1-19: Todas las exhortaciones enviadas a los destinata-

Los beneficios maravillosos que vienen de una relación con Cristo son llamados a menudo nuestra «herencia espiritual». Como veremos, el escritor de Hebreos creía que la nuestra debería tener efectos dramáticos y duraderos en nuestras vidas. ¿Pero es esto cierto en los creyentes de hoy? ¿Es verdad que estar iluminado por la Palabra de Dios nos causa una pérdida de apetito por el lenguaje crudo y el humor sarcástico del mundo secular que nos rodea? ¿Es cierto que al ser partícipes del Espíritu Santo nos hace llevar nuestros matrimonios, nuestras familias, nuestros negocios de modo diferente a como lo hacíamos antes de rendirnos a Él? Hoy —y cada día— es un buen momento para revisar algunos aspectos de nuestra herencia espiritual y tratar de concretar maneras en las que su beneficio ha cambiado nuestro estilo de vida.

rios de la carta son aplicables sólo a los creyentes.

En resumen, a través del estudio del libro debemos concluir diciendo que los destinatarios originales eran creyentes genuinos.

2. Habían sido bautizados, identificándose a sí mismos públicamente con Jesucristo y renunciando a su antigua asociación con el sistema religioso de Israel que había rechazado al Mesías. La confesión referida en los versículos 3.1; 4.14 y 10.23 es el bautismo.

3. Estaban bajo persecución intensa (10.34; 12.4; 13.3,5).

4. Si no ricos, al menos no eran pobres (6.10), pero ahora se empobrecieron.

5. Debido a las aflicciones y a la persecución, ocurrió una seria regresión espiritual (5.11-14). En vez de crecer bajo la disciplina, cayeron ante sus efectos.

6. Necesitaban ánimo para poder vivir por la fe de modo que produjese perseverancia paciente (11.39-40).

7. Obviamente no eran ni creyentes de primera generación (2.3), ni tampoco recién convertidos (5.11-12). Mucha de su decepción pudo venir por no haberse percatado de sus ansiosas expectativas de que Jesucristo volvería para subyugar todo a Él, establecer su reino, y librarlos de la persecución. Por eso estaban en peligro de perder las esperanzas. Debido a esto, el apóstol les animaría a tener una confianza firme basada en la esperanza puesta delante de ellos.

La naturaleza de la epístola

Por generaciones no se ha llegado a un acuerdo sobre la naturaleza esencial de este libro. Debido al énfasis tan fuerte en la doctrina, algunos han concluido que es un tratado teológico. Esto lo apoya el hecho de que no existen saludos o dirección de ningún grupo en particular. Otros han sugerido que es un tratado teológico con una carta anexa. Si observamos que existen saludos al final en 13.24, los defensores de esta teoría verían el capítulo 13 como una carta personal añadida a la tesis que contienen los capítulos del 1-12.

La naturaleza de esta carta, sin embargo, se contradice con estas conclusiones. Un tratado es bastante general, con una audiencia indeterminada en perspectiva, y es esencialmente impersonal de principio a fin.

Como contraste, existen muchas referencias personales a través de todo el libro de Hebreos (2.1; 3.1,12; 4.1,14; 5.11; 6.19; 10.19; 13.7,22-25). Obviamente el escritor estaba bien informado sobre el ambiente y las circunstancias del grupo específico a quien dirigió esta epístola. Aun más, se identificó a sí mismo con aquellos a quienes escribía como alguien que había tenido todas sus experiencias (1.2; 2.1,3; 3.19; 4.1-2,11,14-16; 6.1,6,18-20; 7.26; 8.1; 9.24; 10.10; 11.3,40).

Estas observaciones muestran que la Epístola a los Hebreos es una de las más personales de todas las del Nuevo Testamento. Quizás el autor mismo hizo la mejor definición de su naturaleza cuando se refiere a ella en 13.22 como una «palabra de exhortación». Esta declaración, en efecto, puede darnos la clave más valiosa para una correcta interpretación de Hebreos. Es fácil concentrarse en el gran cuerpo doctrinal que contiene y pasar inadvertido este hecho: El autor usa la doctrina como base para aconsejar a los creyentes.

Entendido eso, una lista de exhortaciones será de gran ayuda.

2.1—Atendamos a las cosas que hemos oído.

3.1—Considerad al Apóstol y Sumo Sacerdote de nuestra profesión, Cristo Jesús.

«Perder la esperanza», o desanimarse debido a la corrupción del mundo que nos rodea, es un problema real para los cristianos de hoy como lo fue en el siglo primero. Por desgracia, muchos creyentes simplemente se dan por vencidos ante el desánimo, desobediencia, o incluso depresión, al enfrentar una oposición abrumadora a las cosas de Dios y la Biblia. Una solución sencilla —al menos para comenzar— sería emplear la misma cantidad de tiempo que pasamos al recibir la perspectiva del mundo acerca de Dios, y viceversa. Por ejemplo, quizás podría dedicar a la lectura bíblica devocional un tiempo similar al que emplea viendo la TV todos los días. O podría comprometerse a dedicar fielmente un tiempo devocional diario a la Palabra de Dios igual al que destina a leer el periódico. Una vez que lo pruebe, gustosamente encontrará que sus días no son completos sin su «reunión» con Dios.

3.8—No endurezcáis vuestros corazones.

3.12—Mirad hermanos, que no haya en ninguno de vosotros corazón malo de incredulidad.

3.13—Exhortaos los unos a los otros cada día.

3.15—No endurezcáis vuestros corazones.

4.1—No falléis en alcanzar la promesa del reposo de Dios.

4.11—Procuremos, pues, entrar en aquel reposo.

4.14—Retengamos nuestra profesión.

4.16—Acerquémonos pues confiadamente al trono de la gracia.

6.1—Vamos adelante a la perfección.

6.11—Mostrad la misma solicitud hasta el fin, para plena certeza de la esperanza.

6.12—No os hagáis perezosos.

10.22—Acerquémonos con corazón sincero, en plena certidumbre de fe.

10.23—Mantengamos firme, sin fluctuar la profesión de nuestra esperanza.

10.24—Considerémonos unos a otros para estimularnos al amor y a las buenas obras.

10.25—No dejando de reunirnos,[...] sino exhortándonos.

10.32—Traed a la memoria los días pasados.

10.35—No perdáis pues vuestra confianza.

No hace demasiados años, muchos cristianos estaban tan concentrados en la doctrina que excluyeron sus aplicaciones prácticas. Más recientemente, mucha literatura cristiana se ha dedicado tanto a la experiencia que se obvió la verdad bíblica que la respaldaba. Como veremos en el libro a los Hebreos, Dios quiere que sus hijos sepan lo que su Palabra dice, y que respondan a ello apropiadamente. ¿Es este su compromiso con su Palabra? Un método de estudio bíblico anima a los cristianos a hacerse tres preguntas al leer o estudiar la Biblia: (1) ¿Qué dice? (2) ¿Qué significa? (3) ¿Qué significado tiene para mí? Al preguntarse y responder con cuidado cada vez que estudie la Palabra de Dios, encontrará que su comunicación con ella tendrá más significado y será más importante en su vida.

12.1—Despojémonos de todo peso[...] y corramos con paciencia la carrera que tenemos por delante.

12.3—Considerad a aquel que sufrió tal contradicción de pecadores contra sí mismo.

12.12—Levantad las manos caídas.

12.14—Seguid la paz con todos.

12.15—Mirad bien, no sea que alguno deje de alcanzar la gracia de Dios.

12.25—Mirad que no deséchéis al que habla.

12.28—Sirvamos a Dios agradándole con temor y reverencia.

13.1—Permanezca el amor fraternal.

13.2—No os olvidéis de la hospitalidad.

13.3—Acordaos de los presos.

13.5—Sean vuestras costumbres sin avaricia, contentos con lo que tenéis.

13.7—Acordaos de vuestros pastores.

13.9—No os dejéis llevar de doctrinas diversas y extrañas.

13.13—Salgamos, pues, a Él, fuera del campamento.

13.15—Ofrezcamos siempre a Dios, por medio de Él, sacrificio de alabanza.

13.17—Obedeced a vuestros pastores.

13.18—Orad por nosotros.

13.22—Soportad la palabra de exhortación.

13.24—Saludad a todos vuestros pastores, y a todos los santos.

Como podemos ver, la base para las exhortaciones del escritor a la fe y a la perseverancia paciente, es la doctrina.

El propósito de esta epístola

El autor parece haber tenido varios propósitos en mente al escribir esta epístola.

Primero, quería advertir a sus lectores de los peligros que encaraban. Estaba el de que fueran negligentes con la revelación de Dios a través de Jesucristo, la cual sobrepasa a la dada mediante Moisés. El escritor trata con esos problemas en 1.1-2.18. También había el riesgo de que, así como los redimidos bajo Moisés erraron, en la misma manera aquellos a los que se dirige podrían fallar bajo un Redentor mayor, Cristo Jesús. A esto se hace referencia en 3.1-18.

Otro peligro se discute en 4.1-13. Esta sección advierte que al igual que sus antepasados en Cades-barnea por incredulidad no pudieron entrar en el reposo que Dios proveyó en la tierra prometida, así, esa generación podría no apropiarse por la fe del descanso que Dios había provisto y por lo tanto no alcanzar las bendiciones prometidas.

Y aquí, en 4.14—10.39, es donde se encuentra el riesgo explicado, que los destinatarios no llegaran a obtener la plenitud de la obra sacerdotal de Cristo. En ese segmento encontramos el peligro de que esos creyentes pudieran retroceder y no continuar en el camino hacia la madurez, como se describe en 5.12—6.20.

Es el objetivo del autor, entonces, dar a conocer a sus lectores esos peligros para que su crecimiento espiritual no fuera obstruido.

El segundo propósito fue llevar a esos creyentes a la madurez en Cristo. Esto se ve en 5.11-14 y en la exhortación en 6.1.

Tercero, fue el blanco del autor preparar a esos fieles para la persecución venidera. A pesar de que habían experimentado hostigamiento por parte de los judíos en toda su generación, sus sufrimientos se intensificarían al acercarse la represión romana. A esta incrementada intensidad de aflicciones es a la que el autor hace referencia en 8.13, 10.25 y 12.3-15.

Cuarto, otro de sus propósitos es advertir a sus lectores acerca de las falsas doctrinas (13.9). Así que el cuerpo de verdad presentado en esta epístola sería prueba para cualquier doctrina.

Aunque todavía no enfrentamos la misma clase de ataques físicos que los lectores originales de Hebreos encaraban, nuestras creencias diariamente están bajo ataque en nuestra cultura. El movimiento Nueva Era, el humanismo ateísta, el liberalismo popular y una comprometedora forma de «iglesia» diluida, amenazan con minar la confianza en la absoluta verdad de la Palabra de Dios. Las exhortaciones de esta carta a la fe y perseverancia son, entonces, tan relevantes para nosotros como lo fueron en el siglo primero. Y de acuerdo con este libro bíblico, nuestro gozo del «reposo» de Dios —una vida cristiana victoriosa— depende de cómo respondemos a esas exhortaciones.

Quinto, otro objetivo del autor es prevenir a los creyentes de «dejar de reunirnos como algunos tienen por costumbre» (Heb 10.25). Algunos se debilitaron en su fe y habían perdido la esperanza de que Jesucristo volviera para librar a los oprimidos y establecer su reino. Por esta razón dejaron de reunirse con sus hermanos creyentes e intentaron refugiarse en un regreso a los rituales externos de los servicios del templo. Otros consideraban hacer lo mismo. Así era, pues, el deseo del autor que no dejaran de reunirse, pues su ayuda no recaía en el templo o en el encuentro con los mencionados, más bien, fueron animados a buscar el apoyo que podía hallarse sólo en la comunión con los creyentes verdaderos.

Para lograr su propósito, el escritor planteó varias advertencias muy serias y sensatas. En nuestro estudio siguiente, va a ser necesario considerar cada una de ellas en detalle. Por ahora, sin embargo, una mención breve de alguna será suficiente.

En 2.3 encontramos la advertencia: «¿Cómo escaparemos nosotros, si descuidamos una salvación tan grande?» Esto era un alerta contra el rechazo de la revelación de Dios dada a través de Jesucristo. En 4.11-13 se dice: «Procuremos[...] que ninguno caiga en

Nuestra sociedad se llena de cosas que son rápidas o «instantáneas». Los hornos microondas hacen posible las comidas rápidas; los teléfonos nos ponen instantáneamente en contacto con amigos y socios de negocios; las máquinas de fax nos ofrecen correspondencia inmediata; los concursos y las loterías nos ofrecen la esperanza fantasma de riquezas fáciles. Para nuestra desventaja, a veces creemos erróneamente que un poco de conocimiento o algún tipo de experiencia puede brindarnos madurez espiritual instantánea. La Biblia aclara, sin embargo, que la madurez en Cristo es un proceso largo y constante de crecimiento en el conocimiento de su Palabra y sumisión obediente a Él. Como la condición atlética o el desarrollo de niño a adulto, no existen atajos a una madurez espiritual. Esto era cierto para los lectores originales de Hebreos, tal y como es cierto para nosotros.

semejante ejemplo de desobediencia». Como veremos, esta era contra la repetición de un pecado similar al de Israel en Cades-barnea, donde una generación redimida perdió las bendiciones que Dios había provisto. En 6.4-6 está la exhortación contra retroceder en su estado espiritual, lo que les confinaría a un estado de inmadurez. Hay otra advertencia en 10.26-31 que previene a esos creyentes de «una horrenda expectación de juicio y de hervor de fuego que ha de devorar a los adversarios». Esto significa, que si para escapar de la persecución se identificaban de nuevo con el templo y la nación, entonces volverían a estar sujetos al juicio físico que Cristo decretó a esa generación.

En 10.31, el autor señala los resultados de rechazar estas advertencias. Dice que horrenda cosa es caer en las manos del Dios viviente. En 10.38 escribe: «Si alguno retrocediere, no agradará a mi alma». En 12.14-15 declara: «Seguid la paz[...] y la santidad[...] Mirad bien, no sea que alguno deje de alcanzar la gracia de Dios; que brotando alguna raíz de amargura, os estorbe, y por ella muchos sean contaminados». En 12.16-17 les alerta que de ignorar estas advertencias, como Esaú, pasen a un estado en el que pierda el derecho a las bendiciones prometidas. En 12.25-27 al referirse a la profecía les recuerda que a la venida de Cristo, la tierra será conmovida y con ella las mismas instituciones por las que eran

Durante los pasados veinte años, la prioridad de la adoración casi ha desaparecido de nuestra cultura. Aunque las películas e incluso la televisión, muestran en ocasiones escenas de familias de la generación anterior en adoración o en prácticas religiosas, la única mención de esto en los medios de comunicación actuales es en forma de crítica o para sacar provecho. Incluso entre cristianos profesantes, la fidelidad a la adoración semanal se ha puesto casi siempre a un lado por la recreación, deportes dominicales o problemas de horario y conveniencia, aunque la Palabra de Dios coloca en alto sitial a la práctica de la adoración en grupo, en especial en medio de circunstancias adversas. Si Dios la considera importante, ¿no deberíamos pensar así también?

tentados a ir en busca de refugio. En ese caso volverían al templo sólo para caer bajo su juicio.

Estas serias exhortaciones fueron expresadas para captar la atención de los oyentes, para prevenirles de las consecuencias de no vivir por la fe, para que así se ejercitaran y perseveraran en la paciencia. De nuevo, el tiempo en el que esto ocurría era un período de transición que empezó con el importante acontecimiento de Pentecostés. Era el paso del plan pactado, de Dios con Israel, a uno nuevo para ser desarrollado en la iglesia. Era una transición de judío a gentil. Era una transición de la ley a la

gracia. Era la transición en la que Dios habitaba con anterioridad, en el tabernáculo-templo, y ahora lo haría dentro de un nuevo templo, el cuerpo de los creyentes. Era la transición de la expectativa de un reino davídico terrenal a la inauguración de una forma novedosa de administración teocrática detallada en Mateo 13.

Este período que comenzó en Hechos continuaría hasta la destrucción de Jerusalén en el año 70 d.C. Ciertas prácticas que podían haber sido perfectamente normales al principio de la transición no podían ser consideradas como tal por más tiempo al acercarse el final de esa etapa. Aunque la doctrina

Demasiadas veces pensamos en la desobediencia o apatía espiritual en términos de «aquí en adelante» en vez de «aquí y ahora». Si entendemos las Escrituras correctamente, sin embargo, nos damos cuenta de que existen consecuencias físicas, presentes y temporales, para nuestra desobediencia o negligencia. La Biblia conecta con frecuencia la obediencia espiritual (como por ejemplo: la fidelidad a la adoración, la honra a los padres y la fidelidad matrimonial) a beneficios temporales como preservación física, longevidad y la respuesta a nuestras oraciones. Si estamos acosados con dificultades continuamente, a lo primero que debemos acudir en busca de ayuda es a nuestra lealtad a Dios y a su Palabra. Sólo cuando sabemos que nuestro sufrimiento no lo imponemos nosotros mismos podemos empezar a buscar cuáles son los propósitos por los que Dios está obrando en nuestras vidas.

de estos nuevos creyentes y de las personas a las que se asociaron era un escarnio para la nación que habían abandonado, al principio los individuos eran tolerados. Pero al avanzar esta fase, la brecha entre el judaísmo y el cristianismo se ensanchó. Lo que era tolerado por la nación al inicio de la transición, al final no se admitió por más tiempo. Una persecución intensificada de creyentes por la nación los imposibilitó de ser aceptados de nuevo en esa comunidad.

En la época en que Hebreos fue escrito, había pasado suficiente tiempo para que, los que eran inmaduros al principio de la transición, llegaran a la madurez (5.11ss). Así pues, cualquier continuación o regreso a las prácticas asociadas con su inmadurez sería un paso serio hacia atrás.

Por consiguiente, las doctrinas que presenta la epístola, las advertencias que contiene y las exhortaciones que nos da, fueron con la intención de prevenir el retroceso y de animar el constante y dinámico desarrollo hacia la madurez espiritual.

Con todos los cultos, movimientos, filosofías e «ismos» que enfrentamos hoy en día, bien podríamos preguntarnnos cómo protegernos del engaño. Según el escritor de Hebreos, la mejor defensa es una buena ofensa. Esto significa, que la manera preferible de salvaguardarnos de él es dedicarnos al crecimiento constante hacia la madurez. Y la forma más adecuada de movernos siempre en esa dirección es mediante la práctica diligente de lo que la Palabra de Dios nos revela. Esto le da un significado vital a los sermones dominicales, estudios bíblicos caseros y clases dominicales, puesto que son quizás nuestra mejor fuente de alimento para el desarrollo espiritual. ¡Deberíamos hacer todo lo posible para asegurar que estas prácticas nos provean lo que necesitamos para el crecimiento, y que lo logramos en concordancia con la «comida» espiritual que recibimos!

I. La revelación de Dios a través de Jesucristo es superior a su revelación por medio de los ángeles (1.1—2.18).

Cuando Dios puso a Adán y Eva en el Jardín del Edén, no había barrera alguna para su comunión con Él. Mientras toda la creación daba testimonio de la existencia y de la extrema grandeza de su poder, Adán y Eva crecían en su conocimiento de Dios a través de una comunión íntima con Él. Sus paseos diarios en el jardín (Gn 3.8) involucraban una continua revelación a ellos de sí mismo. De modo que, gozaban de su comunión y crecían en su conocimiento.

Sin embargo, después del acto de desobediencia voluntario de Adán y Eva (Gn 3.1-6), a Dios no le fue posible por más tiempo venir a pasear con ellos y revelárseles. Así pues, su conocimiento del Creador pasó a depender de su propia revelación a través de la naturaleza. La luz de la presencia personal de Dios abrió camino a la oscuridad espiritual, y el conocimiento que habían ganado por medio de una comunión íntima con Él dio paso a la ignorancia espiritual progresiva.

Es por ello que Pablo testifica que las personas están caracterizadas no por luz, sino por tinieblas (Ro 1.21-23; Ef 4.17-18). Esta oscuridad es desconocimiento de Dios. Pablo testifica más adelante que «el hombre natural no percibe las cosas que son del Espíritu de Dios, porque para él son locura, y no las puede entender, porque se han de discernir espiritualmente» (1 Co 2.14). Y de nuevo: «El mundo no conoció a Dios mediante la sabiduría» (1 Co 1.21). En otras palabras, si la gente llega a algún conocimiento de Dios, no es por el ejercicio de sus intelectos caídos, sino por revelación divina. Por fortuna para nosotros, nuestro Dios no ha escogido esconderse de la raza humana, sino revelarse a sí mismo por medio de una revelación especial, para que lleguemos a conocerle.

A. La revelación de Dios a través del Hijo (1.1-2a).

1 Dios, habiendo hablado muchas veces y de muchas maneras en otro tiempo a los padres por los profetas,
2a en estos postreros días nos ha hablado por el Hijo.

En la introducción a su epístola, el escritor de Hebreos afirma el hecho grandioso de que Dios efectivamente se nos ha revelado. Al recorrer la historia de la humanidad, declara que en otras épocas Dios habló a los padres por los profetas. Esa revelación no fue dada directamente, sino en forma indirecta; para entonces los padres fueron los que recibieron la revelación directa, la cual les llegó mediante los profetas. Además, le fue dada varias veces y en maneras diferentes. Aunque el autor afirma que a través del Antiguo Testamento hubo una revelación progresiva de parte de Dios por medio de los profetas hacia su pueblo, la ve como incompleta. La revelación del Antiguo Testamento anticipaba una más completa, aún por llegar que concretamente era la del Nuevo Testamento. Y como bien sabemos, existen contrastes notables entre ambos, concernientes al tiempo de la revelación, sus agentes y sus métodos.

El profeta del Antiguo Testamento era único, pues a través de él Dios se revelaba a su pueblo. Por consiguiente, había varios métodos por los que

> Cualquiera que haya trabajado con herramientas o utensilios de cocina sabe que cada uno fue diseñado para una tarea o propósito específico. Si intentamos usarlos para algo diferente, nos frustraremos y quizás hasta lo dañemos. Esta referencia a los primeros capítulos de Génesis nos recuerda que Dios creó la vida humana para un propósito específico, el conocerle y gozar de comunión con Él. Y usar esa vida —nuestra propia vida— en otra cosa que no sea con ese fin dominante, derivará en frustración y posiblemente en una vida destruida. Aunque conocer a Cristo en verdad nos equipa para alcanzar placeres, riquezas, éxito u otras metas tentadoras mejor de lo que jamás pudimos lograr, no olvidemos que el objetivo de nuestra existencia hoy es el mismo de siempre: conocerle a Él.

Dios se revelaba a los profetas. En ocasiones lo hizo directamente a la persona. Abraham, por ejemplo, recibió una revelación directa al aparecérsele Dios (Gn 12.1; Hch 7.2). Moisés también tuvo comunicación directa con Él (Éx 33.9,11; 34.1). Isaías recibió palabra del Señor (Is 8.11; 31.4). Jeremías mantuvo comunicación directa con Dios (Jer 1.4-10). Muchas veces su palabra llegó directamente a Jeremías, y a Ezequiel (Ez 1.3; 2.1; 3.22). Cuando a Dios le agradaba, se revelaba en forma directa a los profetas, quienes a su vez divulgaban su palabra al pueblo.

En Números 12.6 Dios manifestó que hablaría a los profetas a través de sueños y visiones. Mientras el profeta dormía le era mostrado el sueño de modo directo. Tal fue la experiencia de Jacob (Gn 28.11-16), José (Gn 37.5-9), Faraón (Gn 41), el madianita (Jue 7.13-15), Salomón (1 R 3.5-15), Nabucodonosor (Dn 2.1; 4.5), y Daniel (Dn 7.1). Como con toda verdadera revelación, lo trasmitido era auténtico y confiable; daba a conocer el infalible plan o propósito de Dios para su pueblo por medio del que la recibía.

En la revelación a través de una visión, el elegido estaba totalmente despierto y a menudo se convertía en uno de los participantes del hecho que se comunicaba. Ese es el caso de Abraham (Gn 15.1) y Samuel (1 S 3.11-15). Ezequiel las recibía frecuentemente (Ez 1.1; 8.3; 40.2; 44.3). Igual sucedía con Daniel (Dn 8.1; 9.24-27; 10.1-7), Oseas (Os 12.10) y

---

Muchos «gurús» modernos dicen saber mucho acerca de Dios, aunque no tienen más para basar sus suposiciones que sus propias opiniones o las ideas de otros. La Biblia, por el contrario, proclama ser la única fuente de la propia revelación de Dios acerca de sí mismo a la humanidad. Esto la hace única por encima de cualquier otro libro o escritura sagrada de la historia. Aunque usar la Biblia para testificar a no creyentes y para contrarrestar a falsos maestros no es popular en la actualidad como lo fue una vez, todavía es la única fuente para una verdad final, auténtica, autorizada y sobrenatural. Dedíquese a estudiarla y a memorizarla y nunca estará sin respuesta para quien le pregunte.

Nahum (Nah 1.1). También Habacuc (Hab 2.2-3), mientras que Zacarías recibió los detalles del programa profético para Israel en ocho visiones nocturnas (Zac 1.7—6.15). De nuevo, la revelación dada mediante visiones era considerada autoritativa y confiable, además era vista como manifestación de Dios a su pueblo.

Algunas veces iba acompañada por tormenta y fuego, como experimentó Moisés (Éx 19.19; Dt 5.22). En otros casos a través de una pequeña y apacible voz, escuchada por Elías (1 R 19.12). Pero aunque las revelaciones de Dios para el hombre suceden en toda la historia del Antiguo Testamento —desde el tiempo de Abraham a los días de Malaquías— y aunque Dios las dio a través de sueños y visiones, todas son sobre sí mismo, su plan y su programa. Todo era considerado como autoritativo y confiable, además la gente podía llegar a un conocimiento personal e íntimo de Dios y su plan.

Sin embargo, todas fueron calificadas como temporales. Debido a que esperaban una revelación completa por venir (Dt 18.15), esta era incompleta. Por eso el escritor de Hebreos declara: «Dios[...] en estos postreros días nos ha hablado por el Hijo».

¿Cómo sabemos si alguien ha recibido en verdad, una revelación directa cuando dicen: «Dios me dijo», o «Así dice el Señor?» Primero, en el Antiguo Testamento, la revelación de Dios era avalada por la infalibilidad (nunca siendo errónea ni incumplida) y por milagros verificables. En otras palabras, el mensaje de Dios por medio de su mensajero siempre es confirmado por hechos que no se pueden refutar ni «desmentir». Sin trucos, artimañas ni falsificaciones. Segundo, estos primeros versículos de Hebreos parecen indicar que la revelación que Dios entregó en el Antiguo Testamento por medio de los profetas, sueños y visiones, ha sido reemplazada por una revelación superior a través de su Hijo, Jesucristo. Por lo tanto, debemos ser muy cautelosos en la actualidad con cualquiera que diga recibir revelación directa de Dios. Y si lo que dice no es consistente con lo que Él ha revelado en las Escrituras, ¡debemos alejarnos lo más posible!

Esta referencia a «postreros días» pone la nueva revelación de Dios en marcado contraste con la que previamente había dado a través de los profetas. Esta posterior es completa más que parcial, es permanente más que temporal y es el cumplimiento de todo aquello que se esperaba en la precedente. Lo más importante que el autor presenta aquí es que la nueva no sigue ninguno de los patrones de las precedentes, sino que es la revelación de Dios mediante un nuevo método, la Encarnación.

En la traducción española, leemos que Dios nos ha hablado «a través de su Hijo». Preste atención, sin embargo, a que en algunas versiones la palabra «su» está en letra cursiva, para destacar que no estaba en el texto original en griego. La frase en español «a través de su Hijo» pone énfasis en la persona por medio de la cual se hace la revelación; sin embargo, si leemos el texto literalmente, sin esa inserción, nos dice que Dios «nos ha hablado por su Hijo». Esto enfatiza el método en vez de la persona. Y aunque es verdad que la manifestación de Dios fue hecha mediante el Hijo, aquí el escritor quiere mostrar el nuevo método utilizado, el hecho grandioso de la encarnación de Cristo.

Juan, en la introducción de su evangelio, señala que el mundo estaba en tinieblas (Jn 1.5), lo que para él significaba ignorancia de Dios. En esas tinieblas, el hombre ni sabía ni podía conocer a Dios (1 Co 1.21). La única manera en que podía lograrlo era a través de la revelación. Por consiguiente, se dio como «aquel Verbo fue hecho carne, y habitó entre no-

¿Cuánto sabemos en realidad acerca del Hijo, Jesucristo? ¿Cuánto estudiamos acerca de Él y su naturaleza en nuestras iglesias y en las clases de Escuela Dominical? Si alguien nos pregunta acerca de Jesús, ¿cuánto podemos decirle? La Biblia expresa que Jesús es la más plena, más completa, más precisa y convincente revelación de Dios que jamás se ha dado. Saber más sobre Él es conocer más al Padre. Entender a Cristo y su ministerio es comprender a Dios y lo que hace en nuestras vidas hoy.

sotros (y vimos su gloria, gloria como del unigénito del Padre), lleno de gracia y de verdad» (Jn 1.14).

Esta revelación a través del Hijo no es vista por el escritor de Hebreos como simplemente otra forma progresiva de presentarse; sino, como la revelación divina final y culminante de sí mismo en el Hijo.

B. La posición del Hijo (1.2b-3).

2b a quien constituyó heredero de todo, y por quien asimismo hizo el universo;
3 el cual, siendo el resplandor de su gloria, y la imagen misma de su sustancia, y quien sustenta todas las cosas con la palabra de su poder, habiendo efectuado la purificación de nuestros pecados por medio de sí mismo, se sentó a la diestra de la Majestad en las alturas.

Puesto que la nueva y final manifestación de Dios es Hijo-revelación, el énfasis está puesto, no tanto sobre lo que el Hijo dijo, sino sobre quién Él es. Ya que a través de la encarnación Dios se hizo humano, y a causa de que el Hijo es Dios, el Hijo —independientemente de lo que expresó— es la revelación de Dios a las personas. Por consiguiente, el escritor de Hebreos muestra la elegibilidad de Cristo para ser el Hijo-revelación estableciendo siete hechos significativos concernientes a Él, quien se convirtió en Deidad encarnada.

El primero es que Dios constituyó al Hijo como heredero de todo (1.2b). Esta proclamación específicamente concierne a una declaración de autoridad. Cuando Jacob dio a José la túnica de colores (Gn 37.3), le asignaba autoridad ad-

Si es cierto que Jesucristo es la suprema revelación de Dios para su pueblo, lo que llamamos entendimiento de Dios, que está acorde con lo que conocemos acerca de Jesucristo, es incompleto o erróneo. Esto pone a religiones, como el movimiento de la Nueva Era, misticismo oriental, humanismo y varios otros cultos, lejos de la verdad que profesan enseñar. Recuerda, la Biblia enseña que Jesucristo no es sólo otra forma de revelación; Él es la revelación suprema y fundamental de sí mismo a las personas.

ministrativa sobre la familia y le designaba como su heredero. Fue debido a este nombramiento que José rigió sobre sus hermanos.

En la misma manera, Dios el Padre ha elegido al Hijo como su heredero y lo ha puesto en una posición de autoridad sobre «todas las cosas». Esto abarca el universo entero y lo que se desarrollará en ese reino. Y como Dios es el creador, y sólo Él tiene derecho a reinar, el asignado como gobernante no podía ser nada menos que Dios mismo. Además, esta herencia no era temporal; es eterna. Y debido a ésto es posible que: «En el nombre de Jesús se doble toda rodilla de los que están en los cielos, y en la tierra, y debajo de la tierra; y toda lengua confiese que Jesucristo es el Señor, para gloria de Dios Padre» (Flp 2.10-11).

El segundo hecho significativo es: «Y por quien asimismo hizo el universo» (Heb 1.2c). Una mejor traducción de esta frase sería: «Él ordenó los siglos». Aunque el término «universo» aparentemente se refiere a la creación del cosmos físico, lo cual es cierto (Jn 1.3; Col 1.16), la palabra específica usada aquí alude a todas las eras o períodos que se desarrollarían en el mundo. Puesto que el Hijo controla la historia a lo largo de todos sus períodos, todo lo que acontece sigue disposiciones divinas ordenadas por su administración soberana.

El tercero afirma que el Hijo es «el resplandor de su gloria» (1.3a). Puesto que no dice que el Hijo se convirtió en el resplandor de su gloria, sino que establece que ha existido eternamente en continua e inquebrantable comunión con el Padre, esto enfatiza la eterni-

¡Puesto que Jesucristo es el máximo heredero de todas las cosas, incluidos nosotros, parece ridículo pensar que podemos rebelarnos contra su autoridad o escondernos de nuestra responsabilidad hacia Él! Una de las maneras de cultivar la sumisión hacia Él es pasar un tiempo con su Palabra y a diario practicar de manera deliberada la obediencia cristiana. Recuerde, un día todas las cosas, voluntaria o involuntariamente, serán sujetas a su autoridad.

dad del Hijo. La palabra resplandor significa radiar, destellar o causar brillo, refiriéndose a que la gloria del Padre, la cual revelaba Cristo, no era meramente reflejada, sino que era el resplandor de la gloria inherente a Cristo que en sí misma era la de su Padre. Esto enfatiza la unidad del Hijo con su Padre.

A eso se refiere la gloria de Dios en sí mismo, de la cual puede complacerse y estar orgulloso justificadamente. Dios se gloría en la perfección de su persona, en los atributos que son una manifestación de su carácter. Por consiguiente, aprendemos que Dios el Padre puede complacerse en Dios el Hijo, puesto que todo eso por lo que se complace en sí mismo está en el Hijo también.

El cuarto manifiesto es que el Hijo es «la imagen misma de su sustancia» (1.3b). Esto enfatiza que es en sí mismo una completa y perfecta revelación de lo que es en el Padre. Y aunque no hemos visto al Padre, le conocemos debido a que todo lo que Él es, el Hijo también lo es.

En el mundo grecorromano, las monedas llevaban la imagen grabada del emperador. De modo que al verlas uno podía reconocerlo. Y aunque el parecido era sólo representativo, si el molde, se perdía uno podía determinar con exactitud lo que había en él al estudiar la moneda. ¿Por qué? Debido a que el molde se reproducía a sí mismo en cada detalle de la moneda.

Esta es la esencia de la palabra que el autor escogió aquí para mostrar la relación entre el Hijo y el Padre. Aunque no vemos al Padre, todo lo que está

Si la confusión, la incertidumbre y la creciente maldad del mundo de hoy nos afecta, podemos consolarnos con que el mismo Jesucristo ha creado todos los siglos que han de pasar en esta tierra y tiene bajo perfecto control los acontecimientos que suceden a lo largo de ellos. Esta perspectiva es bastante diferente a la filosofía medioambientalista que propone que los seres humanos poseen en sí mismos el destruir o «salvar» la tierra. De acuerdo con las Escrituras, la historia humana se desarrolla en la manera en que nuestro Señor supo que pasaría desde el principio del tiempo.

en Él, está en el Hijo. Al estudiar al Hijo aprendemos acerca del Padre. Justo como una impresión en una moneda se convierte en una expresión del molde, de la misma manera lo que estaba en Cristo es una revelación del Padre.

El quinto hecho afirma que el Hijo «Sustenta todas las cosas con la palabra de su poder» (1.3c). Esta declaración implica, que la creación está sustentada y mantenida en su orden creativo por el poder perteneciente al Hijo; pero involucra mucho más. La palabra *sustenta* contiene la idea de llevar algo consigo mismo hasta un final determinado. No sólo fue el Hijo el arquitecto de los siglos, sino también fue quien a través de los siglos ha llevado la creación a un final previsto. No hace esto mediante fuerza física, sino «con la palabra de su poder». Esta palabra expresa

la idea de un mandato autoritativo que es ejecutado consecuentemente, implicando el ejercicio de su voluntad que es llevar todas las cosas a su final predestinado.

A través del sexto hecho: «Habiendo efectuado la purificación de nuestros pecados por medio de sí mismo» (1.3d), el autor observa la obra redentora del Hijo. Por medio de ella el Hijo revela el amor, la gracia, la justicia, la santidad y la rectitud sin precedentes de Dios. Esto será el tema central en esta epístola: la obra del Hijo para proveer purificación de pecados. En ella trata no sólo con pecados personales, sino que purifica a toda la creación completamente del pecado. Esto es visto como una purificación de una vez y para siempre, la cual es adecuada y total, una obra en la que el Hijo solamente

A lo largo del Antiguo Testamento, una de las características de la gloria de Dios era que ninguna manifestación de maldad podía permanecer delante de ella. Igualmente, cuanto mayor sea nuestro entendimiento del Hijo —quien es el resplandor de la gloria de Dios— mayor será nuestra aflicción con respecto a nuestro pecado e impureza. Cualquiera que esté hambriento de una vida pura cultivará continuamente un mayor entendimiento de Él y una más íntima relación con Él.

participa. Una obra que sólo Él llevó a cabo «por sí mismo».

El séptimo manifiesto afirma que «se sentó a la diestra de la Majestad en las alturas» (1.3e). El hecho de que «se sentó» significa algo más que descansar después de la labor. Es una entronización solemne, es tomar un asiento de honor y autoridad después del trabajo que vino a hacer y que había finalizado. Al concluir la obra de revelación y de redención que debía llevarse a cabo en la Encarnación, pudo asumir la posición de honor y autoridad que eran suyas antes de que el mundo fuese (Jn 17.5). Y el hecho de que está sentado a la diestra no significa tanto la localización geográfica como la

dignidad, el honor y la gloria que le habían sido concedidas.

En estas siete declaraciones el escritor aclara que el único enviado por Dios para dar una revelación final de sí mismo estaba completamente calificado, no sólo para hacerla sino para ser revelación de Dios a su pueblo, para que así, cualquiera que estuviese en tinieblas e ignorancia de Dios pueda venir a la luz, al conocimiento de Él.

En resumen, el autor de Hebreos nos enseña que en el curso de la historia del Antiguo Testamento Dios se reveló a los profetas directamente o mediante visiones, quienes a su vez comunicaron esa revelación al pueblo. Pero para dar definitiva y completa revela-

En el mundo actual, de falsa espiritualidad, charlatanería religiosa y misticismo genérico, la verdadera medida para la relación de cualquier persona con Dios es su respuesta a Jesucristo tal y como la Biblia lo revela. Aunque varios cultos e iglesias liberales hablan de algunas de las declaraciones de Jesús, o al menos el «Jesús» que ellos han definido en su propia doctrina, una vez que se encuentran cara a cara con las que tratan acerca del pecado, la justicia y el juicio, empiezan a transigir al aceptarlo como Dios en la carne. Hoy, más que nunca, la verdadera prueba para averiguar lo que una persona opina de Dios es preguntar: «¿Qué piensa de Jesús?» Según Hebreos, ¡rechazar a Jesucristo en la manera que la Biblia lo revela es rechazar al único y verdadero Dios!

ción de sí mismo, Dios ideó un nuevo método: la encarnación del Hijo, quien vino a revelar al Padre, no sólo a través de lo que dijo, que a su vez fue revelación, sino también por medio de lo que es. Puesto que Él es uno con el Padre, el Señor pudo decir de esta revelación: «El que me ha visto a mí, ha visto al Padre» (Jn 14.9). Por consiguiente somos ahora responsables por esta revelación en el Hijo.

C. La superioridad del Hijo sobre los ángeles (1.4-14)

4 hecho tanto superior a los ángeles, cuanto heredó más excelente nombre que ellos.

5 Porque ¿a cuál de los ángeles dijo Dios jamás: Mi Hijo eres tú, Yo te he engendrado hoy, y otra vez:

Yo seré a él Padre Y él me será a mí hijo?

6 Y otra vez, cuando introduce al Primogénito en el mundo, dice: Adórenle todos los ángeles de Dios.

7 Ciertamente de los ángeles dice: El que hace a sus ángeles espíritus, y a sus ministros llama de fuego.

8 Mas del Hijo dice: Tu trono, oh Dios, por el siglo del siglo; cetro de equidad es el cetro de tu reino. Has amado la justicia, y aborrecido la maldad, por lo cual te ungió Dios, el Dios tuyo, con óleo de alegría más que a tus compañeros

10 Y: Tú oh Señor, en el principio fundaste la tierra, y los cielos son obra de tus manos.

11 Ellos perecerán, mas tú permaneces; y todos ellos se envejecerán como una vestidura.

12 Y como un vestido los envolverás, y serán mudados; pero tú eres el mismo, y tus años no acabarán.

Aunque a diario se nos recuerda la celebridad y posición social de las personas que poseen cierta cantidad de «poder» en nuestra sociedad (políticos, estrellas, atletas profesionales), no nos maravillamos con el poder de Jesucristo. Cualquiera que haya presenciado la tremenda fuerza de un huracán, terremoto, volcán u otra catástrofe natural, sabe que esa sensación es sobrecogedora; aun así, Jesucristo sostiene todo el universo en el que esos hechos son pequeños detalles. ¿Es este el tipo de poder en el cual ponemos nuestra confianza en tiempos de crisis? El alcance de este poder es mucho mayor que cualquier problema en que nos podamos encontrar.

13 Pues, ¿a cuál de los ángeles dijo Dios jamás: Siéntate a mi diestra, hasta que ponga a tus enemigos por estrado de tus pies?

14 ¿No son todos espíritus ministradores, enviados para servicio a favor de los que serán herederos de la salvación?

A lo largo de todo el Antiguo Testamento, la revelación de Dios a la raza humana era comunicada con frecuencia, a través de ángeles. Agar la recibió por ellos (Gn 16), lo mismo Abraham (Gn 22.11-18). A Jacob lo visitaron con su respectiva revelación (Gn 31.11-13), y el ángel de Jehová trajo revelación a Moisés (Éx 3.1-2). Igual que a Balaam (Nm 22), Gedeón (Jue 6) y Manoa (Jue 13). El profeta Elías recibió un mensaje de Dios a través de los ángeles (1 R 17.2-4). Gabriel trajo revelación a Daniel (Dn 10.11-12), y ángeles la comunicaron a Zacarías, el profeta (Zac 1.9; 4.1-6).

Lo que era cierto en el Antiguo Testamento también lo era en el Nuevo. José recibió un anuncio respecto al nacimiento de Jesús por un mensajero angélico (Mt 1.20). El concerniente al nacimiento del precursor prometido del Mesías, Juan el Bautista, fue dado a Zacarías mediante un ángel (Lc 1.11-17). Y el de la concepción del Mesías prometido fue dado a María por otro ángel (Lc 1.28-32).

Aunque todas estas revelaciones dadas a individuos eran significativas, la mayor de ellas a través de ángeles fue la Ley, comunicada a Moisés en el Sinaí. Pablo escribió respecto a la Ley: «Fue ordenada por medio de ángeles en mano de un mediador» (Gl 3.19). Israel con-

Una interesante anotación profética: Cuando Jesucristo vuelva para establecer su reino milenial en la tierra, redimirá a la creación misma de los efectos del pecado de la caída del hombre. En otras palabras, traerá armonía ambiental a la tierra por primera y única vez desde la caída. Aunque, antes de que llegue, Satanás intentará falsear este milagro mesiánico convenciendo a la raza humana de que puede «salvar la tierra» a través de esfuerzos colectivos. Esto es sólo una de las proezas con las que Satanás tratará de engañar al acercarse el regreso de Cristo.

sideraba toda revelación dada a través de ángeles como auténtica, confiable y obligatoria. Sin embargo, se prestaba atención especial a la Ley Mosaica debido a que fue manifestada por Dios directamente a Moisés, el mediador. Por incontables generaciones, la nación a quien fue dada la Ley la sostuvo en la más alta estima y se consideró a sí misma sujeta a ella. Si el pueblo de Dios, entonces, tuviera que someterse a otra revelación, se le debería demostrar que la nueva es superior a la antigua. El escritor lo hace al mostrar que la nueva revelación vino a través de una persona superior a los ángeles e incluso a Moisés, mediante quien vino la antigua manifestación.

En los versículos 4-14 el escritor presenta lo que puede verse como el resumen de la doctrina del Antiguo Testamento concerniente a los ángeles. En vez de apelar a las innumerables tradiciones judías acerca de ellos, el apóstol revisa las enseñanzas del Antiguo Testamento sobre su naturaleza y su ministerio para contrastarlos con el Hijo, el administrador autorizado del universo, el arquitecto de los siglos, el que conduce la historia humana al final determinado por Dios.

Mientras que el versículo 3 enfatiza la eterna relación del Hijo con el Padre, el 4 destaca la posición exaltada a la que el Dios-hombre fue designado, evidentemente en el momento de su resurrección. Como veremos más adelante en la epístola (5.5-6), al momento de la resurrección, Aquel, que desde los

De todos los muebles del templo, uno de los objetos que no está presente es una silla en la que el sacerdote pudiera sentarse. Esto era porque su trabajo en la ofrenda del sacrificio por el pecado nunca fue terminado. En contraste, puesto que el sacrificio que Cristo ofreció fue perfecto y completo, cuando su labor terminó, se sentó a la diestra de Dios. No sólo esto nos muestra vivamente que su obra está completa, sino que cuando su sacrificio es aplicado a nuestros pecados, el pago es completo y perfecto. No podemos añadir nada, ni mejorarlo, ni perderlo.

días postreros fue nombrado heredero, ahora se dedicó activamente a la administración de su herencia. Puesto que la administración dada al Hijo incluye no sólo el universo físico, sino todos los seres vivientes dentro de la creación de Dios, y como los ángeles forman parte de ella, el que tomara el cargo de autoridad debe ser superior a todos sobre los que va a reinar. Así pues, está claro que el Hijo eterno es superior a los ángeles.

Para apoyar su afirmación el escritor de Hebreos apela a siete pasajes del Antiguo Testamento.

La primera referencia (1.5a) es al Salmo 2.7, donde un pacto dado por el Padre al Hijo declara: «Mi Hijo eres tú; yo te engendré hoy». Sin duda, el día referido aquí es el de la resurrección. El «engendrar» alude al comienzo de la existencia del Hijo, como si hubiera habido un tiempo en el que Él no viviera y entonces fuese traído a la existencia. En la misma manera en que Jacob asignó a José una posición autoritativa y este pasó a ser «el hijo» o «el heredero» en ese momento específico, así, en el de la resurrección, Dios el Padre estableció el derecho del Hijo a la posición de gobernante. Es por esto que Pablo declara en Hechos 13.33 que el Salmo 2.7 se cumplió a través de la resurrección de Jesucristo. Aunque algunos ángeles eran nombrados como «principados y potestades» (Ef 1.21) y eran asignados a gobernar en el dominio angélico, ninguno fue jamás llamado «hijo». Esta autoridad pertenece exclusivamente al resucitado, Jesucristo.

La segunda referencia (1.5b) es a 2 Samuel 7.14, un pasaje en el cual Dios hace un pacto con David, en el que afirma que habrá una continua relación en-

¿Cuánto tiempo dedica al estudio de la persona de Jesucristo? ¿Cuánto tiempo dedica su iglesia al estudio bíblico la enseñanza de la persona, obra, atributos y naturaleza de Jesucristo? Si en verdad queremos acercarnos a Dios y si Jesucristo es la revelación fundamental de Dios, haremos bien al destinar tiempo para aprender acerca de Él, hablar de Él, caminar con Él, obedeciéndole y acercándonos lo más posible a Él.

tre Él y sus descendientes, y que mediante uno de ellos se cumpliría el pacto que Dios hizo con David. El énfasis en este pasaje es en la expresión «Yo le seré», indicando una posición continua de autoridad que será dada a este descendiente. Esta autoridad está basada en la vinculación entre el auténtico Hijo de David y su Padre quien hizo el pacto. Vemos así, que a través de Jesucristo, Hijo eminente de David, serán cumplidas todas las profecías mesiánicas concernientes al reino, la redención y las bendiciones.

En el versículo 6 el escritor anticipa la Segunda Venida de Jesucristo a este mundo subsiguiente a su resurrección al referirse a un tercer pasaje del Antiguo Testamento. En Deuteronomio 32.43 (cita de la versión Septuaginta), está previsto que a la vuelta del Mesías los ángeles de Dios le adorarán. La escena aquí es del reino milenial de Cristo en la tierra como cumplimiento de los pactos de Dios en el Antiguo Testamento. De acuerdo con Hebreos 12.22-24, cuando el reino de Cristo sea instituido aquí en la tierra, los ángeles que no hayan caído formarán parte de él morando con el Padre y el Hijo. Y junto con los santos del Antiguo Testamento y los santos redimidos en esta era presente, estarán en la ciudad celestial, la Nueva Jerusalén, como adoradores. Cierto es, por consiguiente, que el que es adorado es superior a los

---

Desde la caída del hombre en adelante, Dios se comunicó con la raza humana a través de mediadores debido a su santidad en contraste con la pecaminosidad del ser humano. La separación entre Dios y el pecado es algo que jamás debemos olvidar ni menospreciar en nuestra relación con Él. Dios es santo, lo que significa que está completamente sin pecado y separado de él. Sólo porque nos ha permitido acercarnos a Él mediante la sangre de Cristo no quiere decir que ha cambiado de opinión sobre el pecado, ni que podemos menospreciarlo en nuestras vidas. Su deseo para nosotros es que tengamos su santidad como Jesucristo nos conformó a su imagen. Tomemos en serio el pecado en nuestras vidas, y esforcémonos a vivir vidas santas, porque Él es santo.

que adoran. Esta cita, entonces, enfatiza la futura posición de autoridad y dignidad del Hijo en su reino de mil años en la tierra.

La cuarta referencia, el Salmo 104.4, se encuentra en el versículo 7. Allí se alude a los ángeles como a espíritus, y en su ministerio se aparecen como llamas de fuego. Puesto que son espíritus, su ministerio no puede ser observado; y tal como las llamas son temporales y transitorias, en la misma manera el ministerio de los ángeles es periódico y temporal. Aun más importante, aquí el autor contrasta el invisible y temporal ministerio de los ángeles con el carácter y ministerio eterno del Hijo.

En la quinta referencia (1.8-9), otro contraste entre Cristo y los ángeles está basado en el Salmo 45.6-7.

El escritor afirma la eternidad del Hijo y muestra que cada ejercicio de su autoridad administrativa está en armonía con la perfecta justicia de Dios. Según las tradiciones judías de esa época, los ángeles eran creados nuevos cada mañana, y después de cumplir su ministerio, volvían a la fuente de fuego de la cual habían sido sacados. Este concepto parece haber surgido de una interpretación del Salmo 104.4. No obstante, es con un contraste acentuado que se enfatiza la eternidad y la deidad del Hijo. Más aún, esta

Ya que al menos un culto hoy en día insiste en que Jesucristo no es coeterno con el Padre, sino que fue traído a la existencia en cierto momento en el tiempo, es importante entender el lenguaje legal del Cercano Oriente antiguo. La primogenitura de los derechos de un hijo como heredero legítimo de todas las cosas poseídas por el padre era un pronunciamiento legal, parecido al nombramiento de un heredero o sucesor en un testamento. Fue en el momento de la resurección que esta declaración profética concerniente al «hijo» de David se cumplió —el momento en el cual no hubo— más barreras para el derecho legal del Mesías de heredar del Padre la posesión de toda la creación. Aunque sabemos por profecía bíblica que tomará posesión de esa herencia en el futuro, su derecho legal a ello fue asegurado a través de su victoria sobre Satanás en la resurección.

unción lo ha apartado para una posición de administrador, puesto que la misma en el Antiguo Testamento tuvo siempre presente una concesión de poder por parte del Espíritu Santo para desempeñar un cargo o nombramiento especial. En el Salmo 45, entonces, el hijo es presentado como ungido por el Padre con el Espíritu Santo para desempeñar su cargo como rey terrenal. Como sabemos por los evangelios, en su bautismo, el Hijo fue ungido y lleno de poder por el Espíritu Santo para tomar su cargo mesiánico en su reino terrenal (Hch 10.38).

La sexta referencia es al Salmo 102.25-27 y se encuentra en los versículos 10-12. En ellos la eternidad de aquel a quien se dirigen como «Señor» es afirmada. Él es el Creador del universo, y aunque este está destinado a desaparecer, el Creador permanece. Él es el eterno no creado Hijo del Padre, en contraste con los ángeles que sí son seres creados.

La séptima y última referencia, encontrada en el versículo 13, es del Salmo 110.1. De

Después de lo que hemos visto, parece obvio que la mayor parte de Hebreos trata acerca del cumplimiento de las cosas que Dios prometió a lo largo del Antiguo Testamento. La Biblia, y el plan de Dios para la humanidad, es así. Nada que Él haya empezado quedará inconcluso. Ninguna promesa permanecerá sin realizar, y ninguna profecía será incumplida. No hay un «Dios del Antiguo Testamento» y un «Dios del Nuevo Testamento». Hay un solo Dios que inició en el Antiguo Testamento muchas, muchas cosas que han sido cumplidas en el Nuevo Testamento o lo serán en el futuro profético. Por eso es tan importante que nosotros, como cristianos, entendamos la completa dimensión de la Palabra de Dios, desde Génesis hasta Apocalipsis. Aunque el énfasis popular de «aplicación práctica» sirve de ayuda, sin un cuidadoso estudio de la Biblia de principio a fin, tendremos poco de lo precioso en nuestros corazones para aplicar. Si no participa en un estudio semanal de las Escrituras, haga lo posible por encontrar un grupo de estudio bíblico que le ayude a entender más la Palabra de Dios y su maravilloso plan para los siglos.

nuevo se hace mención al tiempo de la resurrección como al momento en que Cristo fue oficialmente entronizado a la diestra del Padre. Esta fue la respuesta del Padre a la petición del Hijo en la víspera de la crucifixión: «Ahora pues, Padre, glorifícame tú para contigo, con aquella gloria que tuve contigo antes que el mundo fuese» (Jn 17.5). La entronización de Cristo fue la declaración del Padre de aceptación y satisfacción con el Hijo y su obra. Además, la entronización del Hijo a la diestra del Padre se anticipa a la que protagonizará en la tierra después de su Segunda Venida, cuando todos sus enemigos se someterán ante Él. El derecho a gobernar dado al Hijo por el Padre será ejercitado aquí en la tierra durante su reino milenial. Con estas siete referencias el escritor de Hebreos ha destacado la soberanía y autoridad del Hijo, en contraste con el papel de los ángeles que son «todos

espíritus ministradores» (Heb 1.14). Los ángeles que ministran bajo la autoridad de un administrador son ciertamente inferiores a este último. Así, a través de lo que el Antiguo Testamento revela acerca de la naturaleza y obra de los ángeles, el autor demuestra con claridad que el que ha venido como Hijo y revelador es superior a los ángeles. En consecuencia, su revelación debería imponerse sobre cualquiera y sobre toda manifestación dada a través de los ángeles.

Naturalmente, ha sido difícil para muchos de los destinatarios de esta epístola romper sus lazos con el orden dispuesto en principio por la revelación de Dios dada a Moisés mediante los ángeles, pero era el deseo del apóstol que aquellos que estaban atados a la anterior manifestación se dieran cuenta que seguían una revelación inferior, y que deberían someterse a la dada por el revelador superior, Cristo Jesús.

Otro de los libros del Dr. Pentecost puede servir de mucha ayuda para entender el continuo desarrollo del plan perfecto de Dios. El libro se titula *The Kingdom Come* [Venga tu reino], publicado por Victor Books.

D. Una severa advertencia contra la negligencia (2.1-4)

1 Por tanto, es necesario que con más diligencia atendamos a las cosas que hemos oído, no sea que nos deslicemos.

2 Porque si la palabra dicha por medio de los ángeles fue firme, y toda transgresión y desobediencia recibió justa retribución,

3 ¿cómo escaparemos nosotros, si descuidamos una salvación tan grande? La cual, habiendo sida anunciada primeramente por el Señor, nos fue confirmada por los que oyeron,

4 testificando Dios juntamente con ellos, con señales y prodigios y diversos milagros y repartimientos del Espíritu Santo según su voluntad.

Como el escritor de Hebreos hará a lo largo de la epístola, después de presentar una verdad doctrinal, hace una aplicación directa de esa verdad para la experiencia de sus lectores. Este pasaje presenta el primero de sus muchos usos.

Primero, el escritor hace una exhortación a «que con más diligencia atendamos a las cosas que hemos oído», seguido por una solemne advertencia de disciplina ineludible. «Las cosas que hemos oído» puede referirse sólo a la revelación superior dada por el Hijo. La responsabilidad de los que la reciben es responder en forma adecuada, pero existe el peligro de que se «deslicen». La «Versión autorizada» traduce esta frase como: «a menos que les dejemos deslizarse». Comparado con la versión Reina Valera son dos conceptos bastante diferentes. En la Autorizada, el que recibe la revelación es visto como inmóvil y la revelación, como un río, pasa de largo sin tocarle. Sin embargo, en una traducción más precisa, es la manifestación de Dios la que se mantiene firme y segura, mientras que los que la reciben son los que pueden, si actúan con negligencia, no aceptarla y así, des-

---

Si le interesa profundizar en la existencia y ministerio de los ángeles, pida en su librería local una copia de *Los ángeles: agentes secretos de Dios*, de Billy Graham. Un estudio de lo que la Biblia tiene que decir acerca de los ángeles puede ayudarle a comprender más sobre su lugar en el plan de Dios.

cuidadamente, no ver un aside- ro seguro. En resumen, la reve- lación de Dios es como puerto protegido para los que la reci- ben, y se les hace una exhorta- ción de que si se descuidan, podrían dejarla pasar de largo.

Cada una de las revelacio- nes provenientes de Dios im- plican una responsabilidad. La manifestación de Dios dada a través de los ángeles en Sinaí, trajo consigo un castigo por de- sobediencia (Lv 26.1-46; Dt 28.15-68). Incluso esta revela- ción, ahora inferior, podía tener serias consecuencias en caso de ser desdeñada. Y así, el escritor pregunta: «¿Cómo escapare- mos [esto nos señala a noso- tros, los que recibimos la revelación superior a través del Hijo] si descuidamos una sal- vación tan grande?»

El autor usa la palabra sal- vación para resumir la dimen- sión completa de la revelación dada por el Hijo. Esta fue la «anunciada por el Señor». Re- cuerden que se dirigía a creyen- tes de segunda generación, que no la escucharon directamente del Señor mismo, sino que les fue trasmitida por los apósto- les, quienes oyeron y vieron por sí mismos la revelación en- tregada a través del Hijo, cuyo testimonio hacia ella fue auten- tificado a través de «señales y maravillas, con varios milagros y dones del Espíritu Santo».

A lo largo de las Escritu- ras, varias señales, maravillas y milagros ratificaban a Dios como el mensajero con su mensaje. En primer lugar ocu- rrieron señales en tiempos de Moisés, cuando este fue en- viado a Israel con el mensaje de redención de Dios. Ese mensaje, y Moisés, el mensa- jero de Dios, fueron ambos

Algunas de las personas que han confiado su salvación a Cristo, tienen problemas para creer que están completamente perdonadas, debido a la naturaleza de sus pecados o porque provienen de iglesias que ense- ñan que debemos «ayudar» a Dios a pagar por nuestros pecados. Sin embargo, la total satisfacción de Dios el Padre con la obra de Cristo nos muestra que nada puede añadirse a lo que Él ha hecho por noso- tros. Dios considera la obra de Cristo perfecta y completa, ¿quiénes somos, por consiguiente, para pensar que podemos añadirle algo?

validados por medio de señales dadas para ser ejercitadas ante Israel (Éx 4.1-9). También fue enviado como mensajero de Dios a Faraón. El mensaje fue dejar marchar de Egipto al pueblo de Dios, y aquellos milagros, que llamamos las diez plagas, fueron señales dadas para legitimizar el comunicado de Moisés al Faraón. Elías y Eliseo fueron enviados con un mensaje de juicio proveniente de Dios que vendría en caso de que el pueblo no se arrepintiera. Los profetas y su mensaje fueron reconocidos por los milagros que hicieron.

No hubo ningún otro milagro en Israel hasta que Jesucristo vino para ofrecerse a sí mismo como Mesías, y procla-

mar el establecimiento de su reino pactado, como condición del arrepentimiento de Israel (Mt 3.2; 4.17). Mediante los milagros que hizo, Cristo fue reconocido como mensajero de Dios, y su mensaje acerca del reino aceptado como aviso de Dios. Finalmente, en el libro de Hechos, los apóstoles fueron enviados con un nuevo mensaje: Salvación por medio de la gracia a través de la fe basada en la sangre. De nuevo, fueron confirmados como mensajeros de Dios por medio de los milagros realizados.

Lo que el escritor de Hebreos intenta explicar aquí, entonces, es que aunque esta generación de creyentes no escuchó ni vio personalmente la

Por varias generaciones, el cristianismo en nuestra cultura puso gran énfasis en las responsabilidades del cristiano, sin decir mucho acerca de sus privilegios y bendiciones. Hoy, por el contrario, se aborda con frecuencia esto último y se descuida lo primero. Lo que Hebreos intenta aclarar, y que deberíamos tomar en serio, es que cada uno de los que gozamos de los privilegios y bendiciones de conocer a Cristo deberíamos darnos cuenta de que existen también responsabilidades. Descuidarlas no causará la pérdida de nuestra salvación, pero sí la del derecho a los privilegios y bendiciones que de otra manera gozaríamos. Teóricamente, la propia comprensión de las dos caras de la moneda, entre los privilegios y las responsabilidades, puede situarnos en el camino adecuado a una madurez espiritual y a una vida cristiana plena.

revelación dada por el Hijo, la verdad que Él reveló les había sido trasmitida por medio de los apóstoles, quienes sí vieron y escucharon a Cristo. Además, los milagros que hicieron los apóstoles ya les habían confirmado como mensajeros de Dios con un aviso suyo para esta nueva generación.

Debido a que la revelación dada a través del Hijo fue confirmada por Dios en esta manera, los lectores de Hebreos eran responsables por la misma, y cualquier negligencia en cuanto a ella sería motivo de disciplina. Esto es en verdad una seria advertencia para nosotros, pues aunque estamos distantes de la revelación que Dios dio mediante su Hijo, todavía permanece avalada por Él, de modo que somos también responsables de responder a ella. Además, cualquier fallo requerirá ser disciplinado.

E. Razones para la encarnación del Hijo (2.5-18)

5 Porque no sujetó a los ángeles el mundo venidero, acerca del cual estamos hablando;

6 pero alguien testificó en cierto lugar, diciendo: ¿Qué es el hombre, para que te acuerdes de él, o el hijo del hombre, para que le visites?

7 Le hiciste un poco menor que los ángeles, le coronaste de gloria y de honra, y le pusiste sobre las obras de tus manos;

8 todo lo sujetaste bajo sus pies. Porque en cuanto le sujetó todas las cosas, nada dejó que no sea sujeto a Él; pero todavía no vemos que todas las cosas le sean sujetas.

9 Pero vemos a aquel que fue hecho un poco menor que los ángeles, a Jesús, coronado de gloria y de honra, a causa del padecimiento de la muerte, para que por la gracia de Dios gustase la muerte por todos.

10 Porque convenía a aquel por cuya causa son todas las cosas, y

---

Para entender la disciplina de Dios en los creyentes, no debemos perder de vista la corrección que amorosos padres ejercen sobre sus hijos. Si Dios le disciplina mediante pruebas y aflicciones, recuerde que Él le ama mucho más de lo que nadie podrá amarle jamás, y que quiere lo mejor para usted. Su disciplina está siempre dirigida a traerle de nuevo a la comunión con Él y a disfrutar sus múltiples bendiciones.

por quien todas las cosas subsisten, que habiendo de llevar muchos hijos a la gloria, perfeccionase por aflicciones al autor de la salvación de ellos.

11 Porque el que santifica y los que son santificados, de uno son todos; por lo cual no se avergüenza de llamarlos hermanos,

12 diciendo: Anunciaré a mis hermanos tu nombre, en medio de la congregación te alabaré.

13 Y otra vez: Yo confiaré en Él. Y de nuevo: He aquí, yo y los hijos que Dios me dio.

14 Así que, por cuanto los hijos participaron de carne y sangre, Él también participó de lo mismo, para destruir por medio de la muerte al que tenía el imperio de la muerte, esto es, al diablo,

15 y librar a todos los que por el temor de la muerte estaban durante toda la vida sujetos a servidumbre.

16 Porque ciertamente no socorrió a los ángeles, sino que socorrió a la descendencia de Abraham.

17 Por lo cual debía ser en todo semejante a sus hermanos, para venir a ser misericordioso y fiel sumo sacerdote en lo que a Dios se refiere, para expiar los pecados del pueblo.

18 Pues en cuanto Él mismo padeció siendo tentado, es poderoso para socorrer a los que son tentados.

Puesto que la exhortación y advertencia en 2.1-4 es en reali-

dad un paréntesis en el desarrollo del pensamiento del escritor, este vuelve al tema de la superioridad de Cristo sobre los ángeles. En el versículo 5 anticipa la sujeción de todas las cosas ante la autoridad de Jesucristo como Mesías. Esto ocurrirá en su Segunda Venida cuando vuelva a la tierra para sentarse, como Hijo de David, en el trono de David y a regir sobre el reino de David como cumplimiento al pacto y a las promesas de Dios.

Cuando el autor se refiere al «mundo venidero», está hablando a la luz de la escatología aceptada del Antiguo Testamento, que divide el plan de Dios en dos eras. La primera es la presente, o de expectación, en la que el pueblo del pacto espera la futura venida del Mesías, quien cumpliría todos los pactos de Dios hechos a la nación. Esta era presente terminaría así con la aparición del Mesías y el establecimiento del reino mesiánico, y le seguiría la venidera. Esta segunda «era venidera», es en la que el Mesías cumplirá todas las esperanzas de Israel. Así, cuando el apóstol habla aquí del «mundo (o mejor, la era) venidero», anticipa la gloria milenial que pertenece a Jesucristo.

Puesto que el Hijo ha sido presentado como eterno, coexistente con el Padre, y a quien ha sido asignado el derecho a reinar, surge una pregunta inevitable: ¿Por qué tuvo Él que encarnarse? Esta es la interrogante con la que el apóstol tratará en la sección ampliada de 2.6-18 al presentar ocho razones para la encarnación del Hijo.

1. Cumplir con el propósito de Dios para el hombre (2.5-9a).

La primera razón de la encarnación es para que el propósito de Dios para el hombre pueda ser por fin cumplido por medio de Él, tomando el título de «Hijo del hombre».

Respondiendo a la pregunta: «¿Qué es el hombre?», el escritor cita el Salmo 8.4-6, donde se formula la misma interrogante. La duda real del salmista fue: «¿cuál es tu propósito divino para el hombre como tal?» La respuesta de las Escrituras es que, el hombre en sí mismo es menor en tiempo y orden de creación que los ángeles, pero que aunque estos no tienen otro mayor destino que aquel que poseen ahora, el hombre está destinado a ser coronado «con gloria y honor», a reinar sobre toda creación, todas las cosas serán en consecuencia puestas en «sujeción bajo sus [del hombre] pies».

En realidad, este es el comentario del salmista en cuanto a Génesis 1.26, donde el propósito de Dios para la creación del hombre se expone claramente. Como Creador, Dios es soberano sobre toda la creación. Él ha decidido asignar, al hombre

El propósito de Dios para la humanidad es muy diferente al de la filosofía actual que propone que las personas son lo que malogra la tierra y [que no deberían ejercer ningún tipo de dominio sobre ella! Aunque algunos movimientos filosóficos o religiosos en nuestro mundo puedan parecer inofensivos, como creyentes debemos observar con cuidado los aspectos en lo que claramente contradigan la Palabra de Dios. De esta manera «probaremos los espíritus» y seremos «prudentes como serpientes», capaces de discernir entre las cosas que se ajustan a la Biblia y las que no.

como tal, la autoridad administrativa de la creación. Era su responsabilidad ejercer dominio sobre los peces del mar, sobre las aves de los cielos, sobre las bestias, en toda la tierra y sobre todo animal que se arrastra sobre la tierra. Y al poner todas las cosas creadas bajo su autoridad como administrador de Dios, el hombre traería toda la creación bajo la sujeción de la autoridad Suya.

Después de la creación de los seres humanos, Dios les encargó «fructificad y multiplicaos; llenad la tierra, y sojuzgadla, y señoread en los peces del mar, en las aves de los cielos, y en todas las bestias que se mueven sobre la tierra»

(Gn 1.28). Puesto que al hombre se le asignó divina autoridad administrativa, el gobierno de Dios en la tierra sería ejercido por él. Este propósito original se reafirma en el Salmo 8, donde se muestra que el plan inicial de Dios continúa, aun a pesar de la rebelión del hombre contra Dios y de su fracaso al subyugar todas las cosas a la autoridad del Creador.

Lo que el escritor de Hebreos afirma en el versículo 8 es que aunque el plan primario de Dios no ha sido acabado, no ha sido aún realizado. Es por eso que declara: «Pero todavía no vemos que todas las cosas le sean sujetas». El «le sean sujetas», en este pasaje, se refiere al

Aunque la multiplicación de las personas en la tierra en verdad ha llevado al aumento del pecado, en ninguna parte Dios jamás ha revocado o desacreditado su mandamiento de «fructificad y multiplicaos». Hoy en día existen algunos movimientos que degradan tanto a la raza humana como al mito de la superpoblación. Aunque es evidente que muchas ciudades están muy densamente pobladas, ciertos gobiernos malvados abusan económicamente de sus ciudadanos y no hacen lo necesario para proveerle primero a ellos; el problema en cada uno de los casos es el pecado del hombre, no la misma humanidad. Aunque la avaricia, la falsa religión y los gobiernos ateos pueden y verdaderamente crean aflicciones horribles para millones de personas desafortunadas, Dios todavía ama a todo el mundo y desea que su Reino esté habitado con tantos como vengan a Él.

hombre como tal. Cuando dice que «todavía no vemos», afirma que la intención de Dios debe ser cumplida en el futuro, puesto que sus propósitos son inmutables y no varían.

Pero entonces en el versículo 9, el autor señala que Jesús tomó la posición del hombre, un poco menor que los ángeles, para así poder ser coronado con gloria y honra. La «gloria y honra» a las que se refiere en este versículo son las mismas que indica en el 7, lo que sería el cumplimiento del propósito original de Dios de subyugar todas las cosas al hombre. En otras palabras, si el Hijo eterno no hubiera tomado para sí mismo una humanidad verdadera y completa, no habría sido posible para Él cumplir con el plan de Dios para el hombre. Sin embargo, al convertirse en carne e identificarse a sí mismo con la raza humana, sólo Él fue capaz de cumplir el propósito original que Dios declaró para el hombre en Génesis 1.26-28.

El título que Cristo usó para sí mismo en los evangelios, con más frecuencia fue el de «Hijo del hombre». Este enfatiza que debido a su encarnación, por la que Cristo tomó para sí mismo humanidad verdadera, era no sólo elegible, sino también capaz de cumplir la aspiración de Dios para el hombre. Y debido a que ese propósito (sujetar todas las cosas a Él mismo como Hijo del hombre) no fue logrado durante su primer advenimiento, la Segunda Venida del Mesías es una necesidad. Como el escritor de Hebreos declaró, incluso después de la primera venida de Cristo: «Todavía no vemos que todas las cosas le sean sujetas» (2.8). Pero también asegura a sus lectores que el propósito original de Dios para el hombre será cumplido, y que Jesucristo, como Hijo del hombre, será coronado con gloria y honra cuando vuelva.

Observe que nuestra atención se enfoca no en los seres humanos en general, sino específicamente en Jesús, a través del cual por fin se cumplirá el plan de Dios para el hombre como tal. Y es a causa del «padecimiento de la muerte» que será coronado con gloria y honra, enfatizando la obediencia de Cristo a la voluntad de su Padre incluso hasta la muerte. Esto contrasta, de forma notable, con la desobediencia de Adán, el primer hombre, a quien fue otorgada la autoridad admi-

nistrativa, y quien por consecuencia cayó en desgracia y
muerte. Pero a través de la sumisión de Jesús, incluso hasta
la muerte, será traído a gloria y
honra.

Así, la primera de las razones dadas para la encarnación
es que el propósito de Dios para
el hombre como tal debe ser
cumplido.

2. Gustar la muerte por todos (2.9a).

La segunda de las razones
de la encarnación se da en la
última parte del versículo 9. Jesucristo se convirtió en carne,
para que así «gustase la muerte
por todos».

El castigo por la desobe-
diencia del hombre a Dios fue
la muerte espiritual; esto es, la
separación de Dios de nuestra
alma. Y antes que cualquiera
que esté muerto pueda ser restituido a la vida, en comunión
con Dios, el castigo por su de-
sacato debe pagarse. Jesucristo vino para ofrecer pago a
Dios por el pecado de la raza
humana. Vino a brindarse a sí
mismo en lugar del pecador en
la muerte. Y para ser su sustituto, debe identificarse con el
hombre. Así, la encarnación
fue necesaria para que Jesús
pudiera ofrecerse a sí mismo
como sacrificio aceptable para
Dios en favor del hombre, en

Nuestra sociedad parece estar consumida por el odio, en especial con
respecto a la ayuda para los que sufren. Casi cada accidente, no importa cuán «accidental» sea, responsabiliza a alguien que después es de-
mandado por la mayor cantidad de dinero posible. Incluso en la así
llamada «comunidad cristiana», se buscan castigos y venganzas a través
de demandas legales por actuaciones incorrectas, desde pérdidas de
trabajo a fotocopias de partituras. ¡Qué contraste el que Cristo provee! Aunque le hicimos daño, aunque somos pecadores tanto por naturaleza como por decisión, tomó el castigo sobre sí mismo. ¿No
debería esta actitud, esa «mente» que estaba en Cristo, estar en nosotros también? Y aunque mantengamos con diligencia la línea contra la
maldad voluntaria y la ilegalidad, ¿no deberían nuestros corazones llenos de compasión, entendimiento y perdón, separarnos de la sociedad
que nos rodea?

vez de los seres humanos. Jesucristo vino al mundo específicamente para morir.

3. Llevar muchos hijos a la gloria (2.10-13).

La tercera de las razones de la encarnación se expone en los versículos 10-13. Vino para llevar muchos hijos a la gloria.

Cristo no se contentó con ser coronado de gloria y de honra; sólo deseaba que muchos la disfrutaran con Él como hijos. En el versículo 10 el escritor afirma que todo lo que ha sido creado fue hecho por Él, y que todo lo que ha sido creado fue hecho para Él, para servir a sus propósitos. Y una de sus metas finales fue identificar a muchos con Él en su gloria.

La perfección a la que el autor se refiere en el versículo 10 no implica que hubo una progresión de imperfección a perfección en la persona de Cristo. Más bien, la palabra perfecto se relaciona con el cumplimiento de un plan divino. Fue el propósito eterno de Dios identificar a muchos como hijos con su Hijo en gloria; y a través de la encarnación, Jesucristo se identificó tanto con la raza humana, que podía ver a hombres y mujeres como hermanos y hermanas.

El escritor cita el Salmo 22.22 e Isaías 8.17 puesto que esta maravillosa unión entre el salvado y el Salvador fue anticipada en el Antiguo Testamento; y a Isaías 8.18 para

En el mundo de las celebridades, aquellos que se denominan seguidores de los famosos son burlonamente llamados «admiradores». Sin mérito propio, se aferran a los faldones de las estrellas famosas, atletas y políticos, esperando compartir su gloria. Y por lo general, por supuesto, son evitados por aquellos a los que tan fervientemente admiran, porque no son queridos, necesitados ni útiles. ¡Qué contraste tenemos en nuestro maravilloso Salvador! Aunque fue «coronado con gloria y honra» por Dios mismo, desea compartir con nosotros esa gloria y esa honra. Voluntariamente nos eleva para compartir su posición gloriosa y se complace en nuestra identificación con Él. ¿Cómo podemos siquiera pensar que necesitamos buscar un significado fuera de Cristo, cuando obviamente somos de tan gran valor ante sus ojos?

mostrar que también predijo una identificación entre el Hijo encarnado y la raza humana. La cita del Salmo 22 es una alusión directa al Mesías, mientras que las dos de la versión Septuaginta de Isaías son menciones indirectas. En el pasaje de Isaías, el profeta se identifica a sí mismo con un pueblo que había rechazado al Señor y le había desdeñado como mensajero suyo. Escoge esta identidad a pesar de su repudio. Con esto, entonces, compara la identificación del Mesías con un pueblo que le niega.

Pero incluso más que acentuar la identificación de Cristo con el hombre, el autor de Hebreos aclara que ella fue el medio por el cual sería cumplido el propósito de Dios de llevar muchos hijos a la gloria.

4. Destruir al diablo (2.14).

La cuarta de las razones para la encarnación es dada en el versículo 14. Jesucristo participó de carne y sangre; es decir, tomó en sí mismo una humanidad completa y verdadera para, en favor del hombre, «destruir por medio de la muerte al que tenía el imperio de la muerte, esto es, al diablo».

La muerte de Jesucristo fue un juicio divino sobre Satanás, el ser a través del cual el hombre experimentó la muerte espiritual, la separación de Dios del alma. Es debido a este juicio que Satanás podrá ser atado

No es muy frecuente que nos recuerden que habitamos en el «territorio» de Satanás. Desde la caída, el mundo y su sistema han sido su territorio; él es el príncipe del poder del aire, el dios de este siglo, el gobernante de este mundo. Es por eso que cualquiera y cada uno de los puntos de vista del mundo, llevados a su conclusión lógica, al final se opondrán al plan y propósito de Jesucristo. Y es por eso que cuando le pertenecemos, nos desubicamos en esta tierra. En resumen, como cristianos somos extranjeros en una tierra que está bajo gobierno hostil. Y algunas veces puede ser muy difícil. Las buenas noticias son, sin embargo, que cuando llegue el momento Jesús acabará el plan de Dios de destruir al enemigo para siempre. Esto es cierto y es nuestra «esperanza» en medio de las dificultades.

por los mil años en los que Jesucristo será coronado con gloria y honra en la tierra (Ap 20.2-3). Y es también la base para Satanás ser lanzado en el lago de fuego y azufre por toda la eternidad (Ap 20.10). Es significativo observar que la palabra destruir no significa aniquilar, sino rendirse incondicionalmente. Como representante del hombre, Jesús entró en conflicto con Satanás en la cruz para que pudiera romper con la servidumbre a la cual este tenía sometida a la raza humana.

5. *Librar a los sujetos a servidumbre (2.15).*

La quinta de las razones para la encarnación se encuentra en el versículo 15. A través de ella, la cual incluye la muerte de Cristo, todos podían ser librados de la servidumbre del temor a la muerte.

El temor a la muerte, que tiene atrapada a la raza pecadora, proviene de una intuitiva conciencia de juicio al que seguirá la misma. Pero al librar a la gente de todo juicio (Ro 8.1; Jn 5.24), Cristo puede quitar ese temor. Aquellos que experimentan la vida en Cristo tienen la seguridad de que en el momento de la desaparición física irán de inmediato a la presencia del Salvador (2 Co 5.1-8). Así, nuestro temor a la muerte es eliminado.

6. *Convertirse en sacerdote para los hombres (2.16-17a).*

La sexta de las razones de la encarnación se encuentra en los versículos 16-17a, esto es, para

Fuera del conocimiento de Cristo, virtualmente cada persona teme a la muerte y a su incertidumbre. Por eso los cristianos a menudo pueden testificar con efectividad a los no creyentes, sensible y francamente al traer a discusión el asunto de la muerte y lo que pasará después. Por supuesto, el propósito no es usar «tácticas alarmantes» para aterrorizar a alguien y llevarlo al Reino, pero no debemos ignorar el hecho de que la muerte y el juicio se ciernen sobre todos lo que no le conocen. Recuerde, el miedo y la incertidumbre es real en sus vidas, y podemos ofrecerles las buenas noticias de una cura. Jesús puede libertar a los que están bajo la servidumbre de ese temor.

llegar a ser misericordioso y fiel Sumo Sacerdote en favor del hombre.

Un sacerdote es un mediador entre Dios y el hombre. Representa a Dios ante los seres humanos y al hombre delante de Dios. Puesto que Jesucristo es el Hijo de Dios, está calificado para esa tarea de modo que fue necesario para Él convertirse en hombre mediante la encarnación.

Debido a ella, Él es capaz de ser un fiel Sumo Sacerdote en favor del hombre delante de Dios. Un sacerdote misericordioso debe entender las miserias de aquellos a quienes representa; para comprender, debía identificarse con el hombre y sus sufrimientos. Para ser un fiel sacerdote a aquellos en necesidad, para manifestar la perfecta fidelidad de Dios, debe ser Dios mismo. Por eso, la encarnación fue necesaria para proveer la clase de sacerdote que necesitamos para representarnos delante de Dios.

7. *Expiar los pecados (2.17b).*

La séptima de las razones para la encarnación se propone al final del versículo 17. El Hijo se convirtió en hombre «para expiar los pecados del pueblo». El escritor tiene en mente el cumplimiento de aquello que fue anticipado por cada «Día de la Expiación» a lo largo de toda la historia de Israel. El día más importante de todas las festividades del calendario anual religioso, era el único día en el que el sumo sacerdote intercedía en favor de las personas culpables y la Ley infringida quedaba restaurada al rociar sangre sobre el propiciatorio. Esto proveía una muerte en sustitución por la culpa del pueblo, así Dios, veía satisfecho el castigo por

¿Cómo se sentiría si tuviera un representante personal en la Casa Blanca, alguien que, en respuesta a una simple llamada telefónica, llevara de inmediato cualquiera y cada uno de sus problemas a la atención del presidente? ¡Maravilloso, si es cristiano, tiene a alguien así delante de Dios, aunque mejor! Jesús es nuestro Sumo Sacerdote personal delante del Padre, representándonos con una comprensión perfecta de nuestras debilidades y fracasos.

el pecado. No sólo lo perdonaba por el rociamiento de la sangre, sino que también lo alejaba de la congregación, como se tipifica en el acto de confesar los pecados de la nación sobre el macho cabrío que después era enviado al desierto. Este hecho creó la base sobre la cual Dios pudo tratar con el pecado de una nación culpable y a la vez vivir entre ellos, accesible para su pueblo en cualquier momento de necesidad. Esta satisfacción de la ira de Dios es a lo que la Biblia hace referencia como «propiciación».

Puesto que el escritor de Hebreos profundizará más adelante para mostrar cómo la muerte de Cristo cumplió con aquello que era representado en el «Día de la Expiación», no desarrollaremos aquí este tema. Sin embargo, debemos reconocer que la encarnación fue lo que hizo posible el sacrificio expiatorio de Cristo.

8. Socorrer a los que son tentados (2.18).

La octava de las razones para la encarnación se da en el versículo 18. Ya que Dios no puede ser tentado por el mal (Stg 1.13), ni puesto a prueba (Dt 6.16; Mt 4.7), fue necesario para Jesús la encarnación a fin de identificarse a sí mismo con la gente y representar fielmente a aquellos que son tentados y puestos a prueba.

No pudo haber sido un sacerdote comprensivo, sino sólo a través de esta identificación que fue capaz de padecer, aunque el sufrimiento de la gente fue el suyo propio. Los sufrimientos y tentaciones de Cristo no provenían de una naturaleza caída y pecaminosa, como la que el hombre experimenta, sino del mundo y Satanás. Pero lo que Él padeció ha pasado a ser la base para su compasión. Al haber vivido, además de una naturaleza caída y pecaminosa, lo que el hombre siente, ahora es capaz de socorrer a los que son tentados.

Una pregunta que puede surgir de todo esto es cómo Jesús, puesto que era sin pecado, pudo realmente entender y responder a nuestras pruebas y tentaciones. Debemos reconocer que Jesús, quien en realidad no tenía pecado, no se identificó con nosotros en la atracción al pecado. Como señala 1 Juan 3.4, el pecado es infracción de la Ley, lo que significa la tendencia a declararse uno mismo independiente de Dios. Esta incitación puede provenir desde adentro debido a una naturaleza pecaminosa y desde afuera por parte de Satanás. Cualquiera que sea el origen, la tentación sin embargo, es en esencia la misma.

En su tentación en el desierto, fue incitado a infringir la Ley. Esto no provenía de una naturaleza pecaminosa interior, sino de Satanás, desde el exterior. Por eso Cristo entendió la naturaleza de la tentación. Sufrimos porque vivimos en un cuerpo sin redimir, en un mundo irredimido con una irredimida naturaleza pecaminosa dentro de nosotros. Jesucristo no tenía una naturaleza caída y pecaminosa dentro de sí, pero vivía en un cuerpo corruptible en este mundo por redimir. Por consiguiente, estaba sujeto a los mismos padecimientos que nosotros, incluso sin esa naturaleza caída y pecaminosa. Como consecuencia puede simpatizar con nosotros, ser un compasivo, misericordioso y fiel Sumo Sacerdote. Su interés es por nuestras debilidades, no por nuestro pecado y no depende de una vivencia personal del pecado, sino del conocimiento de la fuerza del pecado la cual sí experimentó en su tentación, en Getsemaní, y al final en la cruz.

Los padecimientos que Cristo sufrió por parte del mundo y Satanás fueron mucho mayores que cualquier otro en nuestras experiencias individuales. Satanás conserva su energía y no presiona a nadie más de lo necesario para conformarlo a su deseo. A causa de nuestra debilidad, nos somete-

Para muchos cristianos, la derrota empieza simplemente al experimentar tentación. En el momento en que enfrentamos una, pensamos que Cristo nos ha abandonado, o también erróneamente, que no podemos pedirle fortaleza. ¡Nada podría estar más lejos de la verdad! Aunque la tentación puede provenir tanto de nuestra propia naturaleza pecaminosa interna como del adversario externo, Jesús entiende nuestras debilidades, el poder de la tentación y es capaz de responder a cualquier grito de socorro que le dirijamos. Así, pues, la próxima vez que enfrente una tentación, vuélvase a Él de inmediato, sabiendo que Él entiende, se preocupa y puede librarle.

mos a la voluntad de Satanás con sólo una pequeña porción de la presión que dispone para tomar control de nosotros. Como contraste, en su intento por someter a Jesús a su voluntad, usó toda su presión disponible y encontró que no lo podía hacer pecar.

Jesucristo, por consiguiente, sobrellevó mucho más peso en pecado que ningún otro individuo. Y puesto que ha soportado todo el peso de las tentaciones de Satanás, ahora puede entender nuestra debilidad, nuestra necesidad, y es capaz de responder. Esta seducción de Satanás fue posible sólo debido a la verdadera humanidad de Cristo, por lo que puede responder a cualquier llamada de socorro proveniente de aquellos a los que representa como misericordioso y fiel Sumo Sacerdote.

En resumen, entonces, los versículos 5-18 mencionan todas las obras que Jesucristo llevó a cabo durante el tiempo de su encarnación. Hizo lo que ningún ángel pudo hacer posible. Superior a ellos en su persona y en sus obras. La conclusión obvia es que la revelación de tal ser superior debe preceder a cualquier otra manifestación proveniente de alguien inferior. Si fue eminente la revelación dada en el Sinaí a través de los ángeles, es mucho mayor la que se dio a través del Hijo-Revelador. Y en la misma manera en que Israel pasó a ser responsable por la revelación dada por medio de los ángeles, ahora somos responsables por la revelación superior que Dios ha dado en la persona suprema, Jesucristo.

II. Jesucristo, Redentor y Soberano, es superior a Moisés (3.1-4.13).

La fundación de la esperanza de Israel como nación constituyó el pacto que Dios dio a Abraham (Gn 15.18-19) en el cual la tierra, ocupada entonces por los cananeos, fue dada como herencia perpetua a Abraham y a sus descendientes. Dios prometió a este pueblo que vendría uno que no sólo los bendeciría a ellos sino a todas las naciones de la tierra (Gn 12.3). Dios reveló a Abraham que sus descendientes serían extranjeros en una tierra que no era la suya, y que servirían como esclavos y sufrirían por cuatrocientos años. Dios también les prometió juzgar a la nación a la cual servirían, y que después de esto, los hijos de Israel saldrían con gran riqueza (Gn 15.13-14).

En cumplimiento a esta revelación, la familia de Jacob se asentó en Egipto donde, bajo José como su benefactor, gozaron de muchos privilegios. Pero con el paso del tiempo fueron reducidos a insufrible servidumbre (Éx 1.8-14). Fiel a sus pactos y a sus promesas, Dios: «Oyó el gemido de ellos, y se acordó de su pacto con Abraham, Isaac y Jacob. Y miró Dios a los hijos de Israel, y los reconoció Dios» (Éx 2.24-25). Dios sacó a Moisés de lo más recóndito del desierto, un refugiado de la ira del Faraón, y le puso aparte para convertirle en el redentor libertador del yugo de su pueblo (Éx 3.10-12) Moisés representaba la obra del prometido que pasaría a ser el Redentor Libertador: no del vasallaje físico en Egipto, sino de la servidumbre del pecado.

El que fue elegido como redentor de Israel fue también apartado como gobernante y juez. Y aunque la nación aceptó la redención que Dios le proveyó a través de Moisés, se rebeló contra este como gobernante impuesto por Dios (Hch 7.34-35). Al ser designado dirigente del pueblo redimido de Dios, Moisés representaba el derecho a reinar con el que sería investido el Redentor venidero.

La obra que Moisés llevó a cabo y su posición anticipaban la venida de un nuevo Moisés que redimiría y gobernaría sobre el pueblo del pacto de Dios. Pero además de ser puesto como redentor y gobernante, Moisés fue también el elegido a través del cual Dios daría revelación a su pueblo. Y aunque el pacto que Dios dio a Abraham fue la base de la esperanza de Israel, el dado por medio de Moisés en Sinaí, la Ley, era el fundamento de su vida diaria.

La Ley indicaba la clase de vida que Dios esperaba de un pueblo redimido si este deseaba agradarle y vivir en comunión con Él. La manifestación de Dios en la Ley proveyó para una adoración aceptable. También para los sacrificios mediante los cuales el que la violara podría ser restaurado en la comunión con Dios. En resumen, la Ley regía sobre cada aspecto de la existencia

de aquellos que fueron redimidos y habían recibido su revelación. Debido a esta completa provisión de la Ley, Moisés era considerado en muy alta estima por el pueblo de Israel.

Pero como se ha visto en la historia de Israel, los hijos de esa nación murmuraron y se rebelaron contra quien había sido elegido como su redentor, gobernante y canal de revelación. Por esta razón, el autor de Hebreos reconoce la posibilidad de que aquellos que ahora han recibido una revelación superior sean culpables de una rebelión similar contra el Redentor y Gobernante mediante el cual esta ha venido.

Un buen resumen de la Ley del Antiguo Testamento es que no fue entregada para redimir personas, sino que fue dada a un pueblo redimido. Los salvados por Dios exhibirían su fe en las promesas de Dios al vivir sumiso a la Ley. Aunque la Ley Mosaica ha sido sustituida por la superioridad de Jesucristo, la relación del creyente con la Palabra de Dios es hoy la misma. No podemos ser salvos, o «mantener» nuestra salvación, viviendo en obediencia a los mandamientos de la Biblia. Pero aquellos que son salvos deben mostrar su fe a través de vivir voluntariamente en obediencia a la Palabra de Dios. Aquellos que no se someten a ella no son en verdad suyos, ni le conocen, pero están perdiendo de manera espontánea su derecho a las bendiciones que de otra manera serían suyas.

A. La fidelidad de Moisés y Cristo contrastadas (3.1-6).

1 Por tanto, hermanos santos, participantes del llamamiento celestial, considerad al apóstol y sumo sacerdote de nuestra profesión, Cristo Jesús;
2 el cual es fiel al que le constituyó, como también lo fue Moisés en toda la casa de Dios.
3 Porque de tanto mayor gloria que Moisés es estimado éste, cuanto tiene mayor honra que la casa el que la hizo.
4 Porque toda casa es hecha por alguno; pero el que hizo todas las cosas es Dios.
5 Y Moisés a la verdad fue fiel en toda la casa de Dios, como siervo, para testimonio de lo que se iba a decir;
6 pero Cristo como hijo sobre su casa, la cual casa somos nosotros, si retenemos firme hasta el fin la confianza y el gloriarnos en la esperanza.

La expresión *por tanto* en 3.1 nos conecta con 2.10-18 la exhortación del escritor a sus lectores, en particular con los versículos 17-18. Aunque la fidelidad de Cristo como sacerdote es expuesta a partir del 4.14, aquí se desarrolla el contraste entre la de Cristo y la de Moisés.

Puesto que el escritor se refiere a los destinatarios de esta epístola como a «hermanos santos», es obvio que no les considera incrédulos. Son partícipes del llamamiento celestial, y la palabra *partícipes* enfatiza la legitimidad de su experiencia. Por lo tanto, sin restar la preeminencia de Moisés como redentor, gobernante y revelador en el Antiguo Testamento, el autor quiere que sus lectores pongan como foco de su atención a Cristo Jesús. La palabra *considerad* es un verbo imperativo, para destacar el concentrarse con cuidado o fijar la mente en Cristo excluyendo todo lo demás. La palabra *profesión* se refiere al testimonio de cada creyente en Cristo y su identificación con Él hasta el bautismo. Al referirse a Cristo como «al Apóstol», el escritor enfatiza que Jesús ha sido enviado por Dios, aunque al mencionarlo como «Sumo Sacerdote» señala su papel como nuestro representante delante de Dios. Lo que el escritor indica aquí, en particular, es la fidelidad perfecta que caracteriza a Jesús.

A pesar de su aversión a asumir el papel que Dios le había asignado (Éx 3.1–4.1),

Moisés fue fiel una vez aceptada su tarea. A pesar de todas las tentaciones, oposiciones y obstáculos que encontró, nunca vaciló en su creencia que Dios llevaría a cabo aquello para lo que él había sido elegido. La fidelidad de Moisés se expone en 3.2; pero aquello que lo caracterizó también es propio del nuevo redentor, gobernante y revelador: Jesucristo.

Aunque existen varias semejanzas entre la fidelidad de Moisés y la de Cristo, también hay diferencias. Cristo fue fiel como arquitecto de la casa, mientras que Moisés lo fue como la «casa» que el arquitecto diseñó y construyó. Además, mientras Moisés fue leal como sirviente en la casa de Dios, Cristo lo fue como el administrador de su casa. Aquí el pensamiento del escritor se basa en la relación entre Creador y criatura, y así destaca la superioridad de Cristo sobre Moisés. Cristo es el constructor; Moisés era parte de la casa que se estaba construyendo. Cristo está sobre la casa; Moisés está en la casa. Cristo es un Hijo; Moisés es un sirviente. Aunque el capítulo anterior relacionó a Cristo con la semilla de Adán como Hijo del Hombre, este lo presenta como la semilla de Abraham y la casa de Israel.

En el versículo 5 el autor señala que todo lo revelado a Israel por medio de Moisés profetizaba lo que iba a venir. La manifestación de Dios a través de Moisés fue «un testimonio de lo que se iba a decir», indicando que la Ley era temporal y anticipada.

La respuesta bíblica a la «creencia fácil» de hoy en día no es el ajustar nuestra doctrina a sugerir incorrectamente que sólo aquellos que siempre son sumisos por completo a Cristo como Señor son salvos; más bien, es admitir (1) que conocer a Cristo significa algo más que simplemente pronunciar las palabras; y (2) que aquellos que conocen a Cristo de manera genuina, pero ignoran su obligación de obedecerle, están en peligro de perder el derecho a sus bendiciones en la vida, quizás incluso la propia existencia. ¡Vivir como cristiano carnal, apático y sin compromiso es verdaderamente posible, pero está lejos de ser deseable!

En el versículo 6 el escritor de nuevo asume la legitimidad de la fe de sus lectores al escribir: «la cual casa somos nosotros». La evidencia de su fe es reflejada en la suposición de que «retendrán firme hasta el fin la confianza y el gloriarse en la esperanza». Claramente, la obediencia a la revelación es una evidencia de la legitimidad de la salvación de cualquiera. Por fe los hijos de Israel aceptaron el plan de redención que se les entregó mediante Moisés. En obediencia sacrificaron al cordero, pusieron la sangre en los dos postes y en el dintel de sus casas, y a través de ella entraron a la protección del juicio de muerte. No hubo rebelión alguna contra la redención que proveyó un fiel Redentor.

Sin embargo, incluso después de experimentarla, el pueblo de Dios se rebeló continuamente en contra de Moisés, gobernante elegido por Él. En verdad, esa generación redimida se caracterizó por una murmuración constante (Éx 15.24). La traducción de la palabra *murmurar* da la idea de «estar descontento», lo que revela su actitud interna, y también «quejarse», que era la expresión de esa actitud interna. Desde el tiempo de la redención de Egipto, el pueblo fue caracterizado como murmurador (Éx 16.2,7-8; 17.3; Nm 14.2,27-36; 16.41; 17.5; Dt 1.27). La historia de la nación y la relación entre su murmuración y su desobediencia se resume en el Salmo 106.23-25, donde leemos que «murmuraron en sus tiendas, y no oyeron la voz de Jehová».

B. La rebelión en Cadesbarnea (3.7-11).

7 Por lo cual, como dice el Espíritu Santo: Si oyereis hoy su voz,
8 No endurezcáis vuestros corazones, como en la provocación, en el día de la tentación en el desierto,
9 Donde me tentaron vuestros padres; me probaron y vieron mis obras cuarenta años.
10 A causa de lo cual me disgusté contra esa generación, y dije: Siempre andan vagando en su corazón, y no han conocido mis caminos.
11 Por tanto, juré en mi ira: No entrarán en mi reposo.

Como punto siguiente, el escritor omite la historia de las murmuraciones de Israel y enfoca la atención de sus lectores en la rebelión culminante que tuvo lugar en Cades-barnea. La razón por la que se destaca este episodio es porque ve la posibilidad de que los destinatarios de su carta estén en peligro de repetir el pecado de sus padres en el desierto, y teme que su generación pueda sufrir las mismas consecuencias que sus antecesores en el desierto. Por lo tanto, es esencial que consideremos y entendamos la experiencia de Israel en Cades-barnea, como se registra en Números 14.

Dios dijo a Moisés: «He descendido para librarlos de manos de los egipcios, y sacarlos de aquella tierra a una tierra buena y ancha, a tierra que fluye leche y miel, a los lugares del cananeo» (Éx 3.8). La primera parte de esta promesa fue llevada a cabo a través de la redención de Israel de Egipto en la noche de la primera pascua. Por la fe esa nación pasó a ser redimida (Is 43.1). Por lo tanto, sería razonable esperar que la otra parte de lo que Dios dijo a Moisés, el propósito para su pueblo, sería igualmente cumplido.

Después de su viaje desde Egipto a Sinaí, y de acampar allí (recibieron la revelación de Dios de la Ley a través de Moisés), el pueblo fue guiado hasta las fronteras de la tierra que Dios había prometido darles. Ante ellos estaba la perspectiva de disfrutar la tierra, y una vida de paz y reposo como cumplimiento al pacto de Dios con Abraham. En obediencia al mandato de Dios, Moisés seleccionó representantes de las doce tribus. Estos debían ir a reconocer la tierra, la cual, debido a los obstáculos que les presentaba, podía ser solamente poseída por la fe (Nm 13.1-2). Estos espías volvieron con un informe muy realista respecto a las dificultades para ocuparla y las riquezas que poseía. Aunque supieron con antelación las dificultades, Josué y Caleb hablaron a toda la congregación de los hijos de Israel: «La tierra por donde pasamos para reconocerla, es tierra en gran manera buena. Si Jehová se agradare de nosotros, Él nos llevará a esta tierra, y nos la entregará; tierra que fluye leche y miel» (Nm 14.7-8).

Sin embargo, el pueblo rechazó creer a Josué y a Caleb o a Dios mismo. Respondieron con incredulidad a este llamado de fe (Nm 14.11; Heb 4.6). Esto lo llevó a rebelarse (Nm 14.9), y fue sólo mediante la intervención de Moisés que la nación incrédula no fue juzgada con muerte física inmediata (Nm 14.11-12). Debido a la fidelidad de Moisés, el intercesor, el pueblo fue librado de la muerte, pero fueron privados de los privilegios en la tierra que les había sido prometida. Esa generación fue llevada a vagar en el desierto hasta que se levantó una nueva generación que, como respuesta a su fe en Dios, poseería y ocuparía la tierra de reposo y gozaría una vida de descanso.

En Hechos 7.35, Esteban aclara que esta rebelión no sólo fue contra Dios, sino contra Moisés también. Le siguieron como su redentor, pero no quisieron aceptarlo como gobernante. Por lo tanto, el autor de esta epístola cita el Salmo 95.7-11 para dar la misma exhortación a esta generación que el salmista dio a la suya, es decir, los invitó a reconocer que como

Creador, Dios es digno de ser alabado. Pero al mismo tiempo se dio cuenta de que algunos tal vez no responderían apropiadamente ante este hecho, y que su pueblo podría repetir la rebelión de sus padres en el desierto. Como resultado, sufrirían una pérdida de privilegios similar. Usando este pasaje, entonces, el escritor apela a los destinatarios de su carta a no desanimarse debido a sus sufrimientos y a no dejar que el descontento desatara una rebelión abierta y, como sus padres, perdieran la bendición de los privilegios que ahora estaban disponibles para ellos como creyentes.

C. Las consecuencias de la incredulidad (3.12-19).

12 Mirad, hermanos, que no haya en ninguno de vosotros corazón malo

---

¿Se ha enfrentado en el pasado, o ahora, a una encrucijada en su vida en la cual los riesgos de confiar en Dios parecen demasiado grandes como para tomar ese camino? ¿Está ante su propio Cades-barnea pensando que de avanzar con una decidida entrega a Dios es muy arriesgado, peligroso, diferente? Antes de que decida volver su espalda a Dios y determine vivir en el desierto, considere a la nación de Israel y todo lo que perdieron. En otras palabras, analice la diferencia entre paz y reposo en la «tierra prometida» y muerte en el desierto.

de incredulidad para apartarse del Dios vivo;

13 antes exhortaos los unos a los otros cada día, entre tanto que se dice: Hoy; para que ninguno de vosotros se endurezca por el engaño del pecado.

14 Porque somos hechos participantes de Cristo, con tal que retengamos firme hasta el fin nuestra confianza del principio,

15 entre tanto que se dice: Si oyereis hoy su voz, no endurezcáis vuestros corazones, como en la provocación.

16 ¿Quiénes fueron los que, habiendo oído, le provocaron? ¿No fueron todos los que salieron de Egipto por mano de Moisés?

17 ¿Y con quiénes estuvo Él disgustado cuarenta años? ¿No fue con los que pecaron, cuyos cuerpos cayeron en el desierto?

18 ¿Y a quiénes juró que no entrarían en su reposo, sino a aquellos que desobedecieron?

19 Y vemos que no pudieron entrar a causa de incredulidad.

Después de revisar los antecedentes históricos en los versículos 7-11, el escritor ahora muestra las consecuencias de la incredulidad que llevan a la rebelión, para informar a sus lectores de las serias secuelas que encara-

rán si, como sus padres, no caminan por la fe y claman por las promesas de Dios concernientes a una vida de paz y reposo. Estas consecuencias son:

1. Separación de Dios (3.12).

En el versículo 12 está la advertencia: «Mirad, hermanos, que no haya en ninguno de vosotros corazón malo de incredulidad para apartarse del Dios vivo». Una vez más, el autor ve a sus destinatarios como creyentes, al referirse a ellos como «hermanos». Reconoce que aunque han sido salvados por la fe, podrían no escoger vivir por ella, sino por el contrario, tener un «corazón malo de incredulidad». Tal desconfianza causaría que se apartaran prácticamente del Dios vivo y perdieran su comunión con Él.

2. Endurecimiento del corazón (3.13-16).

Si rompían su comunión con Dios, sus corazones se volverían duros e insensibles hacia Él. Aunque no renunciaron a su salvación, tampoco aceptaron la ayuda que Dios provee para aquellos que pasan por circunstancias difíciles. En el versículo 12 el apóstol responsabiliza a cada creyente por su conducta. En el versículo 13, sin embargo, también los responsabiliza por los hermanos que puedan ser débiles en la fe y que no aprovechan el apoyo de Dios en las experiencias de la vida. Los creyentes deben «exhortarse los unos a los otros cada día». Esta demanda se basa en la verdad de que «somos hechos participantes de Cristo». Con frecuencia, en esta epístola, el escritor destaca la responsabilidad del creyente para que el débil no tambalee y caiga. Una vez más, entonces, tener firme confianza es evidencia de la legitimidad de nuestra fe.

3. Un acto de rebelión (3.17).

La dureza de su corazón hacia Dios podría llevarlos a una rebelión abierta contra Él. Citando el Salmo 95.7-8 y destacando la palabra hoy en el versículo 15 (como en el 7), el apóstol vio que esta generación estaba en una situación similar a la de sus padres en Cades-barnea. Es decir, era posible que el pueblo redimido respondiera con incredulidad a las promesas de Dios y perdiera así las bendiciones que Dios provee a quienes caminan por la fe.

4. Pérdida de las bendiciones prometidas (3.18-19).

La rebelión causa la pérdida de las bendiciones prometidas.

Note la cuesta abajo en espiral que empieza al sólo dudar acerca de Dios, a causa de las aflicciones o la incertidumbre. La duda lleva a la queja. Quejarse conduce a salir de la comunión con Dios, lo que a la vez deriva en un endurecimiento del corazón contra Él. Después siguen abiertos actos de rebelión, que pueden resultar en la pérdida permanente de bendiciones temporales prometidas. En alguna parte, al principio de nuestros problemas, todos enfrentamos la tentación de pensar que Dios nos ha abandonado, que en realidad no se preocupa por nosotros, que «Él nos ha traído al desierto para morir». De acuerdo a Hebreos, ¡esta es una situación mucho más peligrosa de lo que podemos imaginar! Es aquí cuando debemos volver a sus promesas verdaderas de bendiciones y escucharlas en vez de oír a nuestras propias murmuraciones y quejas.

Los judíos de la generación del Éxodo respondieron con incredulidad a las promesas de Dios. Ese escepticismo abrió camino a la desobediencia (3.18), y este era pecado (3.17). La consecuencia de ese pecado fue «que no pudieron entrar a causa de la incredulidad» (3.19). Por favor, observe que el pueblo que había sido redimido por fe en la noche de la primera Pascua no perdió su condición de nación redimida, pero sí el derecho a las bendiciones, a los privilegios y a una vida de paz y reposo.

D. La experiencia de Israel como advertencia (4.1-13)

1 Temamos, pues, no sea que permaneciendo aún la promesa de entrar en su reposo, alguno de vosotros parezca no haberlo alcanzado.

2 Porque también a nosotros se nos ha anunciado la buena nueva como a ellos; pero no les aprovechó el oír la palabra, por no ir acompañada de fe en los que la oyeron.

3 Pero los que hemos creído entramos en el reposo, de la manera que dijo: Por tanto, juré en mi ira, no entrarán en mi reposo; aunque las obras suyas estaban acabadas desde la fundación del mundo.

4 Porque en cierto lugar dijo así del séptimo día: Y reposó Dios de todas sus obras en el séptimo día.

5 Y otra vez aquí: No entrarán en mi reposo.

6 Por lo tanto, puesto que falta que algunos entren en él, y aquellos a quienes primero se les anunció la buena nueva no entraron por causa de desobediencia,

7 otra vez determina un día: Hoy, diciendo después de tanto tiempo, por medio de David, como se dijo: Si oyereis hoy su voz, no endurezcáis vuestros corazones.

8 Porque si Josué les hubiera dado el reposo, no hablaría después de otro día.

9 Por tanto, queda un reposo para el pueblo de Dios.

10 Porque el que ha entrado en su reposo, también ha reposado de sus obras, como Dios de las suyas.

11 Procuremos, pues, entrar en aquel reposo, para que ninguno caiga en semejante ejemplo de desobediencia.

12 Porque la palabra de Dios es viva y eficaz, y más cortante que toda espada de dos filos; y penetra hasta partir el alma y el espíritu, las coyunturas y los tuétanos, y discierne los pensamientos y las intenciones del corazón.

13 Y no hay cosa creada que no sea manifiesta en su presencia; antes bien todas las cosas están desnudas

y abiertas a los ojos de aquel a quien tenemos que dar cuenta.

1. La posibilidad de reposo (4.1-10)

a. La promesa de reposo (4.1-2)

La palabra *pues* en 4.1 expresa una conclusión para la verdad que el apóstol acaba de presentar. Él ha dicho en el versículo 16 que el pueblo redimido por Dios le provocó por su incredulidad. En el 17 se dice que esta les llevó a pecar manifiestamente y sufrieron las consecuencias. En el 18 su desobediencia causó que Dios les rechazara y retuviera las promesas prometidas. Y en el 19, aunque empezaron por la tierra prometida por la fe, no pudieron entrar en ella ni en una vida de reposo. Puesto que era posible que los destinatarios de esta carta cayeran en un patrón similar de incredulidad e indisciplina, les exhorta a la luz de las promesas dadas en el Hijo (revelado): «Temamos, pues, no sea que alguno de vosotros parezca no haberlo alcanzado».

En estos dos primeros versículos el autor señala que las promesas de una vida de reposo nos son dadas de la misma manera que a la generación redi-mida que dejó Egipto. El evangelio que fue entregado a los lectores no constituía solamente las buenas nuevas de la salvación; también incluía las buenas nuevas (literalmente, *evangelio*) que Dios ha provisto para una vida de reposo que puede disfrutarse por la fe, incluso en medio de circunstancias difíciles.

Se han dado diversas interpretaciones al «reposo» prometido en los versículos 1-2. Algunos, al considerar que esta carta estaba dirigida a no creyentes, lo ven como reposo de la salvación o reposo eterno; es decir, creen que se refiere al resultado final de la salvación. Sin embargo, como ha sido claramente demostrado, esta epístola fue destinada a creyentes, no a no creyentes. Más aún, sería muy extraño que el escritor, después de haber sacado una lección de la experiencia de Israel en el Antiguo Testamento, y de haber escrito a los creyentes, pasara ahora, repentinamente, a exhortar a los incrédulos.

Una segunda interpretación es que el «reposo» aquí alude al reposo milenario, ese en el que la nación de Israel entrará, cuando el Mesías prometido a Abraham libere a su pueblo de la servidumbre de los gentiles, e instituya su reino de paz y justicia aquí en la tierra. Basado en los pactos que Dios hizo con los primeros padres hebreos, estos en verdad constituían las expectativas de la nación. Sin embargo, el reposo en el que la generación en Cades-barnea podría haber entrado no era el milenario, puesto que el Mesías no había llegado ni ejercido su autoridad para subyugar a todas las naciones e instituir su reino. Aunque el reposo milenario es en realidad la esperanza del pueblo del pacto de Dios, ese no fue el que se presentaba delante de Israel en Cades-barnea, ni el descanso en el que entraría la siguiente generación bajo Josué.

Esto nos lleva a concluir lógicamente que el «reposo» en este pasaje debe referirse a lo que podríamos llamar el de la vida por fe, apropiado por la fe y disfrutado incluso en medio de conflictos, obstáculos y oposiciones en la vida. Tal era el que la generación del éxodo dejó escapar; y en el que entró la generación dirigida por Josué cuando por la fe poseyeron la tierra y gozaron de sus bendiciones.

Durante los últimos días de Cristo en la tierra, el cumplimiento inmediato de la promesa del reino milenario de Dios fue negado a Israel debido a su incredulidad como nación (Mt 19.11; 21.43). A causa del rechazo, por parte de los líderes religiosos, de Cristo como Rey, esa generación de Israel cayó bajo juicio divino (Mt 21.41; 23.37-24.2; Lc 21.24). Jesús aclaró que el prometido reino davídico no podía ser establecido en la tierra hasta después de que ese juicio físico y temporal

---

Incluso dentro de la esfera cristiana, muchas personas buscan «reposo» por doquier, pero no en el conocimiento de Cristo y en la certeza de su Palabra. Para estar seguros, incluso de la vida cristiana, aparte de la sumisión y la obediencia a Él, se llenarán de insatisfacciones y confusión internas. Y ningún éxito material, bienestar físico, consejo sicológico ni deber religioso proveerá la paz y el reposo que Él ha prometido. Sólo puede tenerse por la fe en las promesas de Dios, a pesar de la adversidad y las circunstancias que nos rodeen.

hubiera sido realizado, la nación se arrepintiera y el Rey, entonces ausente, volviera a la tierra física visible y corporalmente.

De modo que el establecimiento del reino milenial en la tierra no era la expectativa de los lectores de esta epístola. El escritor dice, sin embargo, que las buenas nuevas que nos fueron anunciadas (4.2) son que por la fe entremos en las bendiciones del reposo. En realidad, el apóstol tiene tanta confianza de la fe de aquellos a quien dirige su carta que puede declarar: «Los que hemos creído entramos en el reposo». Esto puede ser traducido literalmente: «Nosotros los que hemos creído estamos ahora entrando en el reposo de Dios». Note que el reposo de la vida por fe no es visto como estático, sino como progresivo. Es un proceso dinámico en el que el creyente va de fe en fe, y de victoria en victoria.

b. Modelo del reposo (4.3-5).

En los versículos 3 al 5 el reposo en el que Dios entró después de su obra de la creación se presenta como el modelo en el que el creyente puede entrar. Al hacer referencia de nuevo al hecho de la creación de Génesis 2.2, el escritor muestra que Dios reposó. Puesto que la obra de la creación fue terminada en seis días, no fue necesario reiniciar el trabajo después de un reposo temporal. Por el contrario, al terminarla, Dios entró en un estado permanente de reposo. Ya que trabajó seis días para concluirla, una vez completa, no requirió ningún trabajo adicional. La aplicación del autor a este principio es que cuando entramos, por la fe, en una vida de reposo, no es necesario conseguirla otra vez, sino mantenerla.

¡Qué interesante que Dios mismo es el autor del reposo! Todavía está vigente el reposo divino que Él instituyó después de la creación. Esto significa que aunque vivimos en una de las más apresuradas, tensas y tumultuosas sociedades que jamás existió, podemos experimentar su reposo perfecto al mantener y cultivar nuestra relación personal con Él. Pero debemos sacar el tiempo de nuestras atareadas vidas para ello.

c. Perpetuidad de la promesa (4.6-10).

Debido a que la generación pecadora en el desierto perdió el derecho a su reposo, alguien puede deducir incorrectamente que esa promesa ha sido retirada para siempre. Al citar el Salmo 95.11, sin embargo, el autor destaca que en generaciones posteriores, durante los días de David, pudo invitárseles a entrar en ese reposo de la vida por fe. Esta última vivió en medio de conflictos. Había pleitos políticos dentro de la nación y la casa real estaba dividida. Había conflictos entre Israel y las naciones. Aun así, David pudo asegurarles que Dios todavía otorgaba el privilegio de entrar en el reposo por la fe.

De nuevo, puede haberse deducido erróneamente que la generación que entró en la tierra y en la vida de descanso bajo Josué llevó a cabo la promesa de Dios, y por consiguiente estos no estarían disponibles para generaciones posteriores. Pero como David aseguró el reposo mucho después de que Josué hubo completado la conquista, es evidente que la promesa todavía continúa y que puede siempre ser alcanzada por la fe. La conclusión que podemos sacar, entonces, es que: «Por tanto, queda un reposo para el pueblo de Dios» (4.9). Y el escritor pone muy claro que no puede ser logrado por esfuerzos humanos, sino por la fe (4.10).

2. Exhortación a entrar en el reposo (4.11-13).

Después de demostrar claramente que el reposo de una vida por la fe es disponible hoy para los creyentes, el autor concluye con una exhortación a en-

Jesús dijo una vez, que si los agobiados y cansados con el peso del pecado y deber religioso vinieran a Él, les haría «descansar». ¿Ansía el descanso de una vida de fe, a pesar de las circunstancias? ¿Está dispuesto a confiar en Dios y sus promesas en cada aspecto de su vida? ¿Está dispuesto a obedecer a su autoridad al experimentar esa vida de descanso de fe? Si hay algo entre Él y usted, entre el descanso que le ofrece y usted, ¿por qué no va a Él con sumisión humilde y se lo entrega... hoy?

trar en él (4.11-13). Este tipo de vida no es una en la que el creyente entra pasivamente, despertándose de repente en una realización de bendiciones. Más bien es un logro al que se llega sólo si procuramos entrar en ese reposo. La fe nunca es pasiva; siempre es activa. Y si no se pone atención al ponerla en práctica, él o ella no entrarán en ese descanso prometido. Es triste pero cierto, aunque ponga mucho interés en ejercitar la fe, cualquier creyente puede desobedecer y no entrar en tal reposo.

En el versículo 12, la palabra porque explica que debemos ser aplicados para entrar en el descanso prometido. No sólo podemos perder la promesa ofrecida, sino que debido a nuestra negligencia podemos ser disciplinados por Dios. El creyente que es llamado a ejercer fe y así entrar en el reposo es juzgado por la revelación dada por Dios. En el Antiguo Testamento, Israel fue juzgado por la revelación de la Ley dada por Moisés. En la misma manera, los creyentes de hoy somos juzgados por la manifestación dada por medio del que es mayor que Moisés. Específicamente, el creyente es juzgado por la Palabra de Dios.

En este pasaje, se dicen cinco aspectos sobre la Palabra de Dios: Primero, que es viviente. Las Escrituras son inspiradas por Dios (2 Ti 3.16). Puesto que es soplada por el aliento de Dios, es parte del carácter de Dios mismo. Ya que Él vive, la Palabra soplada por su aliento es viva.

Segundo, la Palabra de Dios es poderosa; o, como podría interpretarse, es activa. Afecta a quienes la escuchan y le prestan atención. No sólo ilumina la mente, también modifica la conducta. No sólo revela lo que

Cualquier cosa que hagamos, no podemos perder la conexión vital entre la Palabra de Dios y la vida de fe y reposo que Dios nos ofrece. Sin un cuidadoso y activo estudio de la Biblia, no estamos bien equipados para procurar con diligencia el reposo que Él nos brinda. El estudio de la Biblia es la clave para el crecimiento espiritual y la madurez. No podemos confiar en lo que desconocemos ni actuar de acuerdo con lo que no confiamos.

hay dentro del hombre, sino también se sienta como juez de toda conducta.

Tercero, la Palabra es más cortante que toda espada de dos filos. Usando como ilustración el arma afilada que el soldado romano utilizaba, el autor habla de la propiedad penetrante de la Palabra de Dios. Es capaz de distinguir entre lo que es de Dios y lo que no es, lo que es justo y lo que no lo es.

Cuarto, la Palabra de Dios perfora. Aunque algunos interpretan esto como que puede «separar» el alma del espíritu, creemos mejor entenderlo como que es capaz de llegar hasta lo más profundo del alma y/o el espíritu.

Esto parece apoyar el quinto punto, que la Palabra de Dios discierne los pensamientos e intenciones del corazón. Nada puede ser escondido al exponerlo a la Palabra de Dios.

Como consecuencia: «No hay cosa creada que no sea manifiesta en su presencia; antes bien todas las cosas están desnudas y abiertas a los ojos de aquel a quien tenemos que dar cuenta» (4.13). Así que, el autor dice que debemos poner cuidadosa atención al entrar en la vida de reposo; pues de fallar debido a las dudas, la incredulidad, el temor o la fatiga en el conflicto, esos motivos serán revelados.

En resumen, hemos visto que Dios dio a Israel uno que iba a ser Redentor, Gobernante, uno a través del cual la revelación sería entregada. Pero el pueblo, aunque aceptó la redención, se rebeló contra el gobernante. Esa rebelión consumada mediante la incredulidad y el pecado en Cades-barnea, motivó que la generación redimida perdiera las bendiciones y los privilegios que iban a ser suyos en la

No importa cuánto nos ha ayudado la plétora de libros cristianos ofrecidos en las librerías hoy en día; debemos recordar siempre que la Palabra de Dios es el único libro vivo en todo el mundo. Además, es el único sobre el que cualquiera de las declaraciones de Hebreos 4.12 es verdad. Por consiguiente, haremos bien dedicando como mínimo la misma cantidad de tiempo a la Palabra de Dios que destinamos a leer todos los demás libros.

tierra prometida. Ahora un Redentor mayor, Gobernante, y Revelador ha venido, y el escritor de Hebreos señala el peligro presente de que sus lectores repitan el pecado de sus primeros padres. Esto causaría de nuevo la pérdida de las bendiciones y privilegios prometidos.

La promesa de reposo de una vida por la fe está delante de los destinatarios de esta carta.

Pueden entrar en ella, pero deben prestar atención al disfrutarla. Cada uno de sus pensamientos y acciones será juzgado por la Palabra de Dios. Así, el autor les exhorta acerca de ese reposo: «Temamos, pues, no sea que[...] alguno de vosotros parezca no haberlo alcanzado» (4.1). Y de nuevo: «Procuremos, pues, entrar en aquel reposo» (4.11).

III. El sacerdocio de Cristo es superior al de Aarón (4.14-10.18).

Después de advertir enfáticamente que la desobediencia traería la pérdida de bendiciones, el escritor vuelve al tema del sumo sacerdocio de Cristo, con el que continuaría en 10.18. La mención de Sumo Sacerdote en 4.14 nos lleva a 2.17 y 3.1, mientras que la confesión nos refiere de nuevo a 3.1, además, la audacia en 4.16 alude a 3.6. Así que podemos ver que el autor va ahora a desarrollar en detalle lo que ya ha introducido en una sección previa.

La frase que vemos entonces en el versículo 14 infiere que somos responsables, y que es necesario tomar ventaja del Sumo Sacerdote que tenemos y apropiarnos de las bendiciones que nos provee. El autor enfatiza la continua disponibilidad de nuestro Sumo Sacerdote cuando dice: «Teniendo un gran sumo sacerdote». En otras palabras, Él es nuestra posesión presente y perpetua.

A. Cristo en una posición superior (4.14-16).

14 Por tanto, teniendo un gran sumo sacerdote que traspasó los cielos, Jesús el Hijo de Dios, retengamos nuestra profesión.
15 Porque no tenemos un sumo sacerdote que no pueda compadecerse de nuestras debilidades, sino uno que fue tentado en todo según nuestra semejanza, pero sin pecado.
16 Acerquémonos, pues, confiadamente al trono de la gracia, para alcanzar misericordia y hallar gracia para el oportuno socorro.

En el Día de la Expiación, Aarón entró en el tabernáculo terrenal para ministrar en presencia de Dios en favor del pueblo. Y al concluir, salía para mezclarse entre su gente de nuevo. Pero esta no es la experiencia de nuestro gran Sumo Sacerdote, que ha traspasado los cielos, es decir, esta esfera terrenal, a través de los bajos cielos, y hasta la misma presencia de Dios para comparecer en nuestro favor. No fue ante Dios para ministrar brevemente y después volver, sino lo hace continuamente ante Él por nosotros. Y aunque Aarón no pudo llevar a su presencia a aquellos en favor de los cuales ministraba, nuestro Sumo Sacerdote sí lo hace.

Al referirnos a nuestro Sumo Sacerdote por el nombre de Jesús, el autor enfatiza la verdadera humanidad de Cristo, a través de la cual este entiende nuestras necesidades y puede ser un sacerdote compasivo. Al referirse a Él como Hijo de Dios, destaca su deidad y acentúa la omnisciencia y omnipotencia que ejerce como sacerdote en nuestro favor. En consecuencia, se puede dar la exhortación: «Retengamos nuestra profesión». Así como en 3.1, la «profesión» es el testimonio público de fe en Jesucristo como Hijo de Dios y Salvador, dado al momento de la identificación con Él en el bautismo.

El *por qué* del versículo 15 muestra la razón por la que debemos retener nuestra profesión de fe. Él no es un Sumo Sacerdote como Aarón, que no podía identificarse con las debilidades, la ignorancia y la inmadurez. Por el contrario, es un Sumo Sacerdote que fue tentado en todo, como nosotros, pero sin pecado. De acuerdo a 1 de Juan 2.16 existen tres canales a través de los cuales podemos ser probados: los deseos de la carne, los deseos de los ojos y la vanagloria de la vida. Estas son las tres únicas puertas mediante las cuales Satanás puede asaltar la ciudadela del alma. Y por lo que relatan los Evangelios acerca de la tentación de Cristo por Satanás, descubrimos que Él lo fue en todas. Cuando tuvo hambre Satanás sugirió que ejerciera su divino poder creativo para

---

Aunque en la actualidad el sacerdocio aarónico no signifique mucho para nosotros, antes de la venida de Cristo, era el medio ordenado divinamente por Dios para la alabanza y el acceso a Él. Obviamente, entonces, era superior a todas las religiones paganas, las prácticas místicas y toda la idolatría encontrada en cualquier parte del mundo. Puesto que el libro de Hebreos nos dice que Jesucristo es superior al sacerdocio de Aarón, es razonable que Él, también, sea superior a cualquier otra práctica religiosa en el mundo actual. Esto significa, entonces, que los teólogos liberales que intentan razonar que «hay muchos caminos que llevan a Dios» o que «Jesús era solamente uno más en una larga lista de iluminados espirituales», están propagando un gran error en lugar de la verdad.

transformar las piedras en pan. Esto fue una apelación al deseo de la carne. Cuando Satanás le ofreció los reinos del mundo, fue una apelación al deseo de los ojos. Y cuando le pidió que demostrara su confianza en Dios saltando desde el pináculo del templo, fue una incitación a la vanagloria de la vida. Habiendo resistido en estas tres áreas, no hubo otras avenidas por las que Satanás pudiera conquistar su alma. Así que, Jesús fue ciertamente tentado en todo igual que nosotros. Los seres humanos pueden ser seducidos, y puesto que Cristo era en verdad humano, podía serlo en la misma manera que nosotros; aún así, no sucumbió.

En efecto, Cristo sobrellevó un peso mayor de tentación del que otro hombre haya soportado jamás. Satanás ejerce sólo la presión necesaria para llevarnos a su voluntad. No le hace falta ejercer el peso total de la tentación porque, debido a nuestra debilidad, nos sometemos. Pero Satanás ejerció en Cristo el peso total de su habilidad para tentar, y aún así, no logró que sucumbiera. Por lo tanto, Cristo resistió un peso mayor de tentación del que ningún hombre ha conocido. Al ser tentado de esa manera conoce lo que es la tentación y es capaz de sufrir junto con nosotros cuando somos incitados. Y es debido a que la soportó, que es capaz de ser un sacerdote misericordioso, fiel, compasivo y comprensible.

Recuerdo la oración de mi hija más pequeña cuando tuvo varicela a los siete años. Orábamos juntos antes de ir a la cama. Ella dijo: «Gracias por venir a la tierra desde tu bonito hogar en el cielo. Y gracias por haber tenido el sarampión y la varicela, pues así entiendes cuánto

---

¿Bajo qué categoría colocaría sus tentaciones más intensas? Con sólo reconocer las áreas en las que Satanás regularmente le ataca, dé un paso gigantesco hacia la victoria. Recuerde: Jesús la obtuvo sobre el poder total de las tentaciones de Satanás en cada área y puede hacerle triunfar también. Pero debemos ir hacia Él primero, esperando volvernos hacia Él después de tratar nosotros mismos de resolver el problema que casi siempre terminará en desastre.

quiero rascarme». A su manera infantil, confiaba en tener un Sumo Sacerdote comprensivo.

La palabra *pues* en el versículo 16 nos lleva a otra deducción: Puesto que nuestro Sumo Sacerdote es ambas cosas: comprensible y perfecto, ¡aprovechémonos de su disponibilidad! Podemos ir libremente al trono de la gracia. Su trono, el cual pudo haber sido un trono de juicio, ha sido transformado en uno del que fluye gracia como un río. No vamos con temor o duda, sino con convicción, puesto que nuestro Sumo Sacerdote nos ha hecho aceptables y nos ha acompañado a la misma presencia de Dios. Y cuando nos dirigimos a este trono de gracia, lo hacemos primero para obtener misericordia, que es la respuesta del amor hacia cualquier miseria. Y segundo, venimos para encontrar la gracia para ayudar. La gracia puede usarse en dos sentidos. Está la que caracteriza a Dios en su trato con los pecadores y sus hijos, debido a la obra de Jesucristo. Pero también está la que provee poder divino para satisfacer cualquier necesidad. Ambas ideas son usadas en este versículo, así que vamos al trono de la gracia para encontrar la ayuda necesaria que sólo nuestro Sumo Sacerdote puede proveer.

B. Superioridad de Cristo como sacerdote (5.1-7.28).

5.1 Porque todo sumo sacerdote tomado de entre los hombres es constituido a favor de los hombres en lo que a Dios se refiere, para que presente ofrendas y sacrificios por los pecados;

2 para que se muestre paciente con los ignorantes y extraviados, puesto que Él también esta rodeado de debilidad;

3 y por causa de ella debe ofrecer por los pecados, tanto por sí mismo como también por el pueblo.

4 Y nadie toma para sí esta honra, sino el que es llamado por Dios, como lo fue Aarón.

5 Así tampoco Cristo se glorificó a sí mismo haciéndose sumo sacerdote, sino el que le dijo: Tú eres mi Hijo, Yo te he engendrado hoy.

6 Como también dice en otro lugar: Tú eres sacerdote para siempre, según el orden de Melquisedec.

7 Y Cristo, en los días de su carne, ofreciendo ruegos y súplicas con gran clamor y lágrimas al que le podía librar de la muerte, fue oído a causa de su temor reverente.

8　Y aunque era Hijo, por lo que padeció aprendió la obediencia;

9　y habiendo sido perfeccionado, vino a ser autor de eterna salvación para todos los que le obedecen;

10　y fue declarado por Dios sumo sacerdote según el orden de Melquisedec.

11　Acerca de esto tenemos mucho que decir, y difícil de explicar, por cuanto os habéis hecho tardos para oír.

12　Porque debiendo ser ya maestros, después de tanto tiempo, tenéis necesidad de que se os vuelva a enseñar cuáles son los primeros rudimentos de las palabras de Dios; y habéis llegado a ser tales que tenéis necesidad de leche, y no de alimento sólido.

13　Y todo aquel que participa de la leche es inexperto en la palabra de justicia, porque es niño;

14　pero el alimento sólido es para los que han alcanzado madurez, para los que por el uso tienen los sentidos ejercitados en el discernimiento del bien y del mal.

6.1　Por tanto, dejando ya los rudimentos de la doctrina de Cristo, vamos adelante a la perfección; no echando otra vez el fundamento del arrepentimiento de obras muertas, de la fe en Dios,

2　de la doctrina de bautismos, de la imposición de manos, de la resurrección de los muertos y del juicio eterno.

3　Y esto haremos, si Dios en verdad lo permite.

4　Porque es imposible que los que una vez fueron iluminados y gustaron del don celestial, y fueron hechos partícipes del Espíritu Santo,

5　y asimismo gustaron de la buena palabra de Dios y los poderes del siglo venidero,

6　y recayeron, sean otra vez renovados para arrepentimiento, crucificando de nuevo para sí mismos al Hijo de Dios y exponiéndole a vituperio.

7　Porque la tierra que bebe la lluvia que muchas veces cae sobre ella, y produce hierba provechosa a aquellos por los cuales es labrada, recibe bendición de Dios;

8　pero la que produce espinos y abrojos es reprobada, está próxima a ser maldecida, y su fin es el ser quemada.

9　Pero en cuanto a vosotros, oh amados, estamos persuadidos de cosas mejores, y que pertenecen a la salvación, aunque hablamos así.

10　Porque Dios no es injusto para olvidar vuestra obra y el trabajo de amor que habéis mostrado hacia su nombre, habiendo servido a los santos y sirviéndoles aún.

11　Pero deseamos que cada uno de vosotros muestre la misma solicitud hasta el fin, para plena certeza de la esperanza,

12 a fin de que no os hagáis perezosos, sino imitadores de aquellos que por la fe y la paciencia heredan las promesas.

13 Porque cuando Dios hizo la promesa a Abraham, no pudiendo jurar por otro mayor, juró por sí mismo,

14 diciendo: De cierto te bendeciré con abundancia y te multiplicaré grandemente.

15 Y habiendo esperado con paciencia, alcanzó la promesa.

16 Porque los hombres ciertamente juran por uno mayor que ellos, y para ellos el fin de toda controversia es el juramento para confirmación.

17 Por lo cual, queriendo Dios mostrar más abundantemente a los herederos de la promesa la inmutabilidad de su consejo, interpuso juramento;

18 para que por dos cosas inmutables, en las cuales es imposible que Dios mienta, tengamos un fortísimo consuelo los que hemos acudido para asirnos de la esperanza puesta delante de nosotros.

19 La cual tenemos como segura y firme ancla del alma, y que penetra hasta dentro del velo,

20 donde Jesús entró por nosotros como precursor, hecho sumo sacerdote para siempre según el orden de Melquisedec.

7.1 Porque este Melquisedec, rey de Salem, sacerdote del Dios Altísimo, que salió a recibir a Abraham que volvía de la derrota de los reyes, y le bendijo,

2 a quien asimismo dio Abraham los diezmos de todo; cuyo nombre significa primeramente Rey de justicia, y también Rey de Salem, esto es, Rey de Paz;

3 sin padre, sin madre, sin genealogía; que ni tiene principio de días, ni fin de vida, sino hecho semejante al Hijo de Dios, permanece sacerdote para siempre.

4 Considerad, pues, cuán grande era éste, a quien aun Abraham el patriarca dio diezmos del botín.

5 Ciertamente los que de entre los hijos de Leví reciben el sacerdocio, tienen mandamiento de tomar del pueblo los diezmos según la ley, es decir, de sus hermanos, aunque éstos también hayan salido de los lomos de Abraham.

6 Pero aquel cuya genealogía no es contada de entre ellos, tomó de Abraham los diezmos, y bendijo al que tenía las promesas.

7 Y sin discusión alguna, el menor es bendecido por el mayor.

8 Y aquí ciertamente reciben los diezmos hombres mortales; pero allí, uno de quien se da testimonio de que vive.

9 Y por decirlo así, en Abraham pagó el diezmo también Leví, que recibe los diezmos;

10 porque aún estaba en los lomos de su padre cuando Melquisedec le salió al encuentro.

11 Si, pues, la perfección fuera por el sacerdocio levítico (porque bajo él recibió el pueblo la ley), ¿qué necesidad habría aún de que se levantase otro sacerdote, según el orden de Melquisedec, y que no fuese llamado según el orden de Aarón?

12 Porque cambiado el sacerdocio, necesario es que haya también cambio de ley;

13 y aquel de quien se dice esto, es de otra tribu, de la cual nadie sirvió al altar.

14 Porque manifiesto es que nuestro Señor vino de la tribu de Judá, de la cual nada habló Moisés tocante al sacerdocio.

15 Y esto es aun más manifiesto, si a semejanza de Melquisedec se levanta un sacerdote distinto,

16 no constituido conforme a la ley del mandamiento acerca de la descendencia, sino según el poder de una vida indestructible.

17 Pues se da testimonio de Él: Tú eres sacerdote para siempre, Según el orden de Melquisedec.

18 Queda, pues, abrogado el mandamiento anterior a causa de su debilidad e ineficacia

19 (pues nada perfeccionó la ley), y de la introducción de una mejor esperanza, por la cual nos acercamos a Dios.

20 Y esto no fue hecho sin juramento;

21 porque los otros ciertamente sin juramento fueron hechos sacerdotes; pero éste, con el juramento del que le dijo: Juró el Señor, y no se arrepentirá: Tú eres sacerdote para siempre, según el orden de Melquisedec.

22 Por tanto, Jesús es hecho fiador de un mejor pacto.

23 Y los otros sacerdotes llegaron a ser muchos, debido a que por la muerte no podían continuar;

24 mas éste, por cuanto permanece para siempre, tiene un sacerdocio inmutable;

25 por lo cual puede también salvar perpetuamente a los que por Él se acercan a Dios, viviendo siempre para interceder por ellos.

26 Porque tal sumo sacerdote nos convenía: santo, inocente, sin mancha, apartado de los pecadores, y hecho más sublime que los cielos;

27 que no tiene necesidad cada día, como aquellos sumos sacerdotes, de ofrecer primero sacrificios por sus propios pecados, y luego por los del pueblo; porque esto lo hizo una vez y para siempre, ofreciéndose a sí mismo.

28 Porque la ley constituye sumos sacerdotes a débiles hombres; pero la palabra del juramento, posterior a la ley, al Hijo, hecho perfecto para siempre.

90   UNA FE QUE PERDURA   5.1-7.28

1. Prerrequisitos para un sacerdote (5.1-4).

En la misma manera en que Jesucristo fue un Redentor, Gobernante y Revelador superior a Moisés, también lo es como Sumo Sacerdote con respecto a Aarón. Y el sistema en el que opera como sacerdote es superior al orden levítico en el que Aarón administró.

Para establecer esta verdad, el escritor, en los primeros cuatro versículos del capítulo 5, repasa las dos premisas esenciales para el sacerdocio que serían aplicadas a cualquier orden sacerdotal. Primero, el Sumo Sacerdote debe ser genuinamente humano (5.1-3). Y segundo, debe ser llamado por Dios (5.4). Puesto que el Sumo Sacerdote representaba al hombre delante de Dios (5.1), este debe ser humano para que sea el tipo que nos hace falta. Si no hubiera sido humano y experimentado lo mismo que el hombre, no podría haber tenido compasión del débil y de los que se equivocan. Era necesario para los sacerdotes en el orden aarónico el ofrecer sacrificios por sus propios pecados, demostrando así su verdadera humanidad.

Puesto que el sacerdote no sólo iba a representar al hombre delante de Dios, sino también a Dios ante los hombres, era imprescindible que fuese elegido por Dios. Dios no tenía obligación de aceptar el ministerio de sacerdotes seleccionados por los hombres como su representante. Puesto que toda ofensa era contra Dios, y su ira debía ser satisfecha a través del ministerio de sacerdotes humanos, era necesario que Él escogiera a aquellos a quienes designaría como sus representantes.

2. Cristo satisface los prerrequisitos (5.5-10).

El escritor continúa en los versículos 5 al 10 para demostrar que debido a que Cristo cumple con todos esos requisitos, está completamente calificado para ser nuestro Sumo Sacerdote. La prueba para ello se da en orden inverso.

En el versículo 5 el apóstol declara: «Cristo no se glorificó a sí mismo haciéndose sumo sacerdote». Al citar el Salmo 2.7 demuestra así que, en la resurrección, Jesucristo fue elegido por su Padre para el papel de Sumo Sacerdote. Entonces, para tener un segundo testigo de la elección del Padre sobre su Hijo resucitado, el autor cita el Salmo 110.4. No hay duda alguna que Cristo fue divinamente elegido para ese cargo.

La verdadera humanidad de Cristo y su elegibilidad para representar a las personas delante de Dios se declara en los versículos 7-9. En ningún otro sitio existe una más clara evidencia de la perfecta humanidad de Cristo que en la extraordinaria escena en Getsemaní, a la que el autor hace referencia en el versículo 7. «Los días de su carne» alude al tiempo de su vida en la tierra en un cuerpo mortal. La palabra *ruegos* se refiere a las peticiones específicas que fueron hechas. Súplicas se vincula con la petición de uno con necesidad de protección o ayuda en una calamidad abrumadora. El peso de todo lo que se presentaba delante de Él produjo «gran clamor y lágrimas». Esto indicaba no la tensión física, sino la emocional bajo la que estaba sufriendo. En este tiempo de necesidad Él presentó sus peticiones «al que era capaz de salvarle de la muerte». En realidad, iba de forma osada al trono de la gracia para obtener misericordia y encontrar gracia que le ayudara en esa etapa difícil. Jesús en su momento de necesidad demostraba lo que el autor había ofrecido a sus lectores como apoyo.

La pregunta surge, entonces, de aquello por lo que Jesús oraba cuando pidió salvarse de la muerte. Se ha dado un número de explicaciones diferentes. Algunos han sugerido que a la

¿Por qué el autor de Hebreos se esfuerza tanto en mostrar que Cristo está calificado para ser nuestro Sumo Sacerdote? Recordemos cuál es nuestra primera tentación en muchas de nuestras crisis: pensar que Dios no nos entiende, que no comprende nuestra situación o que en realidad no le preocupa. De continuar, estos pensamientos pueden llevarnos a una rebelión, desobediencia, incluso a la pérdida de bendiciones, por un largo período. Pero las características de nuestro Sumo Sacerdote, como Hebreos nos revela, muestra que pensamientos como esos simplemente no son verdad. Jesús nos entiende, simpatiza con nosotros, se preocupa y está allí delante del Padre para interceder por nosotros siempre.

luz de los sufrimientos físicos inherentes a la muerte por crucifixión, Jesús pedía que se evitara ese tipo de muerte. Sin embargo, puesto que Cristo predijo con frecuencia que sería crucificado, esta explicación no parece muy acertada.

Hay otros que sugieren que Satanás estaba allí en Getsemaní, haciendo un intento final para impedir que Jesús se ofreciera a sí mismo en sacrificio en la cruz. Una muerte prematura en el jardín no hubiera sido aceptada por Dios como sustituto satisfactorio por la muerte de los pecadores. Pero como Jesús había declarado que era soberano sobre su propia muerte (Jn 10.18), y su autoridad sobre ella no podía ser usurpada por Satanás, esto no podía ser la fuente de tal agonía.

Otra explicación es la de que Él oraba no para ser librado de la muerte, sino para salir de ella. Es decir, oraba por la resurrección. Cristo parece hacerlo en su petición al Padre en Juan 17.1. Sin embargo, predijo con frecuencia no sólo su muerte, sino también su resurrección. Aún así, es verdad que dependía de su Padre para cumplir con lo que sabía que era cierto, así que esta no parece ser una explicación ilógica.

Otra argumentación es que la preocupación de Cristo no era por su muerte física sino la espiritual. El castigo por la desobediencia a Dios era la muerte (Gn 2.17). Esta constituía la separación de Dios para el pecador, es decir, la muerte espiritual y la física era el resultado de la muerte

Hoy en día se ofrecen muchas soluciones para la tensión emocional que podamos enfrentar. Algunos «expertos» nos dicen que no podemos escapar de ella mientras no le echemos la culpa a nuestros padres o a otra influencia externa. Otros proponen que nos dejemos llevar y expresemos cualquier sentimiento que salga de nosotros. Otros sugieren que practiquemos meditaciones místicas, o nos integremos a un grupo de terapia, o expresemos nuestros problemas con alguien en la barra de un bar. Sin embargo, lo que el mismo Jesús practicó fue la comunión con el Padre, una sumisión ciega a su voluntad y una confianza dependiente de Él para ver su misericordia a través del problema.

espiritual. Por lo tanto, si Jesucristo iba a satisfacer las demandas de la santidad, rectitud y justicia de Dios para proveer salvación para aquellos que están muertos, Él debía experimentar la misma muerte que les separaba a ellos de Dios y entrar en la muerte espiritual, como se anticipó en el profético Salmo 22, donde clamaba: «¿Dios mío, Dios mío, por qué me has desamparado?» (22.1). Aquí tenemos un misterio más profundo de lo que cualquier mente humana puede comprender: ¿Cómo pudo Dios el Padre y Dios el Hijo, que son uno, separarse el uno del otro? Aunque Cristo sabía perfectamente que tal separación era inherente a la provisión de salvación para los pecadores.

Puesto que sólo ese tipo de separación o muerte espiritual satisfacía las demandas de un Dios santo y justo, Cristo no podía haber orado para evitar aquello que era esencial. Pero el castigo por la desobediencia era la separación eterna de Dios, y pudo ser que Jesús enfrentara la esperanza de que ofreciéndose a sí mismo en una muerte espiritual, el Padre pudiera requerir que el Hijo estuviera separado de Él por toda la eternidad.

El hecho de que enfrentara esta expectativa, y orara: «No se haga mi voluntad sino la tuya», revela su inmensurable amor por los pecadores y la calidad de su voluntad para obedecer al Padre. A la luz de todo esto, Cristo bien pudo haber orado que se le sacara de la muerte espiritual a la cual estaba a punto de entrar, y ser restaurado en la comunión con su Padre. Esto parece ser el contenido de la oración del Hijo hacia el Padre en Juan 17.5: «Ahora pues, Padre, glorifícame tú al lado tuyo, con aquella gloria que tuve contigo antes que el mundo fuese».

La declaración del escritor de que esa petición fue oída no sólo indica que el Padre está consciente de lo que el Hijo suplica, sino también que la solicitud es concedida. Ya que el Hijo no impone su voluntad a la del Padre, su oración es respondida. Aunque Cristo no escatimó la crucifixión, se impuso sobre el reino de la muerte física, como vemos en su resurrección. Además lo hizo sobre el imperio de la muerte espiritual, como lo confirma su ascensión a su posición a la diestra del Padre.

Como Hijo de Dios, no podía ser tentado, puesto que Dios tampoco puede serlo, aunque en su humanidad verdadera podía ser sometido a pruebas. En estas Jesús no sólo aprendió a obedecer; sino también todo lo que la obediencia implica. Soportó el sufrimiento más que cualquier otro hombre. Las palabras *habiendo sido perfeccionado* no implican que hubiera una progresión de incompleto a completo, o de imperfecto a perfecto. Sino que, cuando en su humanidad sus padecimientos fueron completados, Él, a causa de su obediencia, «se convirtió en el autor de la salvación eterna para aquellos que le obedecen». Así que, en este gráfico referente a los sufrimientos culminantes en el Jardín de Getsemaní, los cuales sólo pudieron ser padecidos por alguien verdaderamente humano, el autor ha demostrado que Cristo cumplía el segundo requerimiento. A consecuencia de ello es «declarado por Dios Sumo Sacerdote» (5.10).

Como el escritor desarrollará más adelante, es significativo que Jesucristo no fue inducido como uno de los hijos de Aarón de la tribu de Leví al sacerdocio levítico. Por el contrario lo fue a un orden diferente de sacerdotes para ministrar en favor de Dios ante los hombres y también representarlos delante de Dios.

¿Cuántas de nuestras crisis desaparecerían si pudiéramos responder instantáneamente a Dios con la declaración: «Hágase tu voluntad, y no la mía»? Esto, por supuesto, es contrario a nuestra testaruda naturaleza humana y a menudo sufrimos mucho tiempo con todas las posibilidades que la voluntad de Dios pueda incluir, antes de llegar al punto de someternos a Él. Basado en el ejemplo de Cristo, sin embargo, no hay posición más segura para un creyente que resignarse a la voluntad de Dios, confiando en que Él hará lo que ha prometido: que todo obre para bien para los que le aman y los que conforme a su propósito son llamados.

3. Exhortación a progresar hacia la madurez (5.11-6.20).

a. El hecho del retroceso (5.11-14).

Habiendo declarado en los versículos 5, 6 y 10 que Cristo en el momento de su resurrección fue designado oficialmente al cargo de Sumo Sacerdote según el orden de Melquisedec, el autor nos mostrará ahora la superioridad de ese orden sobre el aarónico. Este no es un concepto que puede explicarse brevemente, así que tendrá mucho que decir respecto a ello. Él parece reconocer que esta verdad será difícil de aclarar para que ellos puedan comprenderla, tal y como es para nosotros hoy en día.

Cualquier verdad puede ser difícil de expresar por varias razones. Una de ellas es su complejidad. Una segunda causa puede ser que quien la transmite no la entiende por completo. Ninguna de estas razones, sin embargo, es la causa para la dificultad que el escritor de Hebreos enfrentó. Más bien, el obstáculo se explica en el versículo 11: sus lectores «se han hecho tardos para oír». Las palabras *se han hecho* indican que estaban en un estado que no les caracterizaba. Hubo un tiempo en el que no eran tardos para oír, pero ahora habían entrado en ese indeseable estado espiritual. Sus lectores, entonces, se distinguen por la regresión, por retroceder, y eso complica la trans-

Aunque no podamos percibirlo, mientras más persistimos en la tibieza espiritual, nos volvemos más «débiles para oír». Incluso aquellos que han estudiado las Escrituras por muchos años pueden llegar a ser torpes respecto a las cosas espirituales, si cesan de avanzar en busca de la madurez espiritual. En palabras sencillas, cuando dejamos de progresar espiritualmente, empezamos a retroceder, y una vez que hemos comenzado a retroceder espiritualmente, nuestra sensibilidad hacia Dios empieza a disminuir y nuestro entendimiento de la Biblia se hace más difícil. Esto es sólo una de las razones por las que debemos reforzar nuestro compromiso a crecer firme y constantemente en nuestra relación con Cristo.

misión del concepto de la superioridad del sacerdocio de Melquisedec sobre el de Aarón. Para corregir esta situación y posibilitar a sus lectores el comprender esta verdad, el escritor se detiene en su exposición del sacerdocio de Melquisedec para hacer una extensa exhortación.

Esta es una advertencia a la que deben prestar atención antes de que su regresión sea irreversible y puedan entender adecuadamente, apropiarse y responder a esa verdad.

En el versículo 11, hace una declaración categórica: «Os habéis hecho tardos para oír». Procede entonces en los versículos 12-14 a validar la evaluación de su condición espiritual. Hay varias cosas que el escritor presenta: primero, que han sido creyentes por mucho tiempo.

Esto se muestra por la frase *después de tanto tiempo*. Segundo, parece ser que ya han sido enseñados en la doctrina en el pasado. Esto se ve en la observación «debiendo ser ya maestros». Tercero, no habían retenido o usado la verdad que se les había enseñado, así que necesitaban a alguien que les mostrara de nuevo «los primeros rudimentos de la Palabra de Dios». Y cuarto, han pasado de adultos a infantes en las cosas espirituales, o desde la madurez han caído en un desliz a la inmadurez.

Esto se ilustra a través de la analogía de la comida. La leche está relacionada con la infancia, pero el alimento sólido lo está con la madurez. Por lo tanto el autor concluye que su necesidad no es la de los adultos (alimento sólido),

¿No sería interesante, si de alguna manera, Dios vistiera a los creyentes de acuerdo a su progreso en el crecimiento espiritual? ¿Cuántos seríamos vestidos como niños, o quizás como bebés, después de muchos años de conocerle? ¿Cuántos estaríamos vestidos conforme a lo que nos corresponde según el tiempo que hemos caminado con Cristo? Quizás es este un buen momento para hacer un análisis, para contar el número de años que ha conocido a Cristo personalmente y para determinar dónde debería estar. Si no es donde está actualmente, ¡no se desespere, pero empiece a avanzar!

sino la leche (el alimento de los bebés).

En los versículos 13 y 14 el apóstol define su concepto acerca de lo que caracteriza a un bebé y a un adulto. Los bebés espirituales son «inexpertos en la palabra de justicia», mientras que los adultos espirituales son aquellos «que por el uso tienen los sentidos ejercitados en el discernimiento del bien y del mal». Lo que indica es que aunque ambos tienen la Palabra, los primeros son incapaces de emplearla para determinar lo que es correcto e incorrecto, y de usarla como guía para sus decisiones y como patrón para su vida. Por otra parte, los adultos espirituales utilizan la Palabra para evaluar lo que es justo o incorrecto. Los bebés, aun teniéndola, no la emplean. Los adultos, por el contrario, no sólo la tienen, sino que la usan.

Es ese uso continuo de la Palabra lo que posibilita el progreso del creyente, de la infancia a la madurez. Lo contrario también es cierto; si un creyente ha utilizado la Palabra en el pasado pero ahora no, retrocederá espiritualmente y pasará

El retraso mental, cuando el cerebro humano no se desarrolla conforme al resto de la persona, es una de las más penosas realidades de la vida. Cualquiera con un amigo o ser querido afectado con este problema sabe de la incongruencia de un cuerpo adulto en comparación a una mente juvenil o incluso infantil. Para estas personas especiales, no hubo ninguna opción en cuanto a su estado. En muchos de los casos fue algún tipo de accidente en el nacimiento, un fallo genético ordenado por Dios para sus propios propósitos. Como contraste trágico, sin embargo, existen muchos miles de cristianos para los cuales el retraso espiritual ha sido una decisión voluntaria. Aunque son «adultos» por el número de años que han conocido a Cristo, son jóvenes o incluso niños en su madurez espiritual debido a no insistir enérgicamente en su relación con Él. Esto, por supuesto, no es el plan de Dios para ellos, ni para nosotros; y estas características mencionadas en Hebreos, más que llevarnos a una convicción, deberían motivarnos a salir de nuestro retraso espiritual y proseguir hacia la madurez.

de la madurez espiritual a la inmadurez.

b. Advertencia concerniente a dejar de progresar (6.1-6).

Debido a que, el ignorar o desdeñar la verdad producirá un retroceso, el apóstol en 6.1-6 concluye y les advierte seriamente acerca del peligro de no progresar hacia la madurez, como se deduce de la palabra *por tanto* en 6.1. El escritor empieza con una exhortación: «Vamos adelante a la perfección». La cual aquí es definida como la «edad completa» de 5.14, esto es, la madurez espiritual. Esta demanda implica que ellos son bebés, y también que no serían considerados así

si mostraran otro comportamiento. En otras palabras, son salvos; son creyentes genuinos, y su necesidad no es de conocimiento, sino usar el que ya poseen. Su indiferencia a la Palabra ha provocado que se conviertan en torpes, o que regresen a un estado de infancia espiritual, y la «perfección» a la que les exhorta no es la salvación, sino un avance hacia la madurez espiritual en Cristo.

Si han de avanzar a la «perfección» o la madurez, entonces, hay varias cosas que deben dejar. El significado de la raíz del verbo «dejar» es pasar de una cosa a otra, y puede incluir la idea de construir una superestructura sobre un fundamen-

Puesto que este es el enfoque de Hebreos, podemos creer que es una de las mayores preocupaciones de Dios acerca de los cristianos, que «avancemos» hacia la madurez espiritual. Es lamentable, pero las presiones y las prisas diarias, a menudo causan que nos dediquemos a una simple supervivencia más que a un crecimiento real. En este aspecto el refrán «gastar pólvora en salva» se adapta bien. Si nunca se ha tomado el tiempo para hacer una lista de sus metas espirituales, hoy es un buen día para hacerlo. Basado en la admonición «vamos adelante a la perfección», escriba las cosas que le gustaría ver espiritualmente en usted de aquí a un año. Ponga la lista en su Biblia, o en algún lugar donde la vea a menudo. Luego, ore, estudie con diligencia la Palabra de Dios y camine en sumisión a Él, confiando que le guiará en la dirección de la verdadera madurez espiritual.

to. Había ciertas verdades que el nuevo Hijo-Revelación tenía en común con lo revelado en el Antiguo Testamento. En ese sentido, el cristianismo fue construido sobre el fundamento dejado por la revelación dada a través de los profetas (Heb 1.1). Hubiera sido razonable, entonces, que debido a que el cristianismo fue edificado sobre ese principio, podía ser legítimo para los cristianos continuar identificándose con el orden antiguo representado por el templo.

Pero el apóstol no les pedía que crearan una nueva superestructura sobre una base vieja, sino que debían abandonar la antigua base, por completo. Sin la libertad para tomar decisiones por sí mismos, aquellos bajo la Ley eran considerados como niños (Gl 4.1-3) y fueron mantenidos en ese estado de infancia. La verdad dada a conocer a través de los profetas no era definitiva. Ella anticipaba una revelación más completa que vendría por medio de Jesu-

cristo. Y si sus lectores se contentaban con edificar en lo que era solamente una sombra de lo que estaba por venir, el escritor les advierte que continuarían en ese estado y nunca progresarían hacia la madurez.

No se les pedía abandonar las *verdades* que el cristianismo tenía en común con la revelación del Antiguo Testamento; sino marchar hacia adelante, desde la sombra hasta la realidad total de la verdad revelada por medio de Jesucristo.

Las seis áreas que el apóstol les pide que dejen atrás en los versículos 1-2 eran todas las doctrinas basadas en el judaísmo farisaico. Estas ciertamente no eran incorrectas, pero sí elementales aunque no eran el fundamento para la madurez. Las «obras muertas» por las que debían arrepentirse eran aquellas descritas en Romanos 8.5-8. La fe ha sido siempre un requisito previo para una relación con Dios (Gn 15.6). Los «bautismos» tenían que ver con la ne-

A lo largo de las Escrituras, el acercarse a Dios siempre implica dejar atrás las cosas que impedirían nuestro progreso. ¿Hay algo en su vida que hoy le dificulte avanzar espiritualmente? Si es así, tome la decisión, olvídelo y marche con Cristo.

cesidad de remover la contaminación externa de la corrupción y el estar puro antes de que uno pudiera tener comunión con Dios (Mc 7.2-5). La «imposición de manos» era la señal de identificación con otro individuo y señalaba la unidad entre la persona que imponía las manos y aquella a quien se le imponían. La «resurrección de los muertos» era una doctrina fundamental del Antiguo Testamento (Jn 11.23-24). Los que vivían bajo el orden antiguo tenían el concepto de un «juicio» venidero (Sal 1.5-6). Y aunque todas estas doctrinas contenían verdad, habían algunas que mantenían en la infancia a quienes edificaban su vida sobre ellas. Los que caminan hacia la madurez deben desechar estas doctrinas y seguir hacia adelante.

La confianza del escritor hacia sus lectores se expresa en el versículo 3: «Y esto haremos». Mientras que algunos declaran como antecedente (o punto de referencia) del «esto» el dejar los principios elementales, parece mejor considerar como antecedente de la frase: «Vamos adelante a la perfección». El autor está convencido que la torpeza todavía no se ha convertido en un estado irreversible. Aún podrían alcanzar la madurez. No hay duda que Dios desea que estos creyentes lo logren, pero el autor reconoce la probabilidad de que alguno haya retrocedido tanto que le sea imposible el progresar de nuevo hacia la madurez, por eso declara en los versículos 4-6 que puede no ser posible el renovar a ciertos fieles para que así avancen hacia la madurez. Esta es una advertencia grave y seria que el apóstol da a aquellos que han regresado a un estado de infancia.

Note que hay una correlación directa entre una doctrina correcta y la vitalidad espiritual. Aunque en la actualidad se ha puesto el énfasis en las virtudes de la fe cristiana, la Biblia deja claro que el fundamento apropiado para una doctrina correcta es absolutamente esencial. Aunque no todos conseguimos una esmerada educación en la doctrina cristiana, cada uno de nosotros podemos y deberíamos estudiar con diligencia la Palabra de Dios para saber el porqué de lo que creemos.

Para entender esto bien, debemos primero reconocer que el apóstol ve a sus oyentes como salvos. Se refiere a ellos como «iluminados». Esta iluminación no alude a una luz percibida y más tarde rechazada, sino a una de la que se apropiaron y poseyeron (Ef 5.8). Esas personas «han gustado del don celestial», el don de la vida eterna (Ro 6.23). Fueron «hechos partícipes del Espíritu Santo» (Ro 8.9-11). «Gustaron de la buena palabra de Dios». El vocablo aquí mencionado, no infiere la completa revelación contenida en la Biblia, sino una respuesta específica que Dios les ha dado a ellos individualmente, su posible dirección a través de la palabra escrita en una circunstancia dada.

Por último, gustaron «de los poderes del siglo venidero». Esto evoca la promesa del Antiguo Testamento de que durante el milenio venidero, el Espíritu Santo moraría en los creyentes y les daría poder en el reino de la obediencia (Ez 36.27; Jl 2.28-29). Puesto que todos los creyentes en esta era son morada del Espíritu Santo, han experimentado el poder del Espíritu que los que vivan en el milenio venidero conocerán. Todas las palabras que el escritor usa —*iluminados, gustado, fueron hechos partícipes*— nunca antes fueron empleados en el Nuevo Testamento para aludir a una profesión vacía, sino más bien a una experiencia real. De modo que, no existe la menor duda que el apóstol veía a sus lectores como creyentes.

Pero ahora en el versículo 6 se introduce: «Y recayeron». Indicar que esto constituye la perdida de la salvación en el creyente, contradeciría el cuerpo del texto del Nuevo Testamento, que enseña que la vida que Dios imparte es la misma

La perspectiva optimista del escritor es algo que debería caracterizarnos como creyentes. Es lamentable, pero los efectos acumulativos del pecado en nuestras vidas pueden privarnos de reconocer el «grato comienzo» que Él nos ofrece si quisiéramos olvidarnos de nosotros y vivir para Él. ¡El optimismo de «esto haremos» de Hebreos 6.3 radica sólo en la decisión a tomar!

vida eterna que Él posee. El creyente no podrá perder el derecho a esa existencia a menos que Dios deje de existir. En ningún lugar en este contexto se cuestiona la salvación. Por tanto, no les advierte acerca de su pérdida, sino que ve la experiencia del creyente como un peregrinaje de la infancia a la madurez. Fue el designio de Dios que fuera un progreso estable e ininterrumpido de la inmadurez a la madurez. Es posible, sin embargo, que el peregrinaje sea suspendido, que la naturaleza de la interrupción sea tal que su progreso hacia la madurez sea obstruido, y que el fiel retroceda a un estado de infancia del que no pueda ser librado. Así, el «recaer» es la caída de un creyente en su transformación hacia la madurez.

Esto lo ilustra muy bien la experiencia en la historia de Israel a la que el autor hace referencia en el capítulo 3. En el momento de la redención de la nación de la servidumbre en Egipto, el pueblo redimido de Dios empezó un peregrinaje que al final les llevaría a la tierra prometida donde gozarían de una vida de paz y reposo. Después de unos meses llegaron a las mismas fronteras de esa tierra, pero debido a su incredulidad en Cades-barnea, se rebelaron contra Dios, y Él no les permitió entrar, sino que devolvió a esa generación al desierto hasta que surgiera la siguiente.

Fue Dios el que dijo: «¿Hasta cuándo oiré esta depravada multitud que murmura contra mí, las querellas de los hijos de Israel, que de mí se quejan? Diles: Vivo yo, dice Jehová, que según habéis hablado a mis oídos, así haré yo con vosotros. En este desierto caerán vuestros cuerpos; todo el número de los que fueron contados de entre vosotros, de veinte años arriba, los cuales han murmurado contra mí. Vosotros a la verdad no entraréis en la tierra, por la cual alcé mi mano y juré que os haría habitar en ella; exceptuando a Caleb hijo de Jefone y a Josué hijo de Nun. Pero a vuestros niños, de los cuales

---

Para un mejor entendimiento de nuestra herencia espiritual como cristianos, lea Efesios 1.3—2.10.

dijísteis que serían por presa, yo los introduciré, y ellos conocerán la tierra que vosotros despreciasteis. En cuanto a vosotros, vuestros cuerpos caerán en este desierto (Nm 14.27-32).

Debido a su desobediencia voluntaria y deliberada, Dios no permitió a aquella generación entrar en la tierra de la promesa.

Cuando los rebeldes escucharon el anuncio del juicio, cambiaron de opinión y decidieron ocupar la tierra a pesar de lo que Dios había dicho. Dijeron: «Henos aquí para subir al lugar del cual ha hablado Jehová; porque hemos pecado» (Nm 14.40). El pueblo se arrepintió. Reconocieron su pecado y pensaron que su reconocimiento cambiaría el juicio de Dios, y a pesar de las advertencias de Moisés partieron hacia la tierra prometida. Sin embargo, «descendieron el amalecita y el cananeo que habitaban en aquel monte, y los hirieron y los derrotaron, persiguiéndolos hasta Horma» (Nm 14.45). Por tanto, Dios hizo imposible para aquellos que se rebelaron —a pesar de que se arrepintieron— el adentrarse en la tierra y disfrutar sus bendiciones. Su pér-dida de privilegios, en otras palabras, fue irreversible.

Otra ilustración para este principio se encuentra en la experiencia de Esaú en Génesis 25.29-34, en la que vendió su primogenitura por un guisado de lentejas. Esaú no tuvo fe en las promesas del pacto de Dios y consideró el guisado más valioso para él que lo que le pudieron traer las promesas de Dios. Por lo tanto, Jacob se convirtió en heredero de las promesas del pacto. Más tarde, cuando llegó el momento para Isaac de pronunciar la bendición sobre su hijo, esta fue dada a Jacob. Cuando Esaú se dio cuenta de que la bendición que pudo haber sido suya, fue dada a otro, se arrepintió y dijo a su padre: «¿No tienes más que una sola bendición, padre mío? Bendíceme también a mí, padre mío. Y alzó Esaú su voz, y lloró» (Gn 27.38). Sin embargo, ni la petición de Esaú ni sus lágrimas podían devolverle la bendición de Isaac. Por medio de su acto voluntario, los privilegios y las bendiciones que podían haber pertenecido a Esaú se perdieron para siempre. Y aunque veamos a Esaú en estas circunstancias como a un incrédulo, no obstante, el principio se ilustra claramente. Actos de incredulidad o desobediencia voluntarios continuos pueden derivar en la pérdida de privilegios y bendiciones que Dios otorga. Sólo Dios puede determinar cuándo un individuo o pueblo ha alcanzado ese estado donde, debido a que han interrumpido su progreso hacia la madurez, ha pasado a ser imposible el renovarlos a progresar hacia la madurez. Dios concede su gracia y no nos confina a un irreversible estado de infancia espiritual en dependencia de cada uno de nuestros actos de desobediencia. Pero la seria advertencia que el apóstol da a sus lectores es que por medio de algunas de las decisiones que puedan tomar, o por algunos desdeñar la Palabra de Dios, su progreso hacia la madurez puede ser obstaculizado, y permanecerán en ese estado de inmadurez e im-

perfección por el resto de sus vidas.

Este «retroceso» no es accidental, es deliberado. No es un pecado de ignorancia, sino un giro espontáneo del peregrinaje hacia la madurez. Si estos creyentes hebreos volvieran voluntariamente a las antiguas formas externas del judaísmo, estarían identificándose con la generación de Israel que condenó a Cristo a la crucifixión, y tomarían parte en el decreto de Dios de juicio físico y temporal por ese rechazo (Mt 23.38; 24.2). A través de su identificación, dispensarían la decisión de la nación, y así, estarían «crucificando de nuevo para sí mismos al Hijo de Dios y exponiéndole a vituperio».

Para entender esto mejor, debemos visualizar a un esquiador manteniendo el equilibrio en lo alto de una rampa. No tiene la fuerza necesaria

Debido a la seguridad y la prosperidad que disfrutamos en la sociedad, a menudo los efectos devastadores del pecado en nuestra vida son suavizados por las cosas buenas que podemos hacer por nosotros, a pesar de nuestra culpabilidad. Estas fugaces soluciones «instantáneas», sin embargo, no son la cura al problema real, ni previenen el pecado de robarnos las bendiciones del crecimiento espiritual y la madurez.

para impulsarse cuesta abajo y saltar en el vacío, pero si voluntariamente se desliza hacia abajo, en la rampa de salto con sus bastones de esquí, no habrá manera alguna en la que pueda revertir el curso de su bajada, no importa cuánto desee volver atrás. Debido a esa decisión deberá acabar su salto en la rampa. Tal es la advertencia que el autor de Hebreos hace contra el mal uso de la Palabra de Dios o voluntaria desobediencia a la Palabra.

Su progreso hacia la madurez ha sido interrumpido, y si esto se convierte en su estado fijo, Dios podría intervenir y hacer imposible para ellos el avanzar hacia la madurez. Permanecerán perpetuamente en ese estado inmaduro. La historia está repleta de ilustraciones de hombres que parecían ser maduros, pero que a causa de algún acto voluntario fueron separados y consignados a uno de inutilidad, del cual no pudieron dar marcha atrás.

c. Ilustración (6.7-8)

En los versículos 7 y 8, el escritor llama nuestra atención hacia la naturaleza para ilustrar la verdad que ha presentado. A lo largo de las Escrituras, la lluvia ha sido mostrada como evidencia de la provisión del Creador para la humanidad. Aquí el autor pone como ejemplo dos campos sobre los cuales cae la bendición de la lluvia. Uno de ellos usa la dádiva de Dios para producir hierba provechosa a aquellos que la labran. El otro, sin embargo, recibe la misma bendición de Dios, pero produce espinos y abrojos.

Lo que aquí se quiere decir es que las bendiciones de Dios pueden ser bien o mal usadas. Las que son bien empleadas producen aquello que es útil, mientras que las mal usadas producen lo que no es provechoso. Por lo tanto, la advertencia concluye con la observación de que quienes creen en Dios reciben sus bendiciones, algunos las utilizarán para hacer algo bueno,

---

Advierta que el amor por Jesucristo y la obediencia a Él siempre se manifiesta en amor por nuestros hermanos creyentes.

mientras que otros las usarán para algo inútil.

d. Certeza (6.9-12).

En los versículos 9-12 el apóstol declara de nuevo su confianza (como en el v. 3) de que sus lectores continuarán o reanudarán su progreso hacia la madurez. Él dice: «Pero en cuanto a vosotros, oh amados, estamos persuadidos de cosas mejores». Esas «cosas mejores» se refieren de nuevo a la ilustración de los versículos 7-8. Está persuadido que aquellos que reciben las bendiciones de Dios las usarán para producir cosas útiles. Esta confianza es compatible con su seguridad de la salvación. A pesar de que parece dirigirse a ellos como a incrédulos, está seguro de su salvación y confía en que esta producirá buen fruto. Este que ya él ha visto en ellos, es la obra y el trabajo de amor que han mostrado hacia el nombre de Cristo. Esto no era meramente amor por Él, sino por los santos debido a su amor por Cristo. Puede ser que su ministerio a los santos era necesario a causa de la severidad de la persecución que algunos de sus compañeros creyentes habían sufrido. Es muy posible que se hayan identificado con aquellos que sufrían por el amor de Cristo, y tiene la confianza de que al igual que él recuerda la buena obra de ellos como evidencia de su salvación, tampoco Dios la olvidará ni el trabajo de amor que llevaron a cabo. Al final serán premiados.

En los versículos 11-12 el apóstol expresa su deseo para estos creyentes. Igual como les ha exhortado en 4.11 a ser diligentes para entrar en el reposo que Dios ha provisto, aquí les alienta a mostrar la misma diligencia esforzándose a madurar. La meta que tiene en su mente es la madurez en Cristo, y esta

Es penoso que algunos creyentes sufran y agonicen debido al concepto erróneo de que, aunque desean caminar con Dios, han retrocedido más allá del «punto sin regreso» y nunca más podrán estar en comunión con Él. ¡Si anhela vivir por Cristo, quiere decir que su corazón no se ha endurecido para Él! Sólo queda que se vuelva a Él con compromiso y sumisión, y que complete su progreso hacia la madurez.

esperanza segura de progresar los mantendrá para que no pasen a ser perezosos. El escritor no los ve así, pero sí lo estima un peligro siempre presente.

e. Razones para la certeza (6.13-20).

A la luz de la capacitación prometida por Dios para el peregrinaje de la inmadurez a la madurez, son llamados a tener fe y paciencia mientras confían que Él les llevará hacia ella y continuan tranquilos en esa jornada. Usando a Abraham como ilustración, los versículos 13-20 dan la razón para la seguridad del autor de que lograrán esa meta al tener fe y paciencia. Ya en Génesis 12.2, Dios prometió a Abraham que tendría un hijo a través del cual formaría una gran nación. Esa promesa fue reafirmada en 12.7, y de nuevo en 13.15-16, 15.2-5, 17.6-7, y en 17.16-19. Pero no fue sino

hasta años más tarde, como se registra en Génesis 21.2, que nació el esperado hijo de la promesa. Abraham tuvo fe en el Dios que le había dado la promesa (Gn 15.6), pero también fue llamado a tener sufrida paciencia mientras que esperaba su cumplimiento. La promesa no se *consumó* en Isaac, fue continuada como se deja claro en Génesis 22.17-18. Así pues, incluso después de su cumplimiento inicial, hubo necesidad de fe y paciencia antes de que se convirtiera en realidad. Esto es a lo que el escritor llama la atención de sus lectores concerniente a Abraham: «Y habiendo esperado con paciencia, alcanzó la promesa» (Heb 6.15).

Pudo haber sido que los destinatarios de esta carta se desanimaran debido al retraso de la promesa de Cristo: «Y si me fuere y os preparare lugar, vendré otra vez, y os tomaré a mí

Uno de los aspectos más interesantes de la vida cristiana es que nadie está exento de la apatía o pereza espiritual. No existe un momento en nuestra vida aquí en la tierra en el que podamos decir: «He llegado, no necesito crecer más espiritualmente». La verdad es que la única manera de no retroceder espiritualmente es avanzar con diligencia y paciencia.

mismo, para que donde yo estoy, vosotros también estéis» (Jn 14.3). O quizás estaban desilusionados por la dilación en la materialización de sus expectativas de que Jesucristo volvería con poder y gloria para instituir el pactado reino davídico para Israel (Mt 24.30; 25.31).

Aunque creyeron las promesas de Dios, encontraron difícil el ser pacientes. Por lo tanto el escritor usa a Abraham como un ejemplo de la relación entre la fe y la paciencia, para que sus lectores no se desanimaran, lo cual produciría pereza espiritual.

A pesar de que las promesas de Dios pueden demorarse, de modo que la paciencia sea necesaria, ellas son seguras. Cuando dos hombres entran en un pacto de mutuo acuerdo, pueden argumentar sus términos hasta el momento en que es ratificado. En tal punto, no hay más lugar para disputas. Lo que ha sido mantenido es confirmado. Las promesas de Dios concernientes a su programa para Israel han sido confirmadas por medio de un pacto, por consiguiente el autor hace referencia a tal hecho significativo en Génesis 15.

Parece ser que Abraham (Abram) se impacientaba debido al largo retraso del cumplimiento de la promesa de que tendría un hijo. Por lo tanto ofreció a Eliezer de Damasco, uno de sus sirvientes, para que por medio de él la promesa pudiera ser cumplida. En su impaciencia, brindó a Dios una alternativa al nacimiento de Isaac, y así, no tener que ejercitar más su paciencia, pero Dios rechazó a Eliezer y reiteró: «Un hijo tuyo será el que te heredará» (15.4). Abraham respondió a la promesa de Dios con fe: «Y creyó a Jehová, y le fue contado por justicia» (15.6). Como respuesta a su petición de una señal (la cual sería la base, no para su fe, sino para su perseverancia mientras esperaba el cumplimiento de la promesa), Dios dijo a Abraham que preparara animales para un sacrificio de sangre. Esto era un ritual con el que Abraham estaba muy familiarizado. Dos personas entrando en un pacto de sangre después de sacrificar un animal, pondrían las piezas divididas del cuerpo en el suelo, juntarían sus manos, recitarían los términos del convenio, y después pasarían por entre las piezas de carne cogidos de la mano. Así los dos eran ligados por la sangre. Esta ceremonia significaba que si alguno no cumplía lo acordado, su sangre sería derramada como la del animal sacrificado que les unió. Era un pacto, entonces, que acarreaba la pena de muerte al incumplir sus términos.

Más adelante, ese animal fue visto como sustituto para la muerte de aquellos que entraban en el pacto. Mientras los dos vivieran, podían alterar sus términos; pero después de sus respectivos fallecimientos, como simbolizaba el animal sacrificado, era imposible para ellos cambiar los términos del pacto. Así que el pacto era inalterable e irrevocable.

Para mostrar que este pacto dependía sólo de Dios, Abraham fue incapacitado de participar en el ritual de ratificación.

Mientras Abraham dormía (15.12), vio la *Shekinahh* de Dios pasar entre las piezas del animal sacrificado (15.17). En esta manera, Dios le mostró que participaba en un pacto unilateral, inmutable e irrevocable, los términos del cual se especifican en Génesis 15.1: «A tus descendientes es que he dado esta tierra». Abraham creyó en el Dios que dio este pacto, pero fue también llamado a tener paciencia hasta que se cumpliera lo pactado.

El escritor de Hebreos, al referirse a este incidente, señaló que la fe de Abraham reposaba en dos cosas: la promesa y el juramento de Dios. Desde Génesis 12.1 a 15.6 Abraham puso su fe en las promesas de Dios; pero ahora en Génesis 15.7-21, aquello en lo que creyó se confirma con un juramen-

---

Existe una maravillosa relación en la vida cristiana entre aquellas cosas que son nuestra responsabilidad ante los ojos de Dios y la suya para con nosotros. En la misma manera en que el juramento que Dios hizo a Abraham dependía solamente de Dios, y todo lo que Abraham tuvo que hacer fue confiar en Él y perseverar pacientemente, también nuestro progreso espiritual depende sólo de Dios, y así, todo lo que debemos hacer es confiar en Él y perseverar pacientemente. Nuestra responsabilidad es seguirle, así como la suya es llevarnos hacia la madurez espiritual.

to, o pacto. Ambos, la promesa y el pacto son inmutables, y su cumplimiento reposa enteramente en el carácter de Dios. Puesto que Él no puede mentir, lo que prometa o pacte es seguro. Aunque el cumplimiento se demoró, debido al pacto oficial, Abraham tenía una base adicional sobre la cual podía ser paciente. La aplicación que el escritor hace, entonces, es que no sólo creemos en Él, sino que podemos, cuando es necesario, ejercitar la paciencia mientras esperamos el cumplimiento de sus promesas. ¿Por qué? Porque Dios no puede mentirnos más de lo que pudo haberlo hecho a Abraham.

Cuando el autor hace referencia a «la esperanza puesta delante de nosotros», alude al versículo 11, y sobre todo a la expectativa expresada en 6.1, acerca de que vamos hacia la madurez. En las Escrituras, «esperanza» nunca es meramente un deseo o sueño, sino la confianza establecida proveniente de los hijos de Dios y depositada, por la fe, en las promesas de su Palabra.

Se nos ha prometido que podemos ser llevados a un estado de madurez en Cristo. Esta confianza establecida, se nos ha dicho, es como el ancla para el barco. Los puertos alrededor del mar Mediterráneo eran pequeños, muy poco profundos y no podían proveer refugio más que para unas pocas naves al mismo tiempo. Más aún, su fondo es arenoso, de modo que no puede sujetar las anclas que mantienen seguros a los barcos en una tormenta. Para fondearlos, se debe situar el ancla en una barca pequeña y se llevan al puerto donde se aseguran. Fuera de él las naves pueden ser abatidas por tempestades, pero debido a que han sido bien sujetadas permanecerán seguras. De igual forma, aunque podemos ser abatidos por tormentas mientras progresamos en nuestro camino hacia la madurez, la promesa de Cristo de que seremos llevados a ella es para nosotros lo que el ancla es para el barco.

Tenemos un Sumo Sacerdote que ha entrado en favor nuestro a la misma presencia de Dios. Jesús, el Hijo de Dios que fue hecho hombre, y como tal puede entender nuestras debilidades, nuestra ignorancia, nuestra inmadurez y puede representarnos delante de Dios como nuestro intercesor. El hecho de que es nuestro sacerdote representante nos asegura que nos llevará ante la presencia de Dios.

El escritor nos dice que está allí como nuestro precursor. En el ejército romano, esta palabra describía al soldado enviado primeramente para explorar el terreno y la fuerza del adversario antes de que el ejército avanzara. Preparaba el camino que el ejército seguiría. El hecho de que Jesucristo se ha identificado a sí mismo con nosotros como nuestro Sumo Sacerdote y ha ido a la presencia de Dios, significa que aquellos a los que Él representa serán llevados también ante Dios. Esta es la firme seguridad del creyente. Debido a ella podemos tener paciente perseverancia a pesar de los conflictos en nuestro progreso hacia la madurez espiritual.

4. Orden superior del sacerdocio de Cristo (7.1-28).

Después de haber llevado a sus lectores de vuelta al concepto de Jesucristo como sacerdote del orden de Melquisedec en Hebreos 6.20, el autor ahora nos muestra que también pertenece a un orden superior al de Aarón.

a. Melquisedec el sacerdote (7.1-3).

El individuo, Melquisedec, alrededor del cual gira mucho del tema de Hebreos, aparece como referencia en dos de todas las Escrituras previas: en Génesis 14.18-20 y en el Salmo 110.4. A pesar de lo insignificante que parece, el autor usa esas menciones para demostrar que Cristo es un sacerdote perteneciente a un orden superior al de Aarón.

El antecedente histórico de la primera cita sobre Melquisedec es significativo. Después de Lot haberse separado de Abraham y asentado en Sodoma, los elamitas formaron una coalición bajo Quedorlaomer para subyugar el reino de Sodoma y Gomorra. Su invasión fue un éxito y Lot fue tomado cautivo. Abraham sintió la respon-

Si un escritor del Nuevo Testamento considera tan importante los episodios del Antiguo Testamento, incluso algo tan breve como este encuentro con Melquisedec, ¡haremos bien en familiarizarnos, lo más posible, con la rica información que Dios ha revelado en ese pacto!

sabilidad de liberar a su sobrino; así que organizó a trescientos dieciocho de sus pastores en una fuerza de combate. Como eran pastores, podrían haber sido llamados a combatir bestias salvajes, pero nunca habían luchado contra un ejército organizado. Claro está, Abraham se aventuró en este conflicto por fe. La tierra dada a Abraham a través de la sangre del pacto había sido quitada a sus herederos legítimos. La fe de Abraham en la promesa-pacto fue la base sobre la cual se apoyó para reposeerla. Puesto que Lot había estado con Abraham cuando invocó el nombre de Jehová (Gn 13.1-5), Abraham creía que Lot era también hijo de la promesa, así pues, consideró evidentemente que Dios le daría la victoria sobre los conquistadores para que así Lot heredara las bendiciones prometidas. Él respondió a la fe de Abraham y le dio una gran victoria.

Al volver Abraham con el botín de la batalla (Gn 14.16), conoció a Melquisedec, el cual era identificado como sacerdote del Dios Altísimo (Gn 14.18). Antes del establecimiento del orden aarónico, unos cuatrocientos años más

tarde, Dios, seleccionó individuos diferentes para actuar como mediadores entre Él mismo y el pueblo. Job, por ejemplo, parece haber sostenido tal posición sacerdotal (Job 1.5). Melquisedec tal vez era otro de esos sacerdotes nombrados divinamente. Al salir para encontrarse con Abraham, pronunció una doble bendición. Primero, una sobre Abraham (Gn 14.19), porque reconoció que su victoria era por la fe. También bendijo al Dios Altísimo (Gn 14.20). Aunque el conflicto fue batallado por la fe, el éxito no pertenecía a Abraham, sino a Dios, a través de Abraham, así que, el honor y la gloria debían ser dados al Dios Altísimo. La respuesta de Abraham fue entregar a Melquisedec un diezmo de todo el botín conquistado (Gn 14.20). Al darlo, declaraba que la victoria no fue suya sino de Dios. Por lo tanto, todo el botín no pertenecía a Abraham, sino legítimamente a Dios. Al dar el diezmo reconocía como de Dios el derecho a todo lo tomado en la batalla. Este es un incidente histórico muy simple.

El escritor de Hebreos, sin embargo, lo usa para presentar varias verdades importantes concernientes al sacerdocio de Cristo. En 7.1-3 se presentan varias semejanzas importantes entre el orden de Melquisedec y el sacerdocio de Cristo. Por ejemplo, Melquisedec ministró en Salem, lo que sin duda alguna es una referencia a Jerusalén, el centro del reino de David y quizás el del reino terrenal de Cristo en su cercana Segunda Venida; más aún, Melquisedec está identificado como sacerdote del Dios Altísimo. Esto destaca la universalidad de su ministerio sacerdotal como oposición a las limitaciones del orden aarónico, el cual ministraba sólo a Israel. Los dos rasgos distintivos del sacerdocio de Melquisedec se revelan en los nombres usados en este pasaje. «Salem» significa paz, así pues, era un rey cuyo reino era caracterizado por la paz. «Melquisedec» significa «rey de justicia», acentuando el hecho de que la justicia, en la misma manera que la paz, sería esencial en su reino. Estas son las dos características principales del reino del Mesías como lo describían los profetas del Antiguo Testamento (Is 9.6-7; 48.18).

Otro rasgo distintivo es que Melquisedec unía dos posiciones en una persona. Era rey y sacerdote. Ningún otro en el Antiguo Testamento tuvo estos dos cargos. Por supuesto, el próximo que las ejercerá será Jesucristo en su Segunda Venida, cuando como Rey Sacerdote se sentará en el trono de David para regir sobre el trono de David.

Cuando el escritor dice que Melquisedec no tenía ni padre, ni madre, ni genealogía, señala que, aunque sabemos poco, fue nombrado por Dios para este cargo y no lo recibió por herencia de un padre o abuelo que hubiera sido sacerdote antes que él. Tampoco estableció una línea de reyes/sacerdotes,

---

Cuando varios grupos religiosos proponen sus puntos de vista sobre lo que Jesucristo haría y dejaría de hacer en el mundo de hoy, nunca incluyen el reinar como «Rey de justicia». ¡Sea cauteloso con esos cultistas, liberales religiosos o radicales que dicen «creer en Jesús». Siempre pídales que aclaren en cuál «Jesús» creen, ¡si en el «Jesús» de su propia filosofía o en el Jesús de la Biblia!

puesto que no existen datos de ningún hijo a quien el cargo pudo haber sido cedido. No sabemos nada acerca de su nacimiento, o de su muerte, como sabemos sobre Aarón (Nm 20.22-29). Desconocemos cuándo se convirtió en sacerdote y se retiró del sacerdocio al final de su vida. Por eso, puesto que no existen archivos acerca del principio o el final de sus días, permanece como sacerdote eterno.

Note que el escritor no compara la persona de Melquisedec con la de Cristo, sino que confronta la representación bíblica de Melquisedec en su papel como sacerdote/rey como presenta Génesis 14, con el mismo cargo de Jesucristo, el Hijo de Dios. Melquisedec no se presentó a Abraham como representante de Dios para pronunciar juicio sobre Abraham, lo cual caracteriza el ministerio de los sacerdotes aarónicos, por el contrario, bendijo a Abraham, y no sólo a él, sino que también proveyó para sus necesidades físicas al ofrecerle pan y vino. Por lo tanto aquí se detallan ambos beneficios del ministerio de Melquisedec a Abraham, espirituales y materiales.

Las vidas de muchas personas en el Antiguo Testamento son vistas de principio a fin, como en una cinta de video. Podemos verla en su totalidad, o parar en cualquier punto y concentrarnos en algún incidente. Los datos de Melquisedec, sin embargo, no son como una cinta de video, sino más bien como una foto instantánea. Todo lo que sabemos de él es lo que podemos aprender a través de la instantánea. La similitud, entonces, no es entre Melquisedec y Cristo, es entre la representación de Melquisedec en Génesis 14 y Cristo.

A menudo surge la pregunta de si lo que se registra en Génesis 14 es una *teofanía;* esto es, una aparición preencarnada del Hijo de Dios. Aunque muchos lo afirman, el contexto de Génesis 14 parece argumentar en contra de ello. Cada teofanía verificable en el Antiguo Testamento cumple el propósito de traer un mensaje de Dios a los hombres, pero este no el caso; además, los detalles del pasaje, dando nombres y lugares, lo contradice. Melquisedec, no podía haber sido llamado el «rey de Salem», de no haber ejercido autoridad legal por un largo período. Cuando el escritor dice que:

«Fue hecho semejante al Hijo de Dios», parece indicar que solamente habían sido recopilados esos datos para más tarde ser usados por el autor de Hebreos al revelar la verdad concerniente al cargo sacerdotal de Cristo.

Por lo tanto, en el contexto histórico, Melquisedec es un individuo universal, eterno, único sacerdote cuyo ministerio creó beneficios espirituales y materiales; y no es conocido fuera de eso. Con esto, el escritor de Hebreos mostrará que representa un símbolo perpetuo de la orden sacerdotal que cumpliría Cristo.

b. Superioridad de Melquisedec sobre Leví (7.4-10).

Es evidente, por lo que se registra en Génesis, que Abraham consideraba a Melquisedec superior a sí mismo; esto se deduce por dos hechos. Primero, que Abraham dio el diezmo de su botín a Melquisedec, al reconocer que era un sacerdote de Dios y mediador entre Dios y él mismo. Al diezmar se puso a sí mismo en una posición de servidumbre en relación con Melquisedec. Segundo, Abraham recibió bendiciones de Melquisedec, y como señala el

escritor en el versículo 7, el inferior es bendecido por el superior. Por lo tanto, no existe duda alguna de que en aquel encuentro Abraham estaba en una posición inferior y Melquisedec en una superior. Dios había decretado que los sacerdotes aarónicos recogieran todos los diezmos que el pueblo tenía la obligación de ofrecerle.

Los sacerdotes, entonces, los ofrecerían a Dios en favor del pueblo. Asimismo, su aceptación por los sacerdotes levíticos les ponía en una posición superior en relación con aquellos que daban los diezmos a través de ellos. Por lo tanto, nadie que viviera bajo la Ley podía escapar ante la fuerza del argumento que aquí presenta el apóstol. Si Abraham dio sus diezmos a Dios mediante Melquisedec, era evidente que este último era superior a Abraham.

Aquí el escritor quiere aclarar el punto de que el orden de Melquisedec es superior a la de los sacerdotes levíticos. Como dice en los versículos 9-10: «En Abraham pagó el diezmo también Leví (esto es, a Melquisedec), que recibe los diezmos; porque aún estaba en los lomos de su padre cuando Melquisedec le salió al encuentro». Si

Abraham se subordinó a Melquisedec, el aún por nacer Leví también era inferior a Melquisedec. Por tanto, la orden sacerdotal establecida en la tribu de Leví habría sido inferior a la de Melquisedec. Con lógica cuidadosa, entonces, el escritor ha mostrado que la orden sacerdotal de Melquisedec es superior a la levítica.

c. Debilidades del sacerdocio levítico (7.11-19).

1) transitorio (7.11-14).

El autor les señala que de volver al sistema aarónico, sus lectores volverían a un orden que nunca podría llevarles a la madurez. Ese sistema estaba marcado por varias debilidades.

La primera que el escritor destaca es que no conduce a la madurez a aquellos que estaban bajo su autoridad. Mientras que los hombres estuvieron bajo la Ley serían considerados niños inmaduros (Gl 4.1-3); pero no era la intención de Dios el dejar a los suyos en ese perpetuo estado. Así pues, cuando en la resurrección de Cristo Dios lo declaró sacerdote en la orden de Melquisedec (Sal 110.4), significaba que Dios no continuaría con el sistema que los mantenía en la inmadurez. Por el contrario, instituyó una nueva orden sacerdotal a través de la cual, pudieran ser llevados a la madurez.

La perspectiva oriental de superioridad y subordinación es un concepto extraño a la cultura moderna occidental. Por lo tanto, es popular entre creyentes poner en juicio a Dios y preguntarse: «¿Cómo puede un Dios de amor permitir el sufrimiento?» o «¿Cómo puede un Dios de amor enviar a personas al infierno?» Algunas veces esta actitud permanece en nosotros incluso después de confiar en Cristo como nuestro Salvador, cuestionando su sabiduría, su amor, o su comprensión. Es interesante, pero la Biblia parece indicar que el verdadero entendimiento de la obra de Dios en nuestras vidas empieza con el humilde reconocimiento de que Él es superior a nosotros, y basado en esto solamente, lo entendamos o no, nos sometemos a su voluntad. Esta fue la lección que Job tuvo que aprender, y fue la actitud de Abraham también. ¿Debe ser la nuestra?

Pero fue imposible para Cristo el ser declarado Sumo Sacerdote en la orden de Melquisedec sin antes terminar con el sistema sacerdotal levítico. El fundamento sobre el que se apoyaba ese sacerdocio debía ser abolido. El sistema levítico formaba parte del pacto que Dios hizo con Israel en Sinaí mediante Moisés. Este era condicional, y podía ser anulado sin que el carácter del que lo dio fuese violado. En el Salmo 110.4, el nombramiento del Mesías anticipaba el final de la Ley Mosaica sobre la cual se apoyaba. Esto significaba que el sacerdocio aarónico era modificable y que en algún momento terminaría. Un sistema transitorio no podía ser la base para una madurez espiritual.

2) Temporal (7.15-19).

Existe una segunda razón para que el sacerdocio levítico fuera abolido. La Ley Mosaica ordenaba que los sacerdotes debían pertenecer a la familia de Aarón en la tribu de Leví (Nm 16-18). Puesto que Jesús era de la familia de David en la tribu de Judá, hubiera sido imposible para Él asumir el cargo de sacerdote levítico. Si Cristo debía formar parte de alguna orden sacerdotal, debía ser uno por completo diferente. Es por eso que fue nombrado por su Padre como sacerdote en el orden de Melquisedec, y no en el de Aarón. Esta designación, de nuevo, significaba que el orden existente era visto por Dios como temporal y que un día terminaría.

A diferencia de los sacerdotes levíticos, cuyo cargo era limitado, Cristo fue proclamado «sacerdote para siempre» (7.17). El orden en el que Cristo fue nombrado nunca acabaría, y esto implica lógicamente que cualquier orden permanente es superior a cualquier otro transitorio y temporal.

El autor resume su argumento al señalar la debilidad

De la misma manera que la Ley no pudo llevar a la madurez a aquellos bajo su autoridad, tampoco el legalismo (la enseñanza de que nuestra salvación depende de nuestra habilidad para mantener un conjunto de reglas u obedecer los mandamientos morales de la Biblia) en nuestras iglesias nunca llevará a nadie a la madurez espiritual.

básica del sistema levítico (7.18). Era temporal, porque iba a ser remplazado por otro, y no era de provecho, porque no llevaba a la madurez. Al contrario el nuevo orden permanente introduciría una «esperanza mejor»; esto es, posibilitaría la madurez en Cristo. Por tanto, hoy en día no intentamos acercarnos a Dios a través del orden antiguo temporal e ineficaz, sino mediante el nuevo instituido en la proclamación de Cristo como sacerdote según el orden de Melquisedec.

d. El sacerdocio de Cristo es superior porque está basado en un pacto mejor (7.20-22).

El sacerdocio aarónico se apoyaba en el pacto mosáico, que era temporal y condicional. Así pues, aquellos que servían en el orden levítico no tenían ninguna seguridad acerca de la continuación de su cargo. Jesu-

cristo, sin embargo, fue inducido al sacerdocio por medio de un pacto o juramento que Dios el Padre hizo con Dios el Hijo. Al hacer referencia de nuevo al Salmo 110.4 el escritor dice: «Juró Jehová y no se arrepentirá: Tú eres sacerdote para siempre según el orden de Melquisedec». La declaración del nombramiento de su Hijo como sacerdote se ve como un pacto incondicional e inmutable. Nunca fue dado tal fundamento para el sacerdocio levítico por Dios. Por tanto, el de Cristo según el orden de Melquisedec tiene una mejor base, y el «mejor pacto» (7.22) es el que el Padre hizo con el Hijo al conferirle como sacerdote eterno en el orden de Melquisedec. Esto significa que Cristo es un sacerdote único, individual, eterno, real; un sacerdote a través del cual vendrán bendiciones espirituales y materiales; y

En relación con el sacerdocio del Antiguo Testamento, como también en relación con todas las religiones del mundo, Jesucristo es único. Él es el único fundador religioso que no está hoy en la tumba. Es el único que se ofreció a sí mismo, en vez de un conjunto de reglas o un código moral, como el camino a Dios. Y es el único que declara que es la última y definitiva palabra de Dios en el asunto del pecado, la salvación y la vida eterna.

ciertamente, cualquier sacerdocio basado en tal pacto es superior al anterior apoyado en un pacto temporal y condicional.

e. El sacerdocio de Cristo está basado en la resurrección (7.23-25).

El sacerdocio aarónico estaba formado por incontables sacerdotes, los cuales murieron. Ninguno de ellos fue eterno, puesto que la función de cada uno terminaba con su fallecimiento. Jesucristo, sin embargo, fue inducido en su cargo sacerdotal como siguiente paso después de su resurrección; y como alguien que posee vida infinita, su sacerdocio jamás acabará. Aquellos que vivían bajo el orden levítico, tan pronto como se acostumbraban a un sacerdote, entonces, debido a su muerte, debían empezar a habituarse a otro, pero puesto que el sacerdocio de Cristo está fundado en una vida de resurrección, aquellos que gozan de su ministerio nunca deberán familiarizarse con ningún sucesor, puesto que Él tiene un «sacerdocio inmutable».

El autor pasa a señalar las consecuencias de tener un sacerdote que ministra con una

infinita vida de resurrección: «Por lo cual puede también salvar perpetuamente a los que por Él se acercan a Dios». Aquí el escritor no se refiere a su obra salvadora como a la salvación del juicio y de la muerte para los pecadores, sino que usa la palabra *salvar* en el sentido de «llevar al final deseado de Dios»; esto es, conducirlos de la inmadurez a una completa madurez en Él mismo. Aquello que la Ley no pudo realizar a través de una sucesión de sacerdotes, cuyo ministerio temporal se basaba en un pacto condicional, nuestro Sumo Sacerdote lo llevará a cabo, porque su sacerdocio se fundamenta en un pacto eterno hecho por Dios su Padre. Este establece un sacerdocio eterno basado en que «vivirá siempre para interceder por ellos».

f. El sacerdocio de Cristo es superior debido al carácter de este sacerdote (7.26-28).

Aunque los que vivieron bajo el antiguo orden recibieron beneficios del sacerdocio aarónico desarrollado en la Ley Mosaica, a pesar de su debilidad e ineficacia, incluso entonces, de modo intuitivo reconocieron que hacía falta algo más. El pueblo supo que aquellos que debían ofrecer sacrificios por sus propios pecados no podían satisfacer al final las demandas de un justo y santo Dios. Esa misma sagacidad reveló lo que iba a ser necesario. El escritor describió la clase de sacerdote requerido para cumplir ese requerimiento.

Primero, debe ser *santo*. Esta palabra habla de pureza personal, de aquello que es sustancialmente puro. En este sentido el vocablo puede ser sólo usado por Jesucristo. Esto muestra su relación con Dios. Como premisa siguiente, debe ser *inocente*. Esto implica el hecho de que el sacerdote no debe practicar el mal, y esto sería su relación con las personas. «Sin mancha» significa libre de todo vicio o impureza que lo contamine y le impida cumplir con su cargo. Ningún sacerdote podía desempeñar su cargo sin antes ofrecer los sacrificios requeridos para eliminar su impureza. Si nuestro Sumo Sacerdote va a ministrar en favor de nosotros ininterrumpidamente, ninguna mancha debe alterar su ministerio. Sólo Cristo está libre de ellas para ministrar a perpetuidad en nuestro favor.

La frase «apartado de los pecadores» parece sugerir el lugar en el que el ministerio del sacerdote debe ser llevado a cabo. El sacerdote aarónico ministraba, rodeado de pecadores que venían para que él ofreciera sacrificios por sus pecados. Aun así se retiraban a lo más recóndito del Lugar Santísimo en el Día de la Expiación para presentar la sangre que cubriría la Ley quebrantada. Pero Cristo, a través de su resurrección, ha dejado esta esfera en la que viven hombres y mujeres pecadores y ha ido a la mismísima presencia de Dios para ministrar en favor nuestro. La frase final, «hecho más sublime que los cielos», muestra la manera

Si el mismo Jesucristo es santo, inocente e incorrupto, ¿qué clase de vida caracterizará a aquellos que se le han acercado y confían en Él para llevarles a una madurez espiritual? Aquellos que desean vivir para Cristo y que se someten a su obra, pasarán, progresivamente, a ser como Él.

en que nuestro Sumo Sacerdote se ha separado de los pecadores. El vocablo «hecho», enfatiza que ha entrado en un estado permanente de exaltación que nunca abandonará, como el Sumo Sacerdote en el Día de la Expiación salió del Lugar Santísimo para aparecer de nuevo en medio del pueblo pecador. Por tanto, Cristo en su carácter personal es muy superior a cualquier otro sacerdote que ministró bajo la tradición aarónica.

El autor ahora señala un segundo contraste, es decir, entre lo que había sido ofrecido y la frecuencia en darlo. Los sacerdotes levíticos ofrendaban animales en sacrificio día tras día. Debido a su ineficacia para hacer una solución definitiva al pecado, tenían que ser repetidos. Estos eran brindados tanto por el pueblo como por el mismo sacerdote.

Como contraste, nuestro Sumo Sacerdote hizo un solo sacrificio: se ofreció a sí mismo. Su sacrificio satisfizo las demandas de la santidad y justicia de Dios para que así no hubiera de repetirse. Lo hizo, «una vez para siempre». El sacrificio, de sí mismo, no fue por Él mismo, puesto que no tenía pecado, sino que fue suficiente por todos los pecadores. Debemos notar que aunque Cristo fue al sacrificio en su crucifixión, *no* estaba desempeñando su papel como sacerdote según el orden de Melquisedec. Por el contrario, Dios el Padre fue el que ofreció a su Hijo como sacrificio (Sal 22.15; Isaías 53.10). Jesucristo se convirtió en el sacrificio, al someterse a sí mismo sin reservas a la voluntad de su Padre, en la misma manera que Isaac se convirtió en el sacrificio al someterse a la voluntad de Abraham. Se convirtió en un sacrificio «ofreciéndose así mismo».

La Ley nombraba a hombres pecadores, débiles y mor-

Es obvio que si Jesucristo fue el sacrificio perfecto de Dios y se ofreció a sí mismo «una vez para siempre», nada en absoluto puede ser añadido a su sacrificio por nuestros pecados. ¡Ningún deber religioso ni restricción moral, ni nada! Nuestra salvación está basada solamente en su sacrificio perfecto, «una vez para siempre».

tales para el cargo de sacerdotes; pero cuando Dios confirmó un pacto para designar un Sumo Sacerdote en el orden de Melquisedec, eligió a su propio Hijo, quien, debido a que es «santo, inocente, sin mancha, apartado de los pecadores, hecho más sublime que los cielos», es capaz de ser el mediador sacerdotal para representar a Dios ante los hombres y a los hombres ante Dios.

Para resumir lo que el apóstol ha presentado en el capítulo 7 concerniente al sacerdocio de Cristo, señala que Cristo es un sacerdote universal representando a Dios delante de todos los hombres, no como el sacerdote aarónico, cuyo ministerio estaba limitado al pueblo de Israel. Cristo combinó en su persona el cargo de sacerdote y el de rey. Esto no sucedía en el orden aarónico, puesto que ninguno de sus sacerdotes ocupó un trono. El ministerio de Cristo como Rey/Sacerdote estaba caracterizado por justicia y paz mientras que el sistema aarónico estaba relacionado con pecado y juicio. Cristo fue un sacerdote único, puesto que no heredó el cargo de otros antes que Él ni tampoco lo traspasó a hijos que le hubieran sucedido. El ministerio de Cristo como Rey/Sacerdote llevó a los hombres al fin deseado por Dios, esto es, a la madurez, mientras que aquellos bajo el orden aarónico se mantuvieron en un estado de infancia perpe-

Lo más que estudiamos de la Palabra de Dios, lo más que entendemos, es que el centro de su revelación no es nuestra salvación por más maravilloso que esto sea. Más bien el enfoque de las Escrituras es el plan perfecto de Dios para toda su creación, el cual culminará con el pleno reinado y gobierno de su Hijo, Jesucristo. Sólo a través del desarrollo del intachable plan divino es que fuimos creados, permitidos caer bajo el dominio de Satanás, de manera que la gracia de Dios nos redimiera y así escapar del juicio que vendrá sobre Satanás y sus huestes rebeldes de seres angelicales. ¡Lo más increíble es que a través de su plan (incluyendo su pacto con Abraham, la Ley Mosaica y todas esas cosas que anticiparon el ministerio de Cristo) no hay ningún error ni contradicción!

tua. El ministerio de Cristo resultó en bendición, mientras que el otro produjo sólo lo que era débil e ineficaz. El sacerdocio de Cristo se basaba en un pacto hecho de Padre a Hijo, que confirmaba al Hijo como sacerdote para siempre. Por tanto era inmutable y permanente basado en su vida resucitada, mientras que el aarónico fue llevado a cabo por una innumerable sucesión de sacerdotes mortales. El sacerdocio de Cristo estaba fundamentado en el carácter no pecador del sacerdote, mientras que el orden aarónico era ejercido por pecadores.

No puede haber duda, entonces, acerca de la superioridad del sacerdocio de Cristo en relación con el levítico.

C. Cristo posee un ministerio sacerdotal superior basado en un pacto mejor (8.1-13).

1 Ahora bien, el punto principal de lo que venimos diciendo es que tenemos tal sumo sacerdote, el cual se sentó a la diestra del trono de la Majestad en los cielos,

2 ministro del santuario, y de aquel verdadero tabernáculo que levantó el Señor, y no el hombre.

3 Porque todo sumo sacerdote está constituido para presentar ofrendas y sacrificios; por lo cual es necesario que también éste tenga algo que ofrecer.

4 Así que, si estuviese sobre la tierra, ni siquiera sería sacerdote, habiendo aún sacerdotes que presentan las ofrendas según la ley;

5 los cuales sirven a lo que es figura y sombra de las cosas celestiales, como se le advirtió a Moisés cuando iba a erigir el tabernáculo, diciéndole: Mira, haz todas las cosas conforme al modelo que se te ha mostrado en el monte.

6 Pero ahora tanto mejor ministerio es el suyo, cuanto es mediador de un mejor pacto, establecido sobre mejores promesas.

7 Porque si aquel primero hubiera sido sin defecto, ciertamente no se hubiera procurado lugar para el segundo.

8 Porque reprendiéndolos dice: He aquí vienen días, dice el Señor, en que estableceré con la casa de Israel y la casa de Judá un nuevo pacto;

9 No como el pacto que hice con sus padres el día que los tomé de la mano para sacarlos de la tierra de Egipto; porque ellos no permanecieron en mi pacto, yo me desentendí de ellos, dice el Señor.

10 Por lo cual, este es el pacto que haré con la casa de Israel después de

aquellos días, dice el Señor: Pondré mis leyes en la mente de ellos, y sobre su corazón las escribiré; y seré a ellos por Dios, y ellos me serán a mí por pueblo;

11 Y ninguno enseñará a su prójimo, ni ninguno a su hermano, diciendo: Conoce al Señor; porque todos me conocerán, desde el menor hasta el mayor de ellos.

12 Porque seré propicio a sus injusticias, y nunca más me acordaré de sus pecados y de sus iniquidades.

13 Al decir: Nuevo pacto, ha dado por viejo al primero; y lo que se da por viejo y se envejece, está próximo a desaparecer.

1. Un lugar superior de ministerio (8.1-5).

Hemos visto en las referencias previas al Salmo 110.4 que Cristo no entró en su ministerio sacerdotal hasta después de su resurrección y ascensión. Con las palabras: «Siéntate a mi diestra, hasta que ponga a tus enemigos por estrado de tus pies» (Sal 110.1), Dios el Padre dio la bienvenida al Hijo en la gloria que tuvo con Él antes de que el mundo existiera. En el momento de su ascensión, Cristo «se sentó a la diestra del trono de la Majestad en los cielos» (Heb 8.1). Estar allí significaba el nombramiento de Cristo a una posición de honor y autoridad. El trono que ocupa y desde el cual ministra, no es el de David, el cual tendrá un día aquí en la tierra como el Mesías prometido (Mt 25.31). Más bien, se le identificó con el trono de «la Majestad en los cielos». La autoridad asignada era la de ser: «Ministro del santuario, y de aquel verdadero ta-

Se ha dicho que no existe una perspectiva más concreta del plan de Dios para los siglos que el Salmo 110.1: «Jehová dijo a mi Señor», muestra al eterno Dios el Hijo y el plan perfecto del Padre. La frase: «Siéntate a mi diestra hasta» muestra la posición que el Hijo toma entre la primera vez en la que Dios lo envió a su pueblo Israel y fue rechazado por ellos y el momento en que regresará para establecer su reino. También cuenta el tiempo actual, cuando Cristo está sentado a la diestra del Padre. Y, «...ponga a tus enemigos por estrado de tus pies» predice lo que pasará cuando regrese para establecer su reino, como se revela más completamente en otras partes proféticas de las Escrituras.

bernáculo que levantó el Señor, y no el hombre» (Hebreos 8.2). Por tanto, no fue designado para ser Rey en un dominio terrenal, sino para ejercer la función de Sumo Sacerdote en un nuevo santuario, y tal nombramiento, de acuerdo con el Salmo 110.4, va seguido de la entronización de Cristo a la diestra del Padre.

El escritor muy lógicamente nos muestra la necesidad de instalar a Cristo en un nuevo santuario. Era la función de los sacerdotes ofrecer regalos a Dios de parte del pueblo y sacrificios en su favor. Por dirección divina, el tabernáculo fue situado donde se presentaban las dádivas y se ofrecían los sacrificios. Como sacerdote, Cristo debe entregar al Padre los obsequios de aquellos a los que representa, y presentar los beneficios de su sacrificio en favor de ellos en cualquier momento de necesidad. Fue imposible para Cristo cumplir como sacerdote en el santuario aquí en la tierra, puesto que solo los hijos de Aarón de la tribu de Leví estaban autorizados a ministrar en él. De haber intentado Cristo operar en él, habría sido un intruso, y las dádivas que brindara como los sacrifi-

cios hubieran sido inaceptables. No habría sido considerado sacerdote y por lo tanto no podría haber ministrado en ese tabernáculo.

Por tanto, a fin de ejercer su cargo como Sumo Sacerdote, era necesario un mejor santuario, y puesto que su ministerio está basado en la vida de resurrección, ese nuevo tabernáculo no podía ser terrenal. Debía ser uno celestial en el cual pudiera ejercer un Sumo Sacerdote resucitado.

El autor señala (8.5) que todo el sistema levítico, del cual formaba parte el santuario estaba visto como temporal desde el mismo momento de su origen. El tabernáculo y todo lo que en él dirigían los sacerdotes, eran sólo «figura y sombra de las cosas celestiales» (8.5). Y mientras que los hombres podían aprender de aquello que era figura y sombra, eso no eran las realidades que estaban designadas a anticipar. El pacto dado a Israel a través de Moisés, sobre el cual se edificó el sistema levítico, estaba visto como un arreglo temporal que en definitiva daría paso a la realidad que simbolizaba. El tabernáculo terrenal debe abrir camino al celestial. El temporal debe darle paso al eterno. Un sacerdocio terrenal debe abrir camino a uno celestial. El sistema basado en un arreglo temporal debe dar facilidad a un ministerio cuyo fundamento es el pacto eterno que el Padre hizo con el Hijo cuando le nombró Sumo Sacerdote según el orden de Melquisedec.

2. Un pacto superior (8.6-13).

a. La eternalidad del pacto de Cristo (8.6).

Al empezar en el versículo 6, el apóstol llega a la conclusión de que Cristo, aunque descalificado para ejercer como sacerdote aquí en la tierra, sirve en el cielo en un ministerio más excelente. Este está basado en uno mejor que el pacto mosaico sobre el cual se fundamenta el sacerdocio levítico. Él posee un sacerdocio superior debido a la superioridad de la base sobre la que se apoya. El apóstol concluye que la fundación para el sacerdocio levítico era un pacto temporal, y afirma que el de Cristo se establece a partir de un «mejor pacto» (8.6), esto es, uno superior al pacto mosaico. Este es el que el Padre hizo con el Hijo en el Sal-

mo 110.4, en el cual lo proclamó sacerdote eterno.

b. La temporalidad del pacto levítico (8.7-13).

Para mostrar que Dios veía el pacto mosaico como temporal, el escritor de Hebreos cita Jeremías 31.31-34. Debido a que Israel falló en cumplir con sus obligaciones bajo el convenio mosaico, Jeremías anunció la deportación del pueblo fuera de la tierra prometida y la destitución de un descendiente de David del trono. El castigo por la desobediencia, como se advirtió en Levítico 26 y en Deuteronomio 28, había caído sobre ellos. Puesto que dependía de su obediencia que la nación gozara de las bendiciones del pacto y como Israel demostró repetidamente que las personas no respondían con la obediencia requerida, Dios anunció que finalizaría el pacto mosaico e introduciría uno nuevo. En el nuevo Dios dijo: «Pondré mis leyes en la mente de ellos, y sobre su corazón las escribiré; y seré a ellos por Dios, y ellos me serán a mí por pueblo» (Heb 8.10). Dios mismo haría una obra que cambiaría la mente y el corazón de las personas en tal manera que caminarían en obediencia a Dios. Esta sería posible porque Dios, bajo los términos de su nuevo pacto, pondría dentro de ellos su Espíritu (Ez 36.25-27; Jl 2.28-29). Bajo los términos de este nuevo pacto, habría conocimiento universal de Dios en aceptación de lo que esperaba de aquellos que caminaran en comunión con Él para recibir las bendiciones prometidas (Heb 8.11). Además, este haría provisión para el perdón de sus pecados (8.12). Ninguna de estas cosas garantizadas en este nuevo pacto que Dios haría con la casa de Israel y la de Judá (8.8) se recibían a través del Mosaico.

La conclusión lógica a la que el autor nos lleva, entonces, se encuentra en el versículo 13: «Al decir: Nuevo pacto, ha dado por viejo al primero». En el momento en que Jeremías anunció que Dios haría un nuevo pacto, dejó sobreentendido que el antiguo iba a ser visto como temporal, no permanente y que finalizaría en algún momento. Aunque la rotura del velo del templo al momento de la muerte de Cristo (Mt 27.51) significaba que la Ley había acabado con su papel, su práctica continuó hasta la destrucción de Jerusalén por Tito en el año 70 d.C. El escritor anticipa este hecho cuando dice: «Y lo

Debido a que la Ley Mosaica es ahora obsoleta, algunas personas piensan erróneamente que no tiene nada que ofrecer a los cristianos y que por ello no merece que la estudiemos. De acuerdo con la Biblia, sin embargo, la Ley sirvió para dos propósitos en relación con el pueblo de Dios. El primero era regulador, en ella se determinaba minuciosamente la vida para el judío redimido. Ese propósito ciertamente ha sido sustituido por la superioridad de Cristo. El segundo, sin embargo, era revelador, posibilitaba revelación respecto a la naturaleza de Dios, el hombre y la relación entre los dos. Ese propósito de la Ley nunca ha cesado, como podemos ver por la manera en que el autor de Hebreos la usa para enseñarnos verdades concernientes a Jesucristo y a la vida cristiana. Así pues, la Palabra eterna de Dios, incluso la Ley, siempre tiene algo que ofrecer a los hijos de Dios que cuidadosamente la estudian.

que se da por viejo y envejece, está próximo a desaparecer». Debido a que el templo todavía estaba en pie, algunos hebreos no debieron entender que el orden antiguo había finalizado.

Pero el apóstol reconoce la inminencia de la destrucción del templo después de la cual el sistema levítico no podría funcionar por más tiempo. Recuerde, Cristo mismo predijo que la generación de Israel que le rechazaría, padecería un juicio físico y temporal (Mt 12.31-32; 23.37-24.2; Lc 21.24).

Así pues, el anuncio de Jeremías acerca de un nuevo pacto venidero sugiere que el existente debía ser visto como temporal. Aunque pasarían generaciones antes de que el antiguo acabara a la muerte de Cristo, no obstante él era temporal. Cuando en el aposento alto en la víspera de su crucifixión nuestro Señor instituyó la conmemoración de su cuerpo partido y su sangre derramada, reveló que su muerte instituiría ese nuevo pacto prometido (Mt 26.28; Mc 14.24; Lc 22.20; 1 Co 11.25). Y aunque alguno de aquellos a los que el autor escribía pudo escapar hacia el templo en busca de refugio debido a que todavía estaba en

pie, volvería a aquello que era temporal y que muy pronto desaparecería. Desde su origen, el sistema levítico fue un arreglo provisional, mientras que el sacerdocio de Cristo está basado en un pacto eterno hecho con el Hijo por el Padre, el cual le confirma como Sumo Sacerdote eterno según el orden de Melquisedec.

D. Cristo ministra en un santuario superior en base a un mejor sacrificio (9.1-10.18).

9.1 Ahora bien, aun el primer pacto tenía ordenanzas de culto y un santuario terrenal.

2 Porque el tabernáculo estaba dispuesto así: en la primera parte, llamada el Lugar Santo, estaba el candelabro, la mesa y los panes de la proposición.

3 Tras el segundo velo estaba la parte del tabernáculo llamada el Lugar Santísimo,

4 el cual tenía un incensario de oro y el arca del pacto cubierta de oro por todas partes, en la que estaba una urna de oro que contenía el maná, la vara de Aarón que reverdeció, y las tablas del pacto;

5 y sobre ella los querubines de gloria que cubrían el propiciatorio; de las cuales cosas no se puede ahora hablar en detalle.

6   Y así dispuestas estas cosas, en la primera parte del tabernáculo entran los sacerdotes continuamente para cumplir los oficios del culto;

7   pero en la segunda parte, sólo el sumo sacerdote una vez al año, no sin sangre, la cual ofrece por sí mismo y por los pecados de ignorancia del pueblo;

8   dando el Espíritu Santo a entender con esto que aún no se había manifestado el camino al Lugar Santísimo, entre tanto que la primera parte del tabernáculo estuviese en pie.

9   Lo cual es símbolo para el tiempo presente, según el cual se presentan ofrendas y sacrificios que no pueden hacer perfecto, en cuanto a la conciencia, al que practica ese culto,

10 ya que consiste sólo de comidas y bebidas, de diversas abluciones, y ordenanzas acerca de la carne, impuestas hasta el tiempo de reformar las cosas.

11 Pero estando ya presente Cristo, sumo sacerdote de los bienes venideros, por el más amplio y más perfecto tabernáculo, no hecho de manos, es decir, no de esta creación,

12 y no por sangre de machos cabríos ni de becerros, sino por su propia sangre, entró una vez para siempre en el Lugar Santísimo, habiendo obtenido eterna redención.

13 Porque si la sangre de los toros y de los machos cabríos, y las cenizas de la becerra rociadas a los inmundos, santifican para la purificación de la carne,

14 ¿cuánto más la sangre de Cristo, el cual mediante el Espíritu eterno se ofreció a sí mismo sin mancha a Dios, limpiará vuestras conciencias de obras muertas para que sirváis al Dios vivo?

15 Así que, por eso es mediador de un nuevo pacto, para que interviniendo muerte para la remisión de las transgresiones que había bajo el primer pacto, los llamados reciban la promesa de la herencia eterna.

16 Porque donde hay testamento, es necesario que intervenga muerte del testador.

17 Porque el testamento con la muerte se confirma; pues no es válido entre tanto que el testador vive.

18 De donde ni aun el primer pacto fue instituido sin sangre.

19 Porque habiendo anunciado Moisés todos los mandamientos de la ley a todo el pueblo, tomó la sangre de los becerros y de los machos cabríos, con agua, lana escarlata e hisopo, y roció el mismo libro y también a todo el pueblo,

20 diciendo: Esta es la sangre del pacto que Dios os ha mandado.

21 Y además de esto, roció también con la sangre el tabernáculo y todos los vasos del ministerio.

22 Y casi todo es purificado, según la ley, con sangre; y sin derramamiento de sangre no se hace remisión.

23 Fue, pues, necesario que las figuras de las cosas celestiales fuesen purificadas así; pero las cosas celestiales mismas, con mejores sacrificios que estos.

24 Porque no entró Cristo en el santuario hecho de mano, figura del verdadero, sino en el cielo mismo para presentarse ahora por nosotros ante Dios;

25 y no para ofrecerse muchas veces, como entra el sumo sacerdote en el Lugar Santísimo cada año con sangre ajena.

26 De otra manera le hubiera sido necesario padecer muchas veces desde el principio del mundo; pero ahora, en la consumación de los siglos, se presentó una vez para siempre por el sacrificio de sí mismo para quitar de en medio el pecado.

27 Y de la manera que está establecido para los hombres que mueran una sola vez, y después de esto el juicio,

28 así también Cristo fue ofrecido una sola vez para llevar los pecados de muchos; y aparecerá por segunda vez, sin relación con el pecado, para salvar a los que le esperan.

10.1 Porque la ley, teniendo la sombra de los bienes venideros, no la imagen misma de las cosas, nunca puede, por los mismos sacrificios que se ofrecen continuamente cada año, hacer perfectos a los que se acercan.

2 De otra manera cesarían de ofrecerse, pues los que tributan este culto, limpios una vez, no tendrían ya más conciencia de pecado.

3 Pero en estos sacrificios cada año se hace memoria de los pecados;

4 porque la sangre de los toros y de los machos cabríos no puede quitar los pecados.

5 Por lo cual, entrando en el mundo dice: Sacrificio y ofrenda no quisiste; mas me preparaste cuerpo.

6 Holocaustos y expiaciones por el pecado no te agradaron.

7 Entonces dije: He aquí que vengo, oh Dios, para hacer tu voluntad, como en el rollo del libro está escrito de mí.

8 Diciendo primero: Sacrificio y ofrenda y holocaustos y expiaciones por el pecado no quisiste, ni te agradaron (las cuales cosas se ofrecen según la ley),

9 y diciendo luego: He aquí que vengo, oh Dios, para hacer tu voluntad; quita lo primero, para establecer esto último.

10 En esa voluntad somos santificados mediante la ofrenda del cuerpo de Jesucristo hecha una vez para siempre.

11 Y ciertamente todo sacerdote está día tras día ministrando y ofreciendo muchas veces los mismos sa-

crificios, que nunca pueden quitar los pecados;

12 pero Cristo, habiendo ofrecido una vez para siempre un solo sacrificio por los pecados, se ha sentado a la diestra de Dios,

13 de ahí en adelante esperando hasta que sus enemigos sean puestos por estrado de sus pies;

14 porque con una sola ofrenda hizo perfectos para siempre a los santificados.

15 Y nos atestigua lo mismo el Espíritu Santo; porque después de haber dicho:

16 Este es el pacto que haré con ellos después de aquellos días, dice el Señor: Pondré mis leyes en sus corazones, y en sus mentes las escribiré,

17 añade: Y nunca más me acordaré de sus pecados y transgresiones.

18 Pues donde hay remisión de éstos, no hay más ofrenda por el pecado.

1. El tabernáculo terrenal (9.1-5).

El escritor da por sentado que sus lectores están familiarizados con los detalles del tabernáculo en la forma que Dios lo reveló a Moisés en el Monte Sinaí. Se hacen muchas alusiones y referencias a Levítico 16 en Hebreos 9.1—10.18. El autor no hace referencia a la estructura en sí misma; ni a las cortinas exteriores que lo separaban del campamento; ni al altar y la fuente de bronce situados fuera, aunque sí cita brevemente cuatro de los artículos de mobiliario que fueron puestos allí.

El tabernáculo estaba dividido en dos partes, referidas aquí como «la primera parte» y el «Lugar Santísimo». En la primera parte había dos objetos de mobiliario. El uno era el candelabro (Éx 25.31-40), el cual estaba designado para ser un recordatorio perpetuo de que la nación redimida debía ser luz para el mundo, un reino de sacerdotes que recibirían revelación de Dios y la comunicarían a las personas (Éx 19.6). Aunque la nación nunca cumplió con este ministerio, será realizado mediante el Mesías de Israel, Jesucristo, quien vino como luz para el mundo que

---

Aunque la superioridad de Jesucristo sustituyó las prácticas de adoración del tabernáculo (regulador), tiene mucho que ofrecernos para entender la posición y ministerio de Cristo (revelador).

vivía en tinieblas (Jn 1.4,9; 8.12). La segunda pieza era la mesa sobre la cual se colocaba el pan de la proposición (Éx 25.23-30). Esto servía de recordatorio para Israel de que el Dios que les había redimido y les había capacitado para ser luz del mundo les proveería aquello que les apoyaría y sostendría en su camino diario delante de Él. Este pan a la vez, simbolizaba al que vendría como el Pan de Vida (Jn 6.32-35).

El escritor, entonces, pasa a través del velo que dividía la parte exterior del tabernáculo del Lugar Santísimo, y menciona dos piezas de mobiliario que allí se encontraban. Una era el incensario de oro (Éx 30.1-10). Este altar representaba la alabanza y las oraciones de la congregación dirigidas al Dios que les había redimido. Este altar era atendido diariamente por los sacerdotes. Cada mañana y cada tarde colocaban incienso especialmente preparado sobre ese altar, el que mantenían siempre ardiendo en la presencia de Dios, la cual habitaba entre los querubines que estaban sobre el propiciatorio.

Debido a que Hebreos 9.7 dice que «el sumo sacerdote entraba sólo una vez al año» detrás del velo, casi siempre se ha pensado que el incensario debía estar situado en la primera parte del tabernáculo, por lo tanto el único elemento de mobiliario en el Lugar Santísimo era el arca del pacto con el propiciatorio. Sin embargo, el escritor de Hebreos declara en detalle que el incensario de oro estaba dentro del Lugar Santísimo. Para entender esto mejor, ayuda ver las instrucciones dadas a Moisés concernientes a dónde debía situar el incensario. En Éxodo 30.6, dice: «Y lo [el incensario] pondrás delante del velo que está junto al arca del testimonio, delante del propiciatorio que está sobre el testimonio, donde me encontraré contigo». Podemos ver que el incensario estaba «delante» del velo, pero el punto de referencia es el arca del testimonio. Esto significa que el incensario no estaba situado *fuera* del velo, separado del arca del testimonio, sino *detrás* de él, en el Lugar Santísimo, frente al arca del testimonio. Puesto que la función del incensario era ofrecer alabanza y oraciones a Dios, concuerda perfectamente el que deba estar situado dentro del Lugar Santísimo en presencia de la *Shekinah*, la gloria de Dios. Al discutir acerca del Día de Expiación, como el escritor hace en Hebreos 9, acentúa que sólo el sumo sacerdote podía entrar en el Lugar Santísimo en ese día, pero que no impedía pasar a otros sacerdotes diariamente para atender el incensario.

El segundo artículo de mobiliario dentro del Lugar Santísimo era el arca del pacto. En ella estaba depositada una urna de oro que contenía el maná como recordatorio perpetuo de la fidelidad de Dios para proveer para su pueblo en su experiencia en el desierto (Éx 16.33). También contenía la vara de Aarón que reverdeció, un símbolo eterno de que Dios había escogido a la tribu de Leví y en específico a la casa de Aarón como la que ocuparía el cargo sacerdotal (Nm 17.10). Y también tenía las tablas del pacto, en las que había sido escrita la Ley entregada a Israel, para recordar que Dios estaba juzgando a su pueblo redimido a través de esa Ley, haciéndoles responsables de respetarla (Éx 25.16). Sobre el arca del pacto estaba el propiciatorio (Éx 25.10-22), el cual estaba cubierto por la sombra de los querubines, una representación del más alto rango de los seres angélicos, significando que todo el ejército celestial observa la gracia y misericordia de Dios que provee una cobertura para el pecado para así poder aceptar a los pecadores y vivir entre ellos. El quebrantamiento de la Ley, cuya violación implicaba la pena de muerte, literalmente es cubierto por medio de la sangre, la de un sustituto inocente en vez de la del culpable. El trono de Dios era el lugar donde se colocaba el sacrificio propiciatorio delante de Él para cubrir el pecado de la nación y así Dios pudiera continuar viviendo en medio del pueblo pecador, y tener una base sobre la cual posponer la recolección de la deuda incurrida por sus pecados.

2. El valor temporal de los sacrificios levíticos (9.6-10).

A través de Moisés, Dios dio instrucciones específicas a los sacerdotes concernientes al servicio que debía dirigirse dentro del tabernáculo. Las lámparas tenían que ser atendidas diariamente, «desde la tarde hasta la mañana» (Éx 27.20-21), y no estaba permiti-

do que se extinguieran jamás.
Cada mañana y cada tarde debía ponerse incienso en el incensario (Éx 30.7-8) para que
su fragancia ascendiera continuamente a Dios, simbolizan-
do la alabanza y las oraciones
del pueblo redimido a Dios.
Cada semana los sacerdotes debían cocinar los doce panes de
la proposición que serían colo-
cados en la mesa en el día de
reposo, después del cual los sacerdotes tenían autorización de
comer los que habían sido
reemplazados.

Lo que el escritor está diciendo, entonces, es que «en la
primera parte del tabernáculo
entran los sacerdotes continuamente para cumplir los oficios
del culto» (Heb 9.6). Algunos
de los trabajos fueron hechos a
diario y otros cada semana,
pero el punto aquí es que la
labor debía hacerse una y otra
vez. Esto enfatiza que todo lo
que hacía en el tabernáculo tenía sólo un valor temporal.
Nunca se terminaba nada.

El autor pasa de los minis-
terios diarios o semanales de
los sacerdotes, a los rituales
pertenecientes al mismo sumo
sacerdote. La función más alta
que otra persona aparte de él
podía desempeñar en la ceremonia del tabernáculo era presidir en el altar del incensario
de oro. Este privilegio era determinado por suertes y sólo
podía ser desempeñado una vez
durante la vida de un sacerdote.
Tal fue el privilegio de Zacarías (Lc 1.8-9). Si como el escritor de Hebreos indica, Zacarías traspasó el velo y entró al
Lugar Santísimo para colocar incienso en el incensario de oro, no
es de extrañar que se turbara
cuando un ángel del Señor se
puso en pie a la derecha del altar.

¿Es esta nuestra perspectiva personal acerca de la santidad de Dios?
¿Nos asombra su perfección o nuestra imperfección e impureza delante
de Él? Historiadores de la Iglesia han notado que esta nunca se ha co-
locado por encima de su concepto colectivo de Dios. Puede ser muy
probable que las muchas crisis morales que enfrentamos en nuestra cultura actual estén directamente relacionadas con la pérdida del concepto
acerca de la santidad de Dios por la Iglesia.

Sólo al sumo sacerdote fue dado el privilegio de presidir el ritual más importante del calendario anual de Israel, el Día de Expiación. Pero aun con lo significativo que era ofrecer la sangre de los machos cabríos en ese día, también esto tenía solamente valor temporal y se repetía año tras año. Lo que el autor destaca en los versículos 6-8 es que todo lo llevado a cabo por los sacerdotes en el tabernáculo terrenal tenía un valor temporal, y no permanente.

Él mismo interpreta el significado cuando dice: «Dando el Espíritu Santo a entender con esto, que aún no se había manifestado el camino al Lugar Santísimo, entre tanto que la primera parte del tabernáculo estuviese en pie» (9.8). Cada detalle en el tabernáculo era simbólico (9.9), representando a través de este convenio temporal lo que iba a cumplirse siempre por Jesucristo mediante su muerte. Se acentúa de nuevo que tan detallados como eran los servicios y las observaciones en el templo: «No pueden hacer perfecto, en cuanto a la conciencia, al que practica ese culto» (9.9). Lo que era temporal no podía llevar a sus

seguidores a la madurez ni proveer una limpieza duradera de la conciencia por la culpabilidad del pecado. El sistema mosaico estaba relacionado con la eliminación de la corrupción externa (9.10), pero no podía limpiar la conciencia. De nuevo, el orden levítico entero estaba visto como un convenio temporal, que iba a continuar «hasta el tiempo de reformar las cosas» (9.10), una era en la cual se iba a inaugurar un nuevo y mejor programa que cumpliría con lo que la Ley no pudo.

3. La superioridad del sacrificio de Cristo (9.11-12).

Para entender la verdad que el escritor presenta aquí, es necesario revisar lo que pasaba en el Día de Expiación, una de las festividades anuales ordenadas por Dios para que fuese observada por todo Israel.

Mientras que las otras seis festividades mencionadas en Levítico 23 eran gozosas, el Día de Expiación celebrado en el décimo día del séptimo mes era: «Santa convocación, y afligiréis vuestras almas, y ofreceréis ofrenda encendida a Jehová[...] Día de reposo será a vosotros, y afligiréis vuestras almas, comenzando a los nueve días del mes en la tarde; de tarde a tarde guardaréis vuestro reposo» (Lv 23.27,32). Las instrucciones concernientes a la celebración del Día de la Expiación se registran en Levítico 16. Este era el día en el que la nación como tal reconocía su pecaminosidad delante del Señor, y en el que se daba una ofrenda de expiación por el pecado nacional.

Desde el origen del Día de la Expiación, Aarón representó al pueblo delante de Dios al ofrecer sangre para cubrir sus pecados, pero puesto que era pecador, era necesario hacer una preparación elaborada para poder estar en la presencia de un Dios santo como representante de un pueblo que reconocía su pecaminosidad. El día empezaba con una selección de animales escogidos para el sacrificio. Primero, Aarón y sus hijos que servían con él en el sacerdocio, escogían un becerro y después dos machos cabríos como ofrenda por el pecado del pueblo (Lv 16.5-6). Esta era una ofrenda (Lv 4) por la culpa del pecado. Aarón sacrificaba el becerro «que era para expiación suya, y hacía la reconciliación por él y por su

casa» (Lv 16.11). Aarón, que aún por medio de esta ofrenda reconocía su culpabilidad delante de Dios, no podía ir descubierto ante su presencia para ofrecer la sangre del sacrificio que cubriría su pecado. Así que, estaba instruido: «Después tomará un incensario lleno de brasas de fuego del altar de delante de Jehová, y sus puños llenos del perfume aromático molido, y lo llevará detrás del velo. Y pondrá el perfume sobre el fuego delante de Jehová, y la nube del perfume cubrirá el propiciatorio que está sobre el testimonio, para que no muera» (Lv 16.12-13). El humo del incienso se convirtió en el velo protector de Aarón para que así pudiera rociar la sangre del becerro sobre el propiciatorio. Esto tenía que hacerlo siete veces (Lv 16.14).

Una vez satisfecha la pena que la Ley ponía sobre él, Aarón podía emerger del Lugar Santo para dar una ofrenda por el pecado en favor de la nación. Se echaban suertes para determinar cuál de los machos cabríos sería sacrificado y cuál viviría (Lv 16.8), luego Aarón procedería a matar al macho cabrío de la ofrenda por el pecado y «llevará la sangre detrás del velo adentro, y hará de la sangre como hizo con la sangre del becerro, y la esparcirá sobre el propiciatorio y delante del propiciatorio. Así purificará el santuario, a causa de las impurezas de los hijos de Israel, de sus rebeliones y de todos sus pecados» (Lv 16.15-16). Aunque el pecado de la nación no podía profanar el Lugar Santo donde Dios manifestaba su presencia, todo el espacio fuera de él estaba considerado como profanado por el pecado de Israel. Por lo tanto, la sangre del macho cabrío debía ser esparcida a todo lo que estaba dentro del Lugar Santo y al altar situado en el patio. Entonces se consideraba lo que había sido profanado como santificado o apartado para el Señor (Lv 16.18-19).

Aarón procedería ahora a sacar el segundo macho cabrío, llamado chivo expiatorio, y haría lo instruido: «Y pondrá Aa-

rón sus dos manos sobre la cabeza del macho cabrío vivo, y confesará sobre él todas las iniquidades de los hijos de Israel, todas sus rebeliones y todos sus pecados, poniéndolos así sobre la cabeza del macho cabrío» (Lv 16.21).

Imponer manos era una señal para identificar al chivo expiatorio con el reconocimiento de la nación acerca de su pecado. Este hecho físico también significaba una transferencia del pecado, del culpable hacia el chivo expiatorio, el cual entonces se convertía en el sustituto para la nación. Este era enviado al desierto, lo más lejos posible para que no pudiera encontrar su camino de vuelta, así no podría traer de regreso el pecado que había sido extraído de la nación. Debido a que Aarón actuaba como mediador entre Dios y el pueblo culpable, era necesario otro sacrificio. Aarón tenía instrucciones de

Cuando vemos cuán en serio ha tomado Dios el pecado, observamos que la sangre de Jesucristo nos ha salvado ciertamente de la inevitable respuesta de Dios al pecado, lo que la Biblia llama su «ira». Esta no es exclusiva del Antiguo Testamento. Ha sido y será siempre su respuesta al pecado. Pero como veremos, el método para satisfacerla ha pasado de algo temporal a permanente.

hacer una ofrenda quemada por el pueblo y por él mismo (Lv 16.24). Esta era para Dios por los beneficios que llegarían a aquellos por los que la sangre había sido ofrecida. A través de la ofrenda por el pecado, se removía la culpa, y al recibir el pueblo los beneficios, daban una ofrenda quemada en alabanza por ellos. El pueblo entonces concluía la celebración del Día de la Expiación en acción de gracias por los beneficios que les vendrían a través de la sangre presentada a Dios.

Para entender el significado de esto en relación con Hebreos, debemos visualizar lo que ocurrió detrás del velo en el Lugar Santo. Como ya hemos visto, el artículo de mobiliario más valioso allí era el arca del pacto. El propiciatorio era la cubierta del arca, y en ella había dos querubines con sus alas extendidas, y sus rostros, el uno enfrente del otro, miraban hacia el propiciatorio. Debido a que Dios revelaba su presencia alumbrando la *Shekinah* entre los querubines sobre el propiciatorio, era visto como viviendo entre su pueblo, midiéndoles a través de la Ley contenida en el arca del testimonio. Al ser juzgada, la nación era considerada

culpable; y la pena por esa violación era la muerte. El pueblo de Israel de pie fuera del tabernáculo, reconocía su culpabilidad y la justicia del juicio de Dios. Pero al mantener el convenio divino del sistema levítico, el cual fue la manifestación de la gracia de Dios, la culpa de la nación sería cubierta con sangre y la pena trasladada a un sustituto, una ofrenda por el pecado en favor del pueblo. Así pues, el Día de la Expiación era cuando el justo juicio era pagado por un sustituto. Esa sangre ofrecía satisfacción a Dios, porque así no pasaba por alto su pecado; Él no lo dispensó, ni tampoco lo ignoró. Aun demandaba que la pena por él fuera pagada. La sangre era ofrecida como pago por esa deuda. Así, pues, este era el día en el que Dios era satisfecho, o *propiciado*. Las demandas justas de un Dios santo eran cumplidas, por la gracia, a través de un sustituto y no mediante la muerte del culpable.

Aquí debemos notar varias cosas importantes. En ese día, Dios era propiciado o satisfecho. La sangre satisfizo a Dios. El propiciatorio era el lugar de la propiciación, y el pueblo culpable era por quien se ofrecía la propiciación. Como resultado, la pena de la Ley era ejecutada, aunque por un sustituto en lugar del culpable. Por eso era posible para Dios habitar entre un pueblo pecador y tratar con él en base a sacrificios propiciatorios. Al ver cómo ponían la sangre sobre el propiciatorio, por fe sintieron que sus pecados habían sido cubiertos por la sangre, transferidos al macho cabrío que era llevado al desierto, y desechados, habiendo sido cubiertos por sangre. Por tanto, por fe experimentaron paz con Dios.

Debemos entender el significado del Día de la Expiación en el orden antiguo antes de poder comprender adecuadamente lo que el escritor de Hebreos quería enseñar concerniente a la obra de Cristo. En específico, el sacrificio de Cristo es el cumplimiento definitivo del Día de la Expiación. En la cruz, Dios era el propiciado (satisfecho); la sangre de Cristo propiciaba al Dios santo; el cuerpo de Cristo era el lugar de la propiciación (el propiciatorio); y todos los pecadores culpables eran aquellos por los que la sangre propiciatoria era ofrecida a Dios.

La palabra *pero* en el versículo 11 es utilizada para hacer un contraste entre aquello que era el acontecimiento más importante del calendario anual dentro del sistema levítico y lo que Cristo llevó a cabo a través de su muerte en la cruz, lo cual se convirtió en la base para el ministerio de nuestro gran Sumo Sacerdote. El escritor no compara la ofrenda de Cristo con las levíticas descritas en Levítico 1-6. Las tres primeras,

Observe que la cura de Dios para la culpabilidad ha sido siempre la satisfacción de su ira y el perdón para el pecador. Lo mismo es cierto hoy. Los sicólogos dicen que más de la mitad de nuestras enfermedades mentales y emocionales están relacionadas con la culpabilidad, aunque incluso la Iglesia ha empezado a abandonar esta cura de Dios —el perdón— por la «lógica» de culpar a la manera en que uno ha crecido, al medio ambiente o a algo diferente a su propio pecado y culpabilidad. Dios no ha cambiado, y su gracia —ofreciendo perdón y paz para con Él— todavía es la cura para la culpabilidad.

la ofrenda quemada, la ofrenda de comida y la ofrenda de paz, eran a través de las cuales el adorador creyente daba gracias a Dios como respuesta a las bendiciones recibidas. Estas tres eran de olor grato a Dios. Las ofrendas por el pecado y por la culpa las daba quien reconocía su pecado y mediante ella restauraba su comunión con Dios. Esas dos ofrendas trataban con el pecado y eran horrendas en los ojos de Dios. Pero todas eran aceptables para Dios debido a que estaban basadas en la sangre ofrecida en el Día de la Expiación. Fuera de esta celebración, ninguna de esas ofrendas hubiera sido admitida ni habría sido de valor alguno.

Lo que el escritor hace en esta sección de la carta, entonces, es llamarnos la atención sobre el contraste entre la obra de Aarón en el Día de la Expiación y la obra de Cristo, para mostrar su superioridad, la cual está considerada así, primero debido al lugar donde la obra de nuestro Sumo Sacerdote es llevada a cabo. Él no ministra en el tabernáculo que fue erigido por Moisés en la tierra (Heb 9.1-5), sino en el cielo. El tabernáculo en el cual Cristo ministra como sacerdote es el ideal divino, la misma presencia de Dios de la cual el templo terrenal era sólo la copia de su sombra. Él ministra en un tabernáculo perfecto, y por medio del ministerio que allí ejerce, lleva a los que representa a la perfección o madurez que Dios había diseñado.

El segundo punto de contraste concierne al sacrificio que es la base del sacerdocio de Cristo. En el orden antiguo, se requerían dos ofrendas diferentes. La sangre del becerro era ofrecida por Aarón y sus hijos, y la del macho cabrío por los pecados del pueblo.

El sumo sacerdote no podía entrar en el Lugar Santo sin

Cuán interesante es saber que tres de las prácticas más importantes en la vida de un judío eran expresiones de agradecimiento a Dios por sus bendiciones. ¿Somos tan cuidadosos para mostrarnos agradecidos a Él? La acción de gracias por bendiciones específicas debería siempre formar parte de nuestros devocionales personales y familiares.

sangre, ni por él mismo ni por el pueblo. Pero Cristo entró en su ministerio sacerdotal no por sangre, como sugiere nuestra traducción, sino, como una lectura preferible indicaría, entró *«por medio o a través* de su propia sangre». No era necesario para Cristo transportar físicamente a los cielos su sangre para proveer el fundamento de su ministerio sacerdotal, sino que por su derramamiento de sangre en la cruz, fue capaz de entrar en su ministerio sacerdotal. El sumo sacerdote en el Día de la Expiación tenía que entrar en el Lugar Santo dos veces, una para hacer una ofrenda por él mismo y una segunda vez por el pecado del pueblo. Pero no fue necesario para Cristo repe-

tir su entrada, puesto que «entró una vez para siempre en el Lugar Santísimo» (9.12).

La tercera de las superioridades de la obra de Cristo es la salvación que proveyó. La sangre en el día de expiación era efectiva por doce meses. Durante ese tiempo uno que pecara voluntariamente podía huir y ponerse a sí mismo bajo la sangre del propiciatorio colocada allí el Día de la Expiación. Esto es lo que hizo David en el Salmo 51 cuando clamaba: «Purifícame con hisopo, y seré limpio; lávame, y seré más blanco que la nieve» (Sal 51.7). Esto es también lo que hizo el recaudador de impuestos cuando oraba: «Dios, ten misericordia de mí pecador» (Lc 18.13);

Las oraciones de arrepentimiento de David y su súplica por ser limpio a través de la sangre del «Día de la Expiación» fue la base de su perdón ante Dios. Y aunque sabemos por relatos bíblicos que las consecuencias de su pecado continuaron, no sufrió la pena de muerte prescrita por la Ley. En nuestro trato con el pecado, debemos pensar siempre en estos aspectos de la provisión de Dios: (1) Sólo a través de la sangre de Jesucristo podemos obtener el perdón, no por nuestros propios méritos ni nuestras promesas de que vamos a «portarnos mejor»; (2) las consecuencias de nuestro pecado pueden continuar, aunque hayamos sido perdonados. Sólo esto debería ser suficiente para motivarnos a practicar una vida santa y hacer lo posible para evitar pecar en el futuro.

o como su petición pudo ser entendida: «Dios, *sé propicio* a mí, pecador», o: «Dios, veme bajo la sangre del propiciatorio». Sin embargo, debido a que esa sangre perdía su efectividad al terminar el año, el ritual debía repetirse de nuevo. No así la ofrenda de Cristo. Él «obtuvo eterna redención» a través del único sacrificio de sí mismo. Tan agraciada y misericordiosa como era la provisión de Dios como remedio para el pecado por medio del Día de la Expiación, era mucho mayor la gracia, la misericordia y el amor que proveyó salvación mediante el único sacrificio que lo convirtió en nuestro gran Sumo Sacerdote.

4. Los resultados del sacrificio de Cristo (9.13-22).

a. Purificación (9.13-14).

En el versículo 13, el autor hace referencia a dos rituales levíticos que proveían purificación externa. El primero era el sacrificio propiciatorio en el Día de la Expiación (Lv 16). El segundo era la purificación por medio de la ordenanza de la vaca alazana (Nm 19). El primero tenía que ver con la impureza nacional, el segundo con la impureza individual. Ambos

proveían purificación, pero era una purificación «de la carne», es decir, trataban con lo de afuera. Removían la corrupción externa y daban purificación aparente.

Pero la necesidad del pecador iba más allá de lo externo. Existía una necesidad en la esfera de la conciencia, la cual era interna. Esta era espiritual más que física, y para satisfacerla, se requería una ofrenda de mayor valor que la de becerros, machos cabríos o vacas. Recuerde, los animales estaban bajo la maldición de Génesis 3.14, y lo maldito no podía dar una plena satisfacción a un Dios santo. Pero como Jesucristo era «sin mancha», su sangre fue ofrecida para hacer un sacrificio propiciatorio por completo aceptable para Dios. Aunque la sangre de los animales proveían purificación externa, la sangre de Cristo podía «limpiar vuestras conciencias». Sólo ella podía satisfacer la profunda necesidad espiritual del pecador.

Aquí el autor hace varios contrastes. El primero de ellos en el tipo de sangre que se ofrecía. Hay una diferencia entre la de los animales malditos y la de Cristo que estaba sin una mancha de pecado. El segundo es en el tipo de purificación, la diferencia entre la externa a través de la sangre de animales sacrificados, y la interna mediante la ofrenda de la sangre de Cristo.

Además, hay contraste en que el sacrificio de animales era involuntario, mientras que el de Cristo fue voluntario. Él «se ofreció a sí mismo», y lo que era espontáneamente ofrecido a Dios era considerado de mayor valor que lo involuntario. En cuanto a esto, está escrito que Él se ofreció a sí mismo «mediante el Espíritu eterno», el cual parece hacer referencia al Espíritu Santo, al estar acompañado del vocablo eterno. Sin embargo, puede referirse al espíritu humano de Cristo, del cual se dice ser eterno por la unión perfecta entre su humanidad y su deidad. Mientras que la primera interpretación puede aludir a la capacidad de Cristo por el Espí-

ritu Santo para ofrecerse a sí mismo como sacrificio, la segunda parece preferible. El argumento del apóstol sugiere que los animales fueron sacrificios involuntarios, mientras que la ofrenda de Cristo fue voluntaria. Por una decisión de su voluntad se ofreció a morir como sustituto por el pecador. Su ofrenda, por lo tanto, fue un acto espiritual, no un acto externo de la carne. Como resultado del tipo de ofrenda hecho, la muerte de Cristo no sólo depuso la corrupción, sino también su causa de tal corrupción. La conciencia fue limpia para que no continuara desempeñando su obra condenadora. El resultado fue que el hombre se sintió libre para servir a Dios. Alguien con conciencia culpable carece de libertad para servir a Dios; pero el individuo que está libre de la culpabilidad del pecado, puede servirlo gozoso.

Nunca olvide que es la conciencia humana la que necesita ser purificada, no sólo nuestra manera de actuar. Si vive aparentemente una vida que es aceptable, pero no con una conciencia limpia delante de Dios, algo está fallando en su relación con Cristo. ¡Permita siempre que la Palabra de Dios pruebe no sólo sus acciones, sino también los «pensamientos e intenciones del corazón».

b. **Ratificación del nuevo pacto (9.15-22).**

Debido al tipo de ofrenda de Cristo, y por la naturaleza de su sangre (9.14), se saca una conclusión en el versículo 15. A través de su muerte Cristo convalidó «el nuevo pacto», y este es la base de la «eterna redención» (9.12). Este nuevo pacto fue establecido por medio de la muerte, y proveyó primero «para la remisión de las transgresiones que habían bajo el primer pacto».

El «primer pacto» alude al mosaico. En el Día de la Expiación, los pecados de la nación eran cubiertos con sangre hasta la próxima festividad cuando los pecados acumulados debían cubrirse una vez más. Para entender mejor este proceso, podemos comparar el Día de la Expiación con la factura de una deuda. Su pago caducaba cada año y debido a que los deudores no eran capaces de pagar, pedían una extensión de otros doce meses para saldarla. En la misma manera, los pecados de la nación se acumulaban año tras año. El Día de la Expiación no retiraba la deuda; sólo extendía su abono por otro año. Pero entonces, vino Jesucristo, para que por su muerte pudiera pagar por completo por esas transgresiones. Esto es lo que Pablo afirma en Romanos 3.25 donde, al hablar de Cristo, escribió: «A quien Dios puso como propiciación por medio de la fe en su sangre, para manifestar su justicia, a causa de haber pasado por alto, en su paciencia, los pecados pasados».

El segundo resultado es que aquellos que viven después de la instauración del nuevo pacto «reciban la promesa de la herencia eterna» (9.15). Después de declarar que el nuevo fue inaugurado «interviniendo muerte», el escritor sigue adelante en el versículo 16 para

---

El deseo de servir a Dios será una consecuencia natural de la limpieza de la conciencia. Es por eso que el Nuevo Testamento enseña que aquellos que profesan conocer a Cristo pero no muestran ninguna evidencia de desear servir a Dios, no le conocen en absoluto. Más aún, ¡aquellos que vienen a Cristo por su perfecta limpieza, son libres de servir a Dios con gozo y una conciencia limpia!

mostrar que esta era necesaria para instituir el nuevo pacto, el cual puede proveer redención para pecados del pasado y proveer una futura herencia eterna.

La palabra *testamento* en el versículo 16 sería mejor traducirla como *pacto,* como lo fue previamente (Heb 7.22; 8.7-13). La razón es que el escritor no se refiere a una voluntad por la cual se transfiere una herencia a un heredero después de la muerte. Más bien, alude a la formalización o ratificación de un pacto. En los tiempos bíblicos, estos se hacían dando o estrechando las manos (Esd 10.19), por intercambio de sandalias (Rt 4.7), o de sal (2 Cr 13.5). Por la forma de convalidación, estos pactos eran considerados temporales. Para confirmar uno permanente, se requería además la sangre de un sacrificio (Gn 15.9-21). Como se ha discutido con anterioridad, al entrar en un pacto de sangre, los términos eran acordados por los que convenían.

Entonces se sacrificaba un animal, y su cuerpo dividido en dos partes se ponía en el suelo. Ese animal se veía como el sustituto en la muerte de los pactantes. Entonces los dos caminaban juntos por entre las piezas del animal y así se unían por sangre. Puesto que el animal estaba considerado como sustituto, significaba que como habían muerto, era imposible para ellos el cambiar los términos del convenio.

Aquí debe enfatizarse que en un sacrificio de sangre, este era el sustituto en la muerte de los pactantes. El nuevo pacto que garantiza redención eterna fue uno de sangre. Por tanto, puesto que Cristo es el que lo inaugura, su muerte era esencial (9.16). Aunque dos personas entrando en un pacto de sangre pueden ponerse de acuerdo en los términos, no estaban ligados hasta después de haber sacrificado el animal. Lógicamente, entonces, aunque el Antiguo Testamento

Si hoy en día la salvación, es fundamentada en la misma certeza que el pacto de Dios con Abraham, y depende de su habilidad en mantener lo que ha prometido, no hay manera en que los creyentes puedan «perderla» una vez que se les ha concedido.

prometía redención eterna, los beneficios de esta no estaban disponibles hasta después que el creador de este nuevo pacto se ofreciera a sí mismo como sacrificio por los pecados del mundo. Ahora que Cristo ha derramado su sangre y la ha ofrecido a Dios en sacrificio, los beneficios del nuevo pacto están fácilmente disponibles.

Anticipando la validez de este nuevo pacto a través de la muerte de Cristo, Jeremías 31.34 prometió: «Perdonaré la maldad de ellos, y no me acordaré más de su pecado». Lo que simbolizaba lo concerniente a la eliminación del pecado del culpable (enviando el chivo expiatorio al desierto en el Día de la Expiación) ha sido ahora realizado a través de la convalidación del nuevo pacto. La necesidad de sangre para lograrlo se ve en que «ni aun el primer pacto fue instituido sin sangre». Al mencionar de nuevo a Éxodo 24. 1-8, se recuerda a los lectores que el pacto mosaico fue dedicado por sangre. Aunque el sistema levítico entero estaba ordenado por Dios, era inefectivo sin la sangre sobre la cual todo él estaba basado, porque «sin derramamiento de sangre no se hace remisión» (9.22).

Así el escritor muestra que la eliminación del pecado y la salvación eterna que Dios ha provisto a través del nuevo pacto se fundamentan en el ofrecimiento voluntario, racional y espontáneo de la sangre incorrupta de Cristo, quien no ratificó su pacto con la sangre de un animal, sino con la suya propia. Puesto que el nuevo convenio fue ratificado con la sangre de una persona eterna, es, por tanto, eterno e inmutable, y provee una herencia eterna. En la misma manera en que ratificar el pacto antiguo con sangre enseñaba que era inmutable, también se confirmaba el nuevo con la sangre superior de Cristo que lo muestra como eterno e inmutable.

5. El ministerio de Cristo en el nuevo tabernáculo (9.23-28).

a. El ministerio en el cielo (9.23-24).

Al comparar la obra de nuestro gran Sumo Sacerdote con la obra de Aarón en el Día de la Expiación, lo primero que el escritor contrasta es el lugar de ministerio. Cristo no entró en un tabernáculo terrenal: «Sino en el cielo mismo para presentarse ahora por nosotros ante Dios» (9.24). Cuando el autor se refiere a la «figura», alude al tabernáculo terrenal con todos sus artículos de mobiliario, su sacerdocio y sus rituales. El terrenal no es el real, sino sólo una representación borrosa del ideal divino. En el Día de la Expiación, todo fuera del Lugar Santísimo debía ser purificado con sangre, puesto que todo fuera del sitio donde Dios habitaba estaba considerado como corrompido por el pecado. El escritor declara que «las cosas celestiales mismas (debían ser purificadas) con mejores sacrificios que estos» (9.23).

El autor puede haber dicho que los cielos deben ser purificados por varias razones. Puesto que las cosas terrenales necesitaban ser purificadas, y estas eran copias de las celestiales, implica entonces que las celestiales requerían ser purificadas. Además, se aclara en varios pasajes que los cielos no están purificados (Job 4.18; 15.15; 25.5). También está claro que las personas están identificadas con la creación (Ro 8.19), así que cuando pecaron, esta corrupción se extendió más allá de la tierra y a los mismos cielos, así que estos necesitaban purificación (Col 1.20). Es por eso que toda la creación espera su redención (Ro 8.19-22). Así pues, Cristo como Sumo Sacerdote no sólo apareció en la presencia de Dios por nosotros, sino también para proveer purificación para «las cosas celestiales».

En estos días en que gozamos de pluralismo religioso, necesitamos separar el concepto de tolerancia y aceptar de buena gana la presencia de muchos otros, de libertad de interpretación, la cual es la aceptación de muchas ideas opuestas siendo igualmente válidas. La Biblia deja claro que la salvación que Dios ha provisto mediante Jesucristo nunca será mejorada ni cambiada. Y mientras que de manera tolerante dejamos que miembros de otras religiones expresen sus ideas, en ningún pasaje de la Biblia encontramos que debamos aceptarlas como equivalentes a lo que Dios ha revelado a través de las Escrituras.

b. El ministerio de Cristo está basado en su sacrificio (9.25-26a).

Cristo no vino para ofrecerse a sí mismo «a menudo», como las ofrendas levíticas, sino que lo hizo de una vez y para siempre. El sacrificio de su Hijo fue tan perfectamente aceptable para Dios que no fueron requeridos otros.

c. Mediante su sacrificio Cristo hizo una disposición permanente del pecado (9.26b-28a).

Cuando el autor declara que Cristo ha «quitado de en medio el pecado», está dibujando un vívido contraste entre la obra de Aarón y la de Cristo. La sangre del Día de la Expiación proveía una cobertura temporal del pecado, pero Cristo ha eliminado el pecado permanentemente. Debido al tipo de sangre que Aarón ofrecía, eran necesarias repetidas expiaciones; pero gracias al tipo de sangre que Cristo ofreció, su sacrificio fue suficiente y aceptable y no requería ser repetido jamás. Su sacrificio en consecuencia es efectivo eternamente. Debemos distinguir entre «quitar de en medio los pecados» y «quitar de en medio el pecado».

El primero tiene que ver con transgresiones individuales. Ciertamente Cristo trató estas a través de su muerte sacrificial. Sin embargo, «quitar de en medio el pecado» significa acabar con el pecado mismo. El pecado fue llevado a juicio para disponer de todo lo que estaba en contra de la santidad de Dios, para que todo lo contrario a Él fuera removido de forma permanente. El asunto del pecado fue tratado en la cruz. La pena por el pecado de Adán fue la muerte, y esta vino sobre todos los seres vivientes debido a su desobediencia. Pero después de la muerte, todos los que están bajo la condenación del pecado enfrentarán juicio. Por tanto, «Cristo fue ofrecido una sola vez para llevar los pecados de muchos». Los «muchos» hace referencia a las personas que han muerto (9.27). Aunque los beneficios de la muerte de Cristo vienen solamente a aquellos que creen, no obstante, su muerte fue en favor de todos los pecadores. A causa de la naturaleza del sacrificio hecho y de la sangre ofrecida, esa sola muerte fue suficiente para quitar de en medio el pecado.

d. El ministerio de Cristo trae las bendiciones prometidas (9.28b).

Después de acabar de rociar el propiciatorio con la sangre del animal sacrificado en el Día de la Expiación, Aarón salía de detrás del velo para pronunciar una bendición a la congregación reunida. El simple hecho de *aparecer* significaba que la Ley quebrantada había sido cubierta con la sangre y que Dios estaba con ese sacrificio. Por lo tanto, Aarón podía despedir a la congregación con una conciencia que había sido acallada por la sangre sacrificada. Basado en esta escena, el escritor de Hebreos declara que quien ha entrado en la presencia de Dios para ministrar como nuestro gran Sumo Sacerdote «aparecerá por segunda vez». Dejará la escena de su sacerdocio celestial para aparecer a aquellos que esperan su regreso. Cuando vuelva, no tratará más con el pecado, porque ya lo ha quitado de en medio gracias al sacrificio de sí mismo, pero vendrá por segunda vez «para salvar»; es decir, para llevar a los que han obtenido su salvación a «recibir la promesa de la herencia eterna» (9.15).

Esta herencia fue descrita gráficamente por el Señor a los que estaban con Él en el aposento alto en la vigilia de su crucifixión cuando dijo: «En la casa de mi Padre muchas moradas hay; si así no fuera, yo os lo hubiera dicho; voy, pues, a preparar lugar para vosotros. Y si me fuere y os preparare lugar, vendré otra vez, y os tomaré a mí mismo, para que donde yo estoy, vosotros también estéis» (Jn 14.2-3).

6. *La suficiencia del sacrificio de Cristo (10.1-18).*

El autor ahora nos muestra un vivo contraste entre los sacrificios del Antiguo Testamento ofrecidos bajo el sistema levítico y el de Cristo.

a. La insuficiencia de los sacrificios del Antiguo Testamento (10.1-4).

De nuevo se acentúa que la Ley era sólo una representación de los beneficios venideros a través del sacrificio aceptable que Cristo ofreció a Dios. La Ley era la sombra mediante la cual, los que estaban bajo ella, podían asirse de todos los beneficios que Dios un día proveería. Aunque la Ley hizo provisión temporal, fue incapaz de hacer una disposición final del asunto del pecado. La Ley mantenía a aquellos sobre los que regía en un estado de perpetua infancia y no podía librarles de su supervisión para que así pudieran alcanzar la madurez. Aunque los que vivían bajo la Ley, por fe podían ser aceptados por Dios, su aceptación era provisional y dependía del sacrificio futuro de Cristo para llevarles a un estado de perfección delante de Dios.

De haber sido posible obtener esa perfección por medio del sacrificio de animales, no hubieran sido repetidos una y otra vez. Pero su continua repetición probaba su insuficiencia. Si la conciencia hubiera quedado por completo limpia de la culpabilidad del pecado, los sacrificios hubieran cesado. Si hubieran sido eficaces, «los que tributan este culto, limpios una vez, no tendrían ya más conciencia de pecado» (10.2). Pero en vez de limpiar la conciencia, los sacrificios en el Día de la Expiación eran «cada año memoria de los pecados». Mientras más se acercaba ese día, más consciente era el pueblo de sus pecados. Era por eso que ese día no era como los otros festivos, sino más bien de profunda lamentación. El pueblo estaba consciente de su condenación por un Dios santo y justo. Su única esperanza era que Dios mostrara su gracia y aceptara la sangre de los becerros y machos cabríos como cobertura temporal de sus pecados, para así no caer bajo un inmediato juicio divino. Era un reconocimiento de que «la sangre de los toros y de los machos cabríos no puede quitar los pecados» (10.4). La sangre de los animales sólo podía proveer un cubrimiento temporal. La eli-

> ¿Cuán a menudo nos tomamos el tiempo de mirar más allá de lo terrenal, lo material, lo inmediato y ponemos nuestra vista en lo celestial, lo espiritual, los aspectos eternos de todo lo que Cristo ha hecho por nosotros? A la luz de la eternidad, nuestro tiempo en este mundo, en verdad, es un simple momento. Podemos preguntarnos diariamente: «¿Es digna, de la obra que Cristo ha hecho por mí y de la mansión en la que pasaré la eternidad, mi manera de actuar aquí en la tierra?»

minación del pecado esperaba la venida del Anticipado en Isaías 53, quien quitaría el pecado de la nación y lo llevaría sobre sí mismo, ofrecería un pago a Dios por el mismo, acabaría por completo con el asunto del pecado, y en consecuencia eliminaría la culpabilidad para siempre del pecador al limpiar su conciencia.

b. La suficiencia del sacrificio de Cristo (10.5-10).

Con un vivo contraste, el escritor muestra que lo que la sangre de los animales no pudo hacer, Jesucristo con su sacrificio lo llevó a cabo, puesto que «somos santificados mediante la ofrenda del cuerpo de Jesucristo hecha una vez para siempre» (10.10). El autor señaló previamente que el sacrificio de Cristo era de valor, debido a la naturaleza de la sangre ofrecida (9.12-14). Ahora, expone que el sacrificio de Cristo era superior al de los animales debido a la naturaleza del suyo en sí mismo. Fue un sacrificio voluntario ofrecido en obediencia a la voluntad de Dios.

En el Salmo 40, David clamaba a Dios en una circunstancia desesperada (10.1). Aquel a quien David recurría es de con-

fianza (10.4) debido a todo lo que ha demostrado a través de sus obras (10.5). Pero lo que Dios demanda de su pueblo es obediencia (10.6). Y esta es más aceptable para Él que ofrendas quemadas y ofrendas por el pecado. El salmista declara que se deleita al hacer la voluntad de Dios (10.7-8). Y es debido a esta sumisión que puede apelar a su tierna misericordia para satisfacer su necesidad (10.11).

El escritor de Hebreos usa el testimonio de David para destacar la obediencia de Cristo a la voluntad de su Padre. Esa obediencia dio un mérito especial al sacrificio de su muerte. La venida de Cristo al mundo fue un acto de obediencia a la voluntad de su Padre, pues fue Él quien dio a su Hijo para que se encarnara (Jn 3.16; Flp 2.5-8). Esta obediencia caracterizó a Cristo no sólo en su encarnación, sino a lo largo del curso de su vida entera, y alcanzó su culminación cuando se ofreció a sí mismo como sacrificio al acatar la voluntad de Dios.

La declaración «sacrificio y ofrenda no quisiste» significa que Dios no encontraba placer duradero en el sistema levítico. *Sacrificio* es una referencia a la ofrenda quemada, una de las tres de olor grato que representaba la alabanza del pueblo de Dios como reconocimiento de los beneficios recibidos. *Ofrenda* alude a la dada por el pecado, una de las dos de olor no grato que el culpable presentaba para restaurar su comunión con el Dios cuya Ley había quebrantado. A fin de rendir satisfacción a Dios, Jesucristo vino «para hacer tu voluntad, oh Dios». El propósito de la venida de Cristo era obedecer a su Padre. Esta obediencia culminó en la cruz. Cristo vino para lograr lo que el pueblo bajo la Ley encontró que no podía hacer: obedecer para alcanzar perfección.

Existen varias razones por las que los sacrificios del Antiguo Testamento eran inaceptables para Dios. Como hemos mostrado con anterioridad, los animales cayeron bajo la maldición que pasó a toda la creación debido al pecado de Adán (Gn 3.14), y lo que estaba maldito no podía satisfacer las demandas de un Dios santo. Pero el punto principal que el autor destaca es que ningún animal nunca murió voluntariamente, por eso se dieron las instrucciones de: «Atad víctimas con cuerdas a los cuernos del altar» (Sal 118.27). Cualquier animal llevado a sacrificio se llenaría de terror ante el olor de

A pesar de que el concepto de «los derechos del animal» parezca ridículo, algunos cristianos con buenas intenciones tienen problemas para entender el valor que Dios da a los animales en contraste con las personas. Por el sistema de sacrificios levítico podemos sacar tres conclusiones como mínimo. Primera, el hombre es inherentemente superior y por lo tanto de mayor valor que los animales, puesto que el sacrificio de animales no pudo pagar el precio por el pecado de las personas ante el Creador, sino sólo aplazar ese pago. Segundo, matar animales con propósitos de sanciones bíblicas (comida, protección y sacrificio) no podía ser inmoral, puesto que Dios no podría usar una práctica inmoral para purgar el pecado. Y tercero, el objetivo de Dios para los animales en la tierra es de subordinación a su propósito para las personas, puesto que cualquier individuo, en búsqueda de comunión con Dios, podía sacrificar muchos animales en el curso de una vida.

la muerte y trataría de volver a la seguridad de su rebaño o manada. Lo dedicado a Dios no podía ser devuelto para su uso secular y por lo tanto debía ser asegurado a los cuernos del altar. Pero Dios no encontraba placer duradero en aquello que era sacrificado contrario a su propia voluntad.

Como contraste, Jesucristo pudo decir a su Padre: «He aquí que vengo, oh Dios, para hacer tu voluntad» (Heb 10.9). La sumisión de Cristo hacia su Padre fue claramente mostrada en Getsemaní cuando se enfrentó con la muerte en la cruz, siendo hecho pecado en favor de los pecadores, entrando en una muerte espiritual, y separándose de su Padre. Allí dijo tres veces: «No sea como yo quiero, sino como tú» (Mt 26.36-44). Por su sacrificio voluntario, Cristo terminó con los involuntarios, y por su sacrificio de obediencia «somos santificados». Cristo, por su acatamiento a la voluntad de su padre, llevó a cabo una vez para siempre aquello que los sacrificios involuntarios del Antiguo Testamento nunca pudieron lograr.

c. La efectividad del sacrificio de Cristo (10.11-14).

Previamente el escritor señaló que la Ley «nunca puede, por los mismos sacrificios que se ofrecen continuamente cada año, hacer perfectos a los que se acercan» (10.10). Como contraste, el autor expresa que «con una sola ofrenda hizo perfectos para siempre a los santificados» (10.14). Este sacrificio ha obtenido redención eterna (9.12) y ha hecho disponible una herencia eterna (9.15). El propósito de Dios para lo que es suyo es cumplido. Lo que Aarón no fue capaz de llevar a cabo incluso ofreciendo repetidos sacrificios (10.11), Jesucristo lo cumplió a través de uno sólo (10.12).

La evidencia de que su obra sacrificial está completa para siempre es que «se sentó a la diestra de Dios». Hay un contraste entre el sacerdote del Antiguo testamento, quien tenía que ministrar de continuo, y Cristo, quien, al acabar su obra, pudo ser entronizado con honra y gloria a la diestra de Dios. En ese momento, Jesucristo no instituyó ni empezó a ejecutar la autoridad de rey dada por el decreto hecho con Él por el Padre (Sal 2.6-9). Ese reino será establecido aquí en la tierra para cumplir el pacto davídico (2 S 7.16), con Jerusalén como centro de su reino. Pero al completar la obra que proveyó redención eterna, el Señor pudo ser restaurado a la gloria que tuvo con el Padre antes de que el mundo fuese (Jn 17.5). Y espera el momento designado por su Padre para establecer en la tierra el reino davídico, en cuyo momento «sus enemigos serán puestos por estrado de sus pies» (10.13). Sentado a la diestra del Padre hasta ese momento (Sal 110.1b), el Hijo puede mirar atrás a su obra realizada y a la vez mirar con anticipación su obra como Rey-Sacerdote que todavía permanece incompleta.

d. El decreto de un nuevo pacto (10.15-18).

Al referirse a la gran promesa que Dios hizo a la casa de Israel y a la de Judá a través de Jeremías (Jer 31.31-34), el autor señala que es su propósito revelado terminar con la Ley Mosaica al introducir el nuevo pacto, y como resultado del mismo, Dios puede afirmar que: «Nunca más me acordaré de sus pecados y transgresiones» (10.17), no es necesario hacer una ofrenda por el pecado, pues Dios no lo recordará. Y no habrá por más tiempo conciencia en relación con el pecado por parte del creyente. Uno de los rasgos distintivos del sacrificio de Cristo es el proveer perdón de pecados; y esta obra fue realizada tan perfecta que Dios, ni siquiera se acuerda de los pecados cubiertos por la sangre de Cristo.

El pecado incurre en deuda, la cual requiere perdón. Esclaviza en servidumbre, por lo cual necesita redención, y causa un alejamiento, lo cual implica una reconciliación. Estos tres resultados deben ser tratados para poder «quitar de en medio el pecado» (9.26). Por lo

---

Existe una diferencia en las Escrituras entre lo verdadero en cuanto a la posición de los creyentes y lo que se experimenta. Uno de los mayores beneficios de la madurez del cristiano, sin embargo, es el crecimiento espiritual; lo que vivimos día a día se corresponde más con lo que es verdadero en nuestra posición en Cristo.

tanto, el autor aquí aborda la primera de las consecuencias, llamada, perdón. La raíz del concepto perdón es separar o remover. El pecado transferido al inocente por el culpable (para que Él por la muerte pueda rendir pago de la deuda) ha hecho posible el perdón para el pecador. Aunque nosotros no tenemos control sobre nuestra memoria de forma que podamos alejar el pecado en nuestras mentes, Dios, por un acto soberano de su voluntad puede y saca de su memoria cada uno de ellos ya que han sido cubiertos por la sangre de Cristo.

Lo que fue sacado de la memoria de Dios no tiene porqué ser un peso en la conciencia del que ha sido perdonado. Por medio de la ofrenda de Cristo, la deuda del pecado ha sido cancelada por un pago completo y la conciencia del perdonado está limpia. Debido a la obra que Cristo llevó a cabo, ¿qué necesidad puede haber de continuar con los sacrificios levíti-

cos? La aplicación de esta verdad para sus lectores, entonces, es esta: ¿Qué excusa pueden encontrar los que buscan refugio en el sacrificio de animales para escapar de la persecución?

En esta sección tan amplia, el autor nos ha mostrado que tenemos un Sumo Sacerdote superior a los sacerdotes aarónicos, que ministra en un tabernáculo superior a aquel en que los sacerdotes levíticos servían a Dios. El sirve ahora en un lugar superior, esto es, en el cielo y no en la tierra. Su sacerdocio está construido sobre una fundación mejor; el pacto que Dios hizo con su Hijo al proclamarle sacerdote (más que en el pacto que Dios hizo con Israel a través de Moisés) es mejor. Ministra en base a un mejor sacrificio, la sangre de Cristo en vez de la sangre de animales. Y su ministerio está apoyado en un pacto mejor, uno que no recuerda al culpable su deuda año tras año, sino que le garantiza el perdón de pecados.

Aquellos que luchan con el irritante recuerdo de los pecados pasados, pueden animarse por el hecho de que Dios mismo no recuerda los pecados cubiertos por la sangre de Cristo. ¡Si Dios no se acuerda, ciertamente no tiene la intención de que nosotros nos aferremos a esos pensamientos pasados!

IV. Aplicación de la superioridad de Cristo a la vida del creyente (10.19—13.25).

El autor introduce esta nueva sección con las palabras *así que*.

Como hemos sugerido con anterioridad, esta epístola no fue designada tanto como tratado teológico para informar a los lectores de la superioridad de Cristo sobre el antiguo sistema levítico, como sí lo fue para exhortar a los creyentes a la fe y a la perseverancia paciente basada en las verdades teológicas que presenta. El autor no intenta tanto iluminar sus mentes con asuntos doctrinales importantes como sí usar esas doctrinas para mover sus voluntades a la obediencia de la verdad. Para aplicar la verdad, entonces, el escritor empieza con una exhortación.

A. La exhortación (10.19-25).

19 Así que, hermanos, teniendo libertad para entrar en el Lugar Santísimo por la sangre de Jesucristo,
20 por el camino nuevo y vivo que Él nos abrió a través del velo, esto es, de su carne,
21 y teniendo un gran sacerdote sobre la casa de Dios,
22 acerquémonos con corazón sincero, en plena certidumbre de fe, purificados los corazones de mala conciencia, y lavados los cuerpos con agua pura.
23 Mantengamos firme, sin fluctuar, la profesión de nuestra esperanza, porque fiel es el que prometió.
24 Y considerémonos unos a otros para estimularnos al amor y a las buenas obras;
25 no dejando de reunirnos, como algunos tienen por costumbre, sino exhortándonos; y tanto más, cuanto veis que aquel día se acerca.

En esta exhortación los lectores son vistos como sacerdotes. Esta es la misma verdad que Pedro afirmó cuando, al dirigirse a los creyentes, dijo: «Vosotros también, como piedras vivas, sed edificados como casa espiritual y sacerdocio santo, para ofrecer sacrificios espirituales aceptables a Dios por medio de Jesucristo» (1 P 2.5). Juan reitera la misma verdad cuando declara que Cristo «nos hizo reyes y sacerdotes para Dios su Padre» (Ap 1.6). La imagen de esta exhortación está basada en el concepto de que todos los creyentes han sido constituidos como sacerdotes delante de Dios. Al escoger a Aarón y a sus hijos para el cargo de sacerdotes, Dios dijo: «Los consagrarás y santificarás, para que sean mis sacerdotes» (Éx 28.41). Y de nuevo dijo Dios: «Santificaré asimismo a Aarón y a sus hijos, para que sean mis sacerdotes» (Éx 29.44).

Se dieron instrucciones cuidadosas concernientes a la vestimenta que el sacerdote llevaría al ministrar en el tabernáculo. Antes de que Aarón o sus hijos las usaran tenían que lavarse con agua (Éx 29.4). Entonces Aarón era vestido, y después de esto, ungido con un aceite especial para ello como Dios había ordenado que se hiciera (Éx 30.22-29). Dios dijo: «Ungirás también a Aarón y a sus hijos, y los consagrarás para que sean mis sacerdotes» (Éx 30.30). Sólo después de ser lavado, vestido y ungido era que Aarón podía asumir su ministerio en el tabernáculo. Aarón tenía la confianza de que era capaz de ministrar en la presencia de Dios, puesto que en conexión con la institución de la continua ofrenda quemada, Dios había dicho: «Me reuniré con vosotros, para hablaros allí. Allí me reuniré con los hijos de Israel[...] Y habitaré entre los hijos de Israel, y seré su

Dios[...] Yo Jehová su Dios» (Éx 29.42-46). Los mismos privilegios que Aarón recibió, para ministrar en la presencia de Dios, están vistos como los de los creyentes a quien el apóstol escribe. Por tanto, les exhorta: «Acerquémonos con corazón sincero, en plena certidumbre de fe». Cuando declara que nuestros corazones han sido «purificados de mala conciencia» (10.22), sin duda se refiere a la unción de Aarón con el aceite especialmente preparado. Y su referencia a «lavados los cuerpos con agua pura» (10.22), debe tener en mente el aseo previo de Aarón para entrar en su ministerio sacerdotal. Puesto que hemos sido purificados y ungidos o separados para un ministerio sacerdotal, es nuestro privilegio acercarnos a la presencia de Dios para ministrar delante de Él. Existirá un temor natural acerca de entrar en su presencia; pero el autor afirma que poseeremos valentía para entrar en el Lugar Santísimo, puesto que el velo que una vez separó al sacerdote de la presencia de Dios ha sido apartado. Más aún, penetraremos con osadía porque entraremos «por la sangre de Jesús» (10.19). Ella nos purifica en tal manera que no hay obstáculo para nuestra entrada en la misma presencia de Dios como creyentes-sacerdotes.

Mientras que esta entrada en su presencia estaba reservada a los sacerdotes en el orden antiguo, este privilegio se otorga ahora a todos los creyentes que se identifican como «hermanos». Lo hacemos no sólo «por la sangre», sino también «a través del velo». Esto puede ser entendido, al saber que el velo en el tabernáculo cerraba la entrada a la presencia de Dios, ahora él ha sido rasgado en dos (Mt 27.51), y podemos venir a la presencia de Dios sin ningún velo en el medio. Pero una mejor explicación, la cual parece ser lo que el escritor intenta, es que el cuerpo humano de Cristo, unido a una deidad eterna por medio de la encarnación, es el velo; con el sacrificio de Cristo en la cruz (visto como el velo rasgado) tenemos acceso directo a Dios. Cuando Cristo se hizo carne fue necesario que su gloria fuese cubierta para que no consumiera al hombre con el resplandor de tal gloria. Tal y como el pueblo de Israel que se reunía en el tabernáculo no podía ver la *Shekinah* que habitaba sobre el propiciatorio en el Lugar Santo, de la misma manera los que miraban a Jesucristo durante los años de su ministerio no pudieron ver la esencia de su gloria. Su carne cubrió su gloria. Pero en su crucifixión esa carne fue rasgada para que a través de ese velo rasgado pudiéramos acercar-

---

Quizás ha tenido la experiencia de estar con «alardosos», personas a las que les encanta recordar las muchas celebridades que conocen. Algo en nuestro interior nos dice que el privilegio de estar cerca de una persona importante e influyente nos da relevancia también. Cierto o no, la Biblia nos dice que conocer a Cristo nos capacita para acercarnos a la misma presencia de Dios. ¡Esto manifiesta algo importante acerca de nosotros! Expresa que ahora tenemos acceso directo al Creador del universo, para quien nada es imposible. Tenemos una línea directa de comunicación para cada necesidad o problema. Y debido a que nuestros pecados han sido lavados con la sangre de Cristo, Dios nos ama como a su propio Hijo.

nos a la descubierta presencia de Dios. Aunque los creyentes son sacerdotes y tienen el derecho a un acceso directo a Dios, están bajo la autoridad de un Sumo Sacerdote que reina sobre la casa de Dios. Él no sólo nos invita a venir a la presencia de Dios, sino que obra de tal manera en nosotros que nos acercamos con un «corazón sincero» y en «plena certidumbre de fe». Un «corazón sincero» es el que mediante la fe tiene la confianza de que es aceptable para Dios y que tiene acceso directo a Él. La única alternativa a esto es un corazón que duda y entra con temor.

La segunda exhortación, basada en nuestra posición privilegiada, es: «Mantengamos firme, sin fluctuar, la profesión de nuestra esperanza» (10.23).

La palabra *profesión*, como la usa el autor, (Heb 4.14), alude al reconocimiento público de sus lectores de la fe en Jesucristo y de su identificación con Él por el bautismo. No les pide que hagan otra confesión, sino que se mantengan sin vacilación, sin duda, sin indecisiones acerca de lo cual ya han confesado. La base para esta apelación es la fidelidad de Dios, puesto que: «El que comenzó en vosotros la buena obra, la perfeccionará hasta el día de Jesucristo» (Flp 1.6). Lo que el escritor pide es bastante diferente a la experiencia de Israel en Cades-barnea, cuando, después de recibir la promesa de la posesión de la tierra y el gozo de las bendiciones del pacto, dudaron, vacilaron en su com-

Los negocios han encontrado una de las maneras más efectivas para atraer las llamadas de clientes, anunciándoles su número de teléfono, al que pueden llamar sin ningún costo para comprar algo u obtener información. En el mundo de la mercadotécnia, las personas están deseosas de emplear el libre acceso. Algunas veces, sin embargo, esto no es cierto en el aspecto espiritual. Tenemos libre acceso al trono del Dios todopoderoso, pero a menudo no utilizamos esta maravillosa prerrogativa. Si un tiempo de oración diario no está en su lista de prioridades ahora, quizás deba reevaluar esta bendición de tener acceso a Dios y empezar a usar el más maravilloso privilegio que la humanidad ha conocido.

promiso y volvieron a la incredulidad por el conflicto que se les presentaba delante de ellos.

Le sigue una tercera exhortación: «Y considerémonos unos a otros». Esto concuerda con la de Pablo: «Digo, pues, por la gracia que me es dada, a cada cual que está entre vosotros, que no tenga más alto concepto de sí que el que debe tener, sino que piense de sí con cordura, conforme a la medida de fe que Dios repartió a cada uno. Porque igual que en un cuerpo tenemos muchos miembros, pero no todos tienen la misma función, así nosotros, siendo muchos, somos un cuerpo en Cristo, y todos miembros los unos de los otros» (Ro 12.3-5). El objeto de esta exhortación es «estimularnos al amor y a las buenas obras». El amor será la actitud hacia otros creyentes, mientras que las buenas obras serán las acciones dirigidas hacia las necesidades de los hermanos creyentes como demostración de ese amor.

Para seguir, se consideran dos aspectos, uno negativo y el otro positivo. El negativo se encuentra en la declaración: «No dejando de reunirnos» (10.25). Parece evidente que algunos lectores, al desanimarse debido a los conflictos surgidos con la persecución de la comunidad religiosa, querían esconder el hecho de que por el bautismo habían abandonado el orden antiguo. Por tanto volvieron a identificarse externamente con el sistema antiguo para aliviar algunos de sus problemas. Unos parecen ya haber regresado a las prácticas del judaísmo. Esto no es una evidencia de amor ni de buenas obras.

Pero por el lado positivo se animan los unos a los otros. Esta exhortación provee ánimo y ayuda a los creyentes que su-

¡Esta actitud de humildad y de modestia es literalmente antiestadounidense! Aun así, es el modelo ideal para una cristiandad bíblica que debemos vivir a diario. A pesar de lo que los comerciantes exitosos u oradores puedan decir, no hay lugar en la Iglesia para el concepto mundano de que unos son mejores que otros, ni para cualquiera que insista en colocarse a sí mismo y sus propias ideas por encima de las necesidades de otros cristianos.

fren, lo que es evidencia de su amor por los hermanos. El ánimo para mostrar amor y buenas obras se encuentra en el hecho de que «veis que aquel día se acerca». Cristo advirtió a los líderes religiosos que concluyeron que sus milagros eran hechos por el poder de Satanás, que si persistían en su rechazo, esa generación de Israel sería culpable de un pecado para el cual no habría perdón (Mt 12.31-32). Debido a que la nación persistió en repudiarlo, Cristo anunció un juicio venidero para esa generación (Mt 23.37-24.2). Él dijo: «Habrá gran calamidad en la tierra, e ira sobre este pueblo. Y caerán a filo de espada, y serán llevados cautivos a todas las nacio-

nes; y Jerusalén será hollada por los gentiles, hasta que los tiempos de los gentiles se cumplan» (Lc 21.23-24). Cuando Pilato consintió en la demanda de los líderes de crucificar a Cristo (Jn 19.15), esa generación de Israel cayó bajo un juicio físico y temporal. Pedro reconoció ese estado de la nación cuando, en el día de Pentecostés, apeló a las naciones «Sed salvos de esta perversa generación» (Hch 2.40). Mientras las gentes permanecieran siendo ciudadanos de esa nación, estarían bajo el juicio que Dios había decretado sobre esa generación. Sólo aquellos que se identificaron a sí mismos con Cristo a través del bautismo y así terminaron con su ciu-

Históricamente, aquellos creyentes que no dejaron de reunirse, sobre todo al acercarse la caída de Jerusalén, sufrieron la persecución juntos. Pero en realidad, les sacó de Jerusalén y así no vivieron las atrocidades que Dios permitió que esa ciudad sufriera en manos del general romano Tito. La respuesta de Dios a la persecución de hoy en día de la iglesia conservadora y evangélica no es de separación y distanciamiento, sino de unidad, comunión y de un siempre creciente testimonio a los no creyentes. En vez de intentar conseguir que la Iglesia sea cada vez más parecida al mundo para que así este vaya a la Iglesia, deberíamos intentar que la Iglesia sea cada vez más como Cristo para que así la Iglesia vaya al mundo. Y mientras mas aumente la oposición, más deberíamos reunirnos en comunión para ese propósito.

dadanía, escaparían a ese juicio venidero. Al escribir las palabras «veis que aquel día se acerca» (Heb 10.25), el escritor reconoce que la generación que demandó la crucifixión de Cristo y que en consecuencia cayó bajo el juicio, tenía un final cercano. El comienzo de la guerra romana contra los judíos ya se esperaba y poco tiempo después, Tito marcharía como líder de las diez legiones romanas a la tierra de Israel, sometería la tierra y en esta conquista destruiría la ciudad de Jerusalén junto con su templo. «El día», entonces, se refiere al juicio de Dios llevado a cabo a través de Tito en el que la tierra y el pueblo serían sometidos a la fuerza a la autoridad de Roma. Así el escritor anima a los creyentes a ejercer perseverancia paciente, puesto que en breve, Dios juzgaría a la generación de Israel que crucificó y mostró su odio hacia Cristo al perseguir a los creyentes. Y ese juicio terminaría con las persecuciones que esa nación realizaba.

B. La advertencia (10.26-31).

26 Porque si pecáremos voluntariamente después de haber recibido el conocimiento de la verdad, ya no queda más sacrificio por los pecados, 27 sino una horrenda expectación de juicio, y de hervor de fuego que ha de devorar a los adversarios. 28 El que viola la ley de Moisés, por el testimonio de dos o de tres testigos muere irremisiblemente. 29 ¿Cuánto mayor castigo pensáis que merecerá el que pisoteare al Hijo de Dios, y tuviere por inmunda la sangre del pacto en la cual fue santificado, e hiciere afrenta al Espíritu de gracia? 30 Pues conocemos al que dijo: Mía es la venganza, yo daré el pago, dice el Señor. Y otra vez: El Señor juzgará a su pueblo. 31 ¡Horrenda cosa es caer en manos del Dios vivo!

La palabra *porque* en el versículo 26 introduce la razón por la cual los creyentes deberían prestar atención a la exhortación dada. Las consecuencias de caminar, no por la fe sino por la carne en incredulidad son ciertamente serias. Dejar de reunirse junto a la luz de todo lo que el escritor les ha explicado, y volver a las formas externas del judaísmo sería un pecado voluntario. El escritor asume que a través de la epístola han «recibido la verdad». Puesto que la Ley ha llegado a su fin y ha sido reemplazada por el ministerio de un gran Sumo Sacerdote en los lugares celestiales, regresarían a un sistema en el cual «ya no quedan más sacrificios por los pecados» (10.26). Puesto que el sistema Levítico, desde el momento de su origen en el Sinaí hasta la muerte de Cristo fue el que proveyó sacrificio por los pecados, al llegar a su fin no tiene ningún valor el ofrecer esos sacrificios anticuados. Por lo tanto, no podían existir beneficios para aquellos que dejaron de reunirse con otros creyentes al volver a un orden liquidado. En vez de encontrar beneficio, hallarían «una horrenda expectación de juicio, y de hervor de fuego» (10.27). Este juicio es el que Cristo había vaticinado que caería sobre esa generación si le rechazaban como Salvador y Soberano. Los adjetivos *horrenda* y *hervor de fuego* describen la severidad de ese juicio físico y temporal que vendría pronto.

Jesús había prometido tal juicio. Como respuesta a la pregunta en relación con lo que se haría a los que rechazaran al Hijo, se declaró: «A los malos destruirá sin misericordia» (Mt 21.41); y de nuevo: «Vendrá y destruirá a estos labradores, y dará su viña a otros» (Lc 20.16). La nación que por varias generaciones había gozado cierta libertad bajo el dominio romano, sería desolada por un invasor despiadado. Ese juicio era inevitable.

Bajo el orden antiguo, si alguien pecaba sin intención, podía ser dada una ofrenda por el pecado (Nm 15.22-29). Pero si una persona pecaba atrevida o intencionadamente, no había ningún sacrificio provisto, y el pecador voluntario «será cortado de en medio de su pueblo» (Nm 15.30). A un pecado deliberado seguía el juicio. La única esperanza del pecador era suplicar misericordia en base a la sangre derramada sobre el propiciatorio en el Día de la Expiación. Como revela el Salmo 51, este fue el refugio de David después de su presuntuoso pecado.

En base a este principio, se hace una advertencia severa a aquellos que han entendido que la Ley ha llegado a su fin por la muerte de Cristo, pero que consideran regresar a las formas externas del judaísmo. No caminar por fe es un pecado (Ro

14.23). Si lo hacen retornarán a un sistema en el que no existen más sacrificios efectivos que puedan ser ofrecidos, y debido a su pecado voluntario, pueden esperar anticipando el juicio de Dios. Debido a que a través del bautismo se identificaron a sí mismos con Cristo, no permanecían ya bajo el juicio que pendía sobre esa generación, pero si dejaban de reunirse junto con otros creyentes y se volvían a la comunión en el templo, se estarían reidentificando a sí mismos con la nación bajo juicio y no podrían escapar cuando este cayera. Ciertamente el apóstol no les amenaza con la perdida de la salvación, sino que les advierte que el juicio físico y temporal venidero para los adversarios de Cristo y sus seguidores, caería sobre ellos también.

La Ley demandaba que aquellos que pecaban voluntariamente contra ella debían ser muertos a pedradas. Tal era la pena por el pecado de blasfemia (Lv 24.15-16,23); por adulterio (Dt 22.21-24); por idolatría (Dt 17.2-5; Lv 20.2); por violación del día de reposo (Nm 15.32-36). La misma pena era pronunciada sobre los falsos profetas (Dt 13.10); sobre los médiums (Lv 20.27); y sobre un hijo rebelde (Nm 21.21-23). A menos que la justicia no fuese empleada correctamente, se requería un mínimo de dos testigos antes de que la pena fuese ejecutada (Dt 17.4-7). El autor advierte severamente de que aquellos que cometieran el pecado voluntario contemplado aquí merecerían «mayor castigo» (10.29). Es difícil imaginar un castigo peor que la muerte a pedradas; no obstante, quienes dejen de reunirse para identificarse con un ritual anticuado lo merecerían. Porque dispensaban tal pecado los que se identificaron con la genera-

---

Igual que deberíamos responder con sensibilidad y con amor a aquellos que padecen por el pecado, también deberíamos estar listos y con voluntad de exponer la verdad plenamente a aquellos que voluntariamente escogen una vida de pecado habitual. El pecado siempre trae consecuencias que pueden llegar a ser extremadamente desagradables y dolorosas para el rebelde hijo de Dios.

ción de Israel que voluntariamente rechazó a Jesucristo como Salvador y Soberano. «Pisotear al Hijo de Dios» significa un flagrante menosprecio a Él. Además, a la luz del conocimiento que se les ha dado a través de esta epístola, considerarían la sangre por la que fueron santificados como de menos valor que la de los sacrificios del Antiguo Testamento. Mediante esta acción revelarían una actitud que sugeriría que la sangre de Cristo no era en ninguna manera superior a la de los animales.

Por último, tal conducta indicaría hostilidad hacia el Espíritu Santo, mediante cuyo ministerio de gracia habían sido llevados a la fe en Jesucristo. La palabra *pues* en el versículo 30 da la razón por la que ese juicio debe seguir al pecado voluntario, la cual proviene del carácter de Dios. Al hacer referencia a Deuteronomio 32.35-36, el autor reitera lo que era un principio bien establecido. Dios es un Dios justo, y cuando su santidad es violada, su carácter divino demanda que el malo sea castigado. Dios no puede, ni pasará por alto tal pecado voluntario. Y el autor los recuerda al considerar tal ac-

ción como: «¡Horrenda cosa es caer en manos del Dios vivo!» (10.31). Los que se identificaron con la nación que estaba bajo juicio, no serían contados como objetos del mismo, pero debido a su identificación con la nación, no podrían escapar a las consecuencias de tal juicio.

C. Una palabra de ánimo (10.32-39).

32 Pero traed a la memoria los días pasados, en los cuales, después de haber sido iluminados, sostuvisteis gran combate de padecimientos;

33 por una parte, ciertamente, con vituperios y tribulaciones fuisteis hechos espectáculo; y por otra, llegasteis a ser compañeros de los que estaban en una situación semejante.

34 Porque de los presos también os compadecisteis, y el despojo de vuestros bienes sufristeis con gozo, sabiendo que tenéis en vosotros una mejor y perdurable herencia en los cielos.

35 No perdáis, pues, vuestra confianza, que tiene grande galardón;

36 porque os es necesaria la paciencia, para que habiendo hecho la voluntad de Dios, obtengáis la promesa.

37 Porque aún un poquito, y el que ha de venir vendrá, y no tardará.

38 Mas el justo vivirá por fe; y si retrocediere, no agradará a mi alma.
39 Pero nosotros no somos de los que retroceden para perdición, sino de los que tienen fe para preservación del alma.

Por medio del ánimo, el escritor reflexiona en aquellas cosas que ya han sufrido debido a su identificación con Cristo. Tan pronto como rompieron con el orden antiguo al bautizarse, fueron sometidos al sufrimiento. Fueron censurados y perseguidos. Algunos padecieron directamente, mientras que otros sufrieron indirectamente, porque se identificaron con los que eran tratados en tal manera. El autor mismo fue uno de aquellos, a quien, después de venir a Cristo, le mostraron compasión mientras estaba en prisión. Habían sufrido pruebas personales; y cuando fueron probados en las cosas materiales, respondieron con gozo. Sus posesiones materiales fueron consideradas sin valor, comparadas con su «perdurable herencia» en el cielo. Y todo lo que habían sufrido gozosa y sacrificialmente era evidencia de su «amor y buenas obras» (10.24). Todo ello mostraba lo genuino de su fe en Jesucristo y era manifestación de la obra de la fe en sus vidas.

Ahora el escritor hace una exhortación basada en su experiencia previa del camino por la fe. Como esta les había sustentado en sus pasadas privaciones, de la misma manera la fe podía y les sostendría en sus vivencias presentes. La frase «no perdáis» es muy fuerte, significa «arrojar». Esto podría ser entonces interpretado como: «No arrojéis como algo sin valor la audacia que una vez hicisteis propia». Las pruebas por las que pasaban formaban parte de la vida de fe. Así, pues, no tenían ninguna necesidad de más fe, puesto que esta había demostrado ser suficiente en el

La Palabra de Dios siempre habla en alto de aquellos que han sufrido por su fe. Aunque no es el camino que normalmente escogeríamos, si somos llamados a sufrir ridículo, aislamiento o persecución por nuestra fe en Cristo, deberíamos contar siempre con ello como con un privilegio y honor.

pasado, pero lo que sí necesitaban era paciencia, para que a través de la perseverancia producida por su fe pudieran obtener lo prometido.

Para ilustrar este punto, el autor cita Habacuc 2.3-4. Allí el profeta expresa su preocupación por el pecado tan evidente de su nación. Al parecer Dios no hacía nada al respecto, porque seguía sin ser juzgado, pero respondió prometiendo que juzgaría a esa nación poniendo a los caldeos en su contra. Ellos serían el instrumento de Dios a través del cual traería el juicio. Aunque este fue retrasado para dar al pueblo una oportunidad de arrepentirse, el juicio era inminente. Sin embargo, mientras que el justo espera a que el juicio caiga sobre el culpable, debe vivir por fe (Hab 2.4). La enseñanza es que el justo debe vivir por fe *en la fidelidad de Dios*. Aunque el juicio contra la nación incrédula sea retrasado y los creyentes sean perseguidos, deben vivir por la fe. El profeta anticipó que algunos quizás no puedan y retrocedan. La palabra «retrocediere» sugiere la idea de huir debido a temor o cobardía. El que así actuara, ciertamente no caminaba por la fe. Su retroceso sería considerado como un acto de desobediencia derivado de su incredulidad.

El escritor de Hebreos todavía tiene en mente el pecado de Israel en Cades-barnea. Ante ellos estaba la tierra y una vida de paz y reposo que, al acatar el mandato de Dios, poseerían por la fe. Pero esa generación redimida no respondió a las promesas de Dios por la fe, sino que se rebeló debido a su increduli-

Aunque en verdad Israel tenía una mayor responsabilidad de obedecer a Dios debido a que su Palabra le fue confiada, Él nunca trata superficialmente el pecado nacional. Más que un llamado al activismo político, esto debería ser para nosotros un mandato a llamar a la gente en nuestra nación al arrepentimiento y a la fe en Cristo, y también dar a conocer las posibles consecuencias que podríamos enfrentar si continuamos haciendo gala de nuestro poco interés por las cosas de Dios. Y si esta es una responsabilidad que va a tomar seriamente, ¡prepárese para el privilegio de ser ridiculizado por amor a su nombre!

dad. El desagrado de Dios hacia los que rechazan vivir por la fe resultó en el juicio por el que pasaron. Aunque no perdieron su posición como pueblo redimido, sí perdieron las bendiciones que pudieron obtener sólo por medio de la fe.

En el versículo 39 el escritor declara su confianza de que sus lectores no repetirán el pecado de sus padres en Cades-barnea al rechazar vivir por la fe y así perder el derecho a las bendiciones. Él se identifica a sí mismo con ellos, y aunque algunos ven a los mencionados en el versículo 39 como no creyentes, la identificación del escritor con sus lectores parece evidenciar que sean considerados creyentes. Los que «retrocedieren» serían aquellos que «dejan de reunirse» (10.25). Dejar de reunirse con los hermanos creyentes para identificarse con los servicios del templo y así escapar de la persecución, no sería un acto de fe, sino una declaración pública de que no creían que Dios pudiera sostenerles mediante las pruebas y que necesitaban otra solución a sus dificultades.

Muchos creen que esta exhortación está dirigida a no creyentes porque el autor dice que retroceden para *perdición*, lo que normalmente alude al castigo eterno del no salvo. Sin embargo, en esta situación usa la misma palabra para describir el tremendo juicio que pronto caería sobre Jerusalén (Lc 21.24). Aquí, *perdición* se emplea para esa «horrenda expectación de juicio, y de hervor de fuego que ha de devorar a los adversarios» (10.27).

La alternativa a retroceder es la fe. El autor tiene confianza de que aquellos a quienes se dirige son «los que creen». Evidencias de su fe ya han sido dadas en los versículos 32-34. Aquellos que dan un paso atrás, entonces, serían los que, habiendo caminado una vez en la fe, no continuaban. La señal es que dejarían de reunirse con los demás creyentes, y así, se reidentificarían a sí mismos con una nación bajo un juicio inminente. Pero el autor tiene la esperanza de que a pesar de cualquier tentación al final regresarán y experimentarán «la preservación del alma». Puesto que esto está destinado a creyentes cuya fe ha sido validada por sus obras, la salvación a la que el escritor alude no puede ser el acto inicial de la salvación, sino que debe referirse a la liberación de las consecuencias de la incredulidad.

El pensamiento del apóstol aquí es muy similar al que ha presentado previamente en el capítulo 6. Todas las bendiciones espirituales recibidas confirman lo genuino de su fe. Pero de interrumpir su caminar en la fe, y de no ir hacia la madurez, entonces sufrirían las consecuencias. Así pues, su necesidad no es venir a la fe, sino continuar en ella y dejar que produzca su fruto, el cual es la perseverancia paciente.

D. Ejemplos de una vida de fe (11.1-40).

1 Es, pues, la fe la certeza de lo que se espera, la convicción de lo que no se ve.

2 Porque por ella alcanzaron buen testimonio los antiguos.

3 Por la fe entendemos haber sido constituido el universo por la palabra de Dios, de modo que lo que se ve fue hecho de lo que no se veía.

4 Por la fe Abel ofreció a Dios más excelente sacrificio que Caín, por lo cual alcanzó testimonio de que era justo, dando Dios testimonio de sus ofrendas; y muerto, aún habla por ella.

5 Por la fe Enoc fue traspuesto para no ver muerte, y no fue hallado, porque lo traspuso Dios; y antes que fuese traspuesto, tuvo testimonio de haber agradado a Dios.

6 Pero sin fe es imposible agradar a Dios; porque es necesario que el que se acerca a Dios crea que le hay, y que es galardonador de los que le buscan.

7 Por la fe Noé, cuando fue advertido por Dios acerca de cosas que aún no se veían, con temor preparó el arca en que su casa se salvase; y por esa fe condenó al mundo, y fue hecho heredero de la justicia que viene por la fe.

8 Por la fe Abraham, siendo llamado, obedeció para salir al lugar que había de recibir como herencia; y salió sin saber a dónde iba.

Algunas veces quizás pensemos que los obstáculos que enfrentamos, aquellos que nos impiden progresar hacia la madurez, son mucho mayores que cualquier cosa que podamos vencer. ¡Pero no estamos solos en este aspecto! Muchos santos de Dios han padecido obstáculos igualmente insuperables en su camino de fe. Debido a eso el autor pasa a nombrar una lista impresionante de creyentes que padecieron tales dificultades, los que vencieron por la fe en la habilidad de Dios para cumplir con lo que había prometido.

9 Por la fe habitó como extranjero en la tierra prometida como en tierra ajena, morando en tiendas con Isaac y Jacob, coherederos de la misma promesa;

10 porque esperaba la ciudad que tiene fundamentos, cuyo arquitecto y constructor es Dios.

11 Por la fe también la misma Sara, siendo estéril, recibió fuerza para concebir; y dio a luz aun fuera del tiempo de la edad, porque creyó que era fiel quien lo había prometido.

12 Por lo cual también, de uno, y ese ya casi muerto, salieron como las estrellas del cielo en multitud, y como la arena innumerable que está a la orilla del mar.

13 Conforme a la fe murieron todos estos sin haber recibido lo prometido, sino mirándolo de lejos, y creyéndolo, y saludándolo, y confesando que eran extranjeros y peregrinos sobre la tierra.

14 Porque los que esto dicen, claramente dan a entender que buscan una patria;

15 pues si hubiesen estado pensando en aquella de donde salieron, ciertamente tenían tiempo de volver.

16 Pero anhelaban una mejor, esto es, celestial; por lo cual Dios no se avergüenza de llamarse Dios de ellos; porque les ha preparado una ciudad.

17 Por la fe Abraham, cuando fue probado, ofreció a Isaac; y el que había recibido las promesas ofrecía su unigénito,

18 habiéndosele dicho: En Isaac te será llamada descendencia;

19 pensando que Dios es poderoso para levantar aun de entre los muertos, de donde, en sentido figurado, también le volvió a recibir.

20 Por la fe bendijo Isaac a Jacob y a Esaú respecto a cosas venideras.

21 Por la fe Jacob, al morir, bendijo a cada uno de los hijos de José y adoró apoyado sobre el extremo de su bordón.

22 Por la fe José, al morir mencionó la salida de los hijos de Israel, y dio mandamiento acerca e sus huesos.

23 Por la fe Moisés, cuando nació, fue escondido por sus padres por tres meses, porque le vieron niño hermoso, y no temieron el decreto del rey.

24 Por la fe Moisés, hecho ya grande, rehusó llamarse hijo de la hija de Faraón,

25 escogiendo antes ser maltratado con el pueblo de Dios, que gozar de los deleites temporales del pecado,

26 teniendo por mayores riquezas el vituperio de Cristo que los tesoros de los egipcios; porque tenía puesta la mirada en el galardón.

27 Por la fe dejó a Egipto, no temiendo la ira del rey; porque se sostuvo como viendo al Invisible.

28 Por la fe celebró la pascua y la aspersión de la sangre, para que el que destruía a los primogénitos no los tocase a ellos.

29 Por la fe pasaron el Mar Rojo como por tierra seca; e intentando los egipcios hacer lo mismo, fueron ahogados.

30 Por la fe cayeron los muros de Jericó después de rodearlos siete días.

31 Por la fe Rahab la ramera no pereció juntamente con los desobedientes, habiendo recibido a los espías en paz.

32 ¿Y qué más digo? Porque el tiempo me faltaría contando de Gedeón, de Barac, de Sansón, de Jefté, de David, así como de Samuel y de los profetas;

33 que por fe conquistaron reinos, hicieron justicia, alcanzaron promesas, taparon bocas de leones,

34 apagaron fuegos impetuosos, evitaron filo de espada, sacaron fuerzas de debilidad, se hicieron fuertes en batallas, pusieron en fuga ejércitos extranjeros.

35 Las mujeres recibieron sus muertos mediante resurrección; mas otros fueron atormentados, no aceptando el rescate, a fin de obtener mejor resurrección.

36 Otros experimentaron vituperios y azotes, y a más de esto prisiones y cárceles.

37 Fueron apedreados, aserrados, puestos a prueba, muertos a filo de espada; anduvieron de acá para allá cubiertos de pieles de ovejas y de cabras, pobres, angustiados, maltratados;

38 de los cuales el mundo no era digno; errando por los desiertos, por los montes, por las cuevas y por las cavernas de la tierra.

39 Y todos éstos, aunque alcanzaron buen testimonio mediante la fe, no recibieron lo prometido;

40 proveyendo Dios alguna cosa mejor para nosotros, para que no fuesen ellos perfeccionados aparte de nosotros.

Después de las exhortaciones y las advertencias encontradas en el capítulo 10, en el que el escritor termina con una clara llamada a vivir por la fe, entonces procede en el capítulo 11 a nombrar: «Tan grande nube de testigos» (12.1), para ilustrar cómo los creyentes pueden perseverar pacientemente. Él introduce este gran tema mostrando la conexión entre la fe y la paciencia.

1. El producto de la fe (11.1).

En esta familiar introducción, el escritor no intenta definir la fe por sí misma, sino más bien muestra la conexión entre la fe y la perseverancia paciente. Este versículo está íntimamente relacionado con 10.35-39. De manera específica, la palabra *fe* hace referencia a los versículos 38-39. El autor ha señalado la necesidad de resistir con paciencia (10.35) al citar a Habacuc 2.3-4. Al hacerlo asume que la fe lleva incluye la paciencia. Entonces más adelante en 11.1 expresa que la fe mira hacia el futuro, a las cosas previstas y que se esperan. Puesto que este todavía no ha llegado, la paciencia desempeña su papel. Así, pues, el autor no intenta *definir* la fe, pues este concepto es muy conocido para sus lectores y no hay necesidad de más aclaración; por el contrario, destaca que el que vive por la fe perseverará pacientemente.

Aquí la palabra *fe* se refiere a la fe como principio, no sólo la fe Cristiana. Esto muestra que ella está vinculada con el futuro, las cosas que espera-

mos, pero que aún no se han realizado. El vocablo *certeza*, en la literatura griega, era usado como un título de escritura. Mientras que la escritura no tenía valor por sí misma, era una garantía de propiedad. La realidad de la posesión no se establecía por el título de la escritura, pero este ciertamente certificaba la pertenencia de la propiedad. En la misma manera, la fe no establece la realidad de lo que es anticipado, pero sí reconoce lo que se espera. Debemos ser cuidadosos en no entender este uso de la palabra en el sentido de que la realidad objetiva depende de la fe de la persona, puesto que esto no sería cierto. Aunque algunos afirmarían que «creyéndolo se hará realidad», esto no es lo que el autor sugiere. Es mejor entender el vocablo *certeza* con el significado de seguridad o confianza (2 Co 9.4; 11.17; Heb

---

El cuadro del cristiano, tan elevado mentalmente en lo espiritual que no sirve para nada en lo terrenal, quizás no tenga validez. Según este pasaje, nuestra habilidad para ser buenos en lo terrenal por la causa de Cristo, se fundamenta por completo en lo que sabemos que es verdad en nuestras mentes acerca de nuestra posición «celestial». Basado en lo que es cierto desde una perspectiva celestial, podemos vivir victoriosamente en el aspecto terrenal.

3.14). La fe, entonces, es lo que da seguridad o confianza concerniente a las cosas que se esperan, las que se incluyen en las promesas de 10.36-39.

En las Escrituras, la *esperanza* nunca es un deseo, ni un sueño ni una fantasía. Es una seguridad establecida proveniente de los hijos de Dios que por fe toman posesión de las promesas de Él y las proclaman de su propiedad. La esperanza debe tener un fundamento y en las Escrituras su base es siempre que Dios lo ha prometido. La palabra *convicción* encierra la idea de evidencia, un sentimiento establecido de certeza, la cual concierne a lo que todavía pertenece al futuro, puesto que «no se ve». Si por la fe tenemos seguridad, confianza y convicción, necesitaremos perseverar pacientemente hasta que veamos realizado lo que esperamos.

2. Fe ilustrada (11.2-3).

En el versículo 2 el autor hace una declaración resumida que será demostrada a lo largo del resto del capítulo. Él usa la palabra *ancianos* como sinónimo para los antepasados judíos. La historia del Antiguo Testamento testifica que ellos recibieron una promesa de Dios,

que por la fe reclamaron, y entonces pacientemente perseveraron hasta su cumplimiento. Nunca fue esa promesa cumplida en base a algo diferente. Él no dice que sus padres llevaron testimonio de una vida por la fe, sino más bien que la existencia que vivieron por la fe fue observada por otros.

Es también necesario que la fe funcione tanto para el pasado como para el futuro. No hubo ni un testigo humano presente en el momento de la creación. Por tanto se requiere que pongamos nuestra fe en el testimonio del Creador concerniente a como el mundo fue formado. Esto se ve en el discurso que Dios mantuvo con Job cuando le preguntó: «¿Dónde estabas tú cuando yo fundaba la tierra?» (Job 38.4). El ejército celestial fue testigo de la obra de la creación, puesto que «las estrellas del alba» y «los hijos de Dios» en Job 38.7 parecen aludir a los ángeles como testigos, pero ellos no comunicaron a nadie lo que habían presenciado, por tanto no hemos sido llamados a poner nuestra fe en la palabra de los ángeles. Pero a lo largo de las Escrituras Dios ha dado testimonio de que todo lo existente lo es por su mandato. Este es un hecho al que somos llamados a creer. La confiabilidad de la palabra (en la que se nos pide que creamos) respecto a la creación, está basada en la Persona que hace la revelación. En el reino natural, algo no puede provenir de la nada. Pero el Dios cuya palabra se nos pide que creamos, es un Dios que pudo haber traído de la nada todo lo que existe. Un Dios de tal poder es digno de ser creído.

Si la fe es suficiente para las cosas que han pasado, ciertamente lo es también para las que están en el futuro. Aunque «a Dios nadie le vio jamás» (Jn 1.18), por medio de lo que Él ha hecho creemos en su existencia, así que la misma realidad de la creación es testimonio de la existencia de la Persona infinita que lo hizo. Sin haber visto a Dios, por la fe sabemos que existe.

3. Ejemplos de fe (11.4-40).

a. Fe en el período prepatriarcal (11.4-7).

El primer ejemplo de fe que el autor cita es el de Abel, quien no fue el primero en tener fe, puesto que Adán creyó la promesa de Dios cuando dio a su esposa el nombre de Eva: «Por cuanto ella era madre de todos los vivientes» (Gn 3.20). Pero un solo hecho caracteriza la vida de Abel: el sacrificio que trajo a Dios (Gn 4.4). Este se describe como «más excelente», lo que indica la calidad de su sacrificio. O la palabra podría querer decir «más abundante», lo que enfatizaría la cantidad. Los sacrificios de Caín y Abel parecen haber sido ofrecidos como acto de alabanza. Así reconocían ambos la obligación de la criatura para con su creador. Más tarde, en la Ley Levítica, uno podía alabar a Dios mediante el sacrificio de

De nuevo, la Biblia hace una conexión directa entre el hecho de que Dios creó todas las cosas, como dice en Génesis 1, y la fe de los creyentes en la credibilidad de Dios. Personas que profesan ser cristianas y que restan importancia a lo que se registra en Génesis, o que no quieren comprometerse demasiado creyendo en ello, en realidad, están comprometiendo su creencia en la credibilidad de Dios y su Palabra. Esto no debería tomarse a la ligera.

un animal (la ofrenda quemada de Levítico 1, o la ofrenda de paz de Levítico 3), o a través de las dádivas de grano (Lv 2). Fuese un sacrificio animal o de grano, era perfectamente aceptable para Dios como acto de alabanza. Así pues, cuando Caín ofreció el suyo, el cual había costado mucho más esfuerzo que el de Abel, podía haber sido aceptado. Sin embargo, el de Caín fue dado por obligación, *sin fe,* mientras que el sacrificio de Abel, aunque aceptaba el deber, fue ofrecido *en fe.* El escritor de Hebreos destaca el hecho de que la obligación de Abel fue justificada por la fe (Heb 11.4). No fue por medio del sacrificio que Abel obtuvo justicia, sino a través de la fe que produce obediencia. Y fue declarado justo. Dios vio su acción como evidencia de su fe. Aunque este hecho pasó mucho tiempo atrás, Abel es todavía testimonio de que la fe produce obediencia, y que la alabanza brindada a Dios en fe es aceptable para Él.

Enoc es el siguiente testimonio de una vida de fe (11.5-6). Por ella, Enoc, caminó en comunión con Dios y produjo una rectitud grata a Dios. A pesar de vivir en una era co-

rrupta encaminada hacia un juicio por diluvio, Enoc no se conformó con los criterios del siglo, sino que actuó de acuerdo con los principios de la justicia de Dios. La fe motivó una vida que agradó tanto a Dios que, le traspuso ante su misma presencia sin muerte física. Enoc no predicó un mensaje para llamar a los hombres a caminar en la fe, pero otros pudieron ver su testimonio. El escritor aclara cuidadosamente que la única manera posible de satisfacer a Dios, es mediante la fe. La palabra pero en el versículo 6 introduce el concepto de que «sin fe es imposible agradar a Dios». Alguien que quiera caminar agradando a Dios, debe primero creer que Él existe, y que tendrá comunión con quienes por medio de la fe buscan agradarle. Sin estos dos conceptos básicos, nadie buscaría caminar por fe.

Noé es la siguiente persona del período anterior a los patriarcas que nos llama la atención. Dios le dijo: «He decidido el fin de todo ser, porque la tierra está llena de violencia a causa de ellos; y he aquí que yo los destruiré con la tierra» (Gn 6.13). Noé creyó a Dios incluso cuando el cumplimiento de lo que le prometió estaba todavía lejos. La causa de este respeto reverencial fue su fe. Él la demostró por medio de su aceptación a trabajar en la construcción del arca de acuerdo con el plan que le había sido revelado (Gn 6.14-22). La obediencia de Noé se vio en su disposición a la fabricación del arca, lo cual pasó juicio en su generación rebelde. Su obediencia condenó la desobediencia de ellos. No fue su sumisión la que causó que heredara la justicia; sino que fue su fe en el Dios que anunció el juicio lo que produjo justicia, la cual Dios le imputó por la fe.

Así pues, en el período prepatriarcal, la fe de Abel fue demostrada a través del reconocimiento de su obligación con el Creador; la fe de Enoc mediante su comunión con Dios; y la de Noé en la obediencia a su mandato.

b. Ejemplos de fe en el período patriarcal (11.8-22).

Ahora se presentan algunos de los incidentes de la vida de Abraham (Abram) para mostrar que su fe produjo obediencia al Dios que le dio las promesas. Él se apareció a un pagano que vivía en una casa pagana y en una tierra pagana (Jos 24.2). Dios atrajo a Abraham a seguirle por fe. Esteban nos dice que el Dios de gloria se presentó a Abraham cuando habitaba en su tierra nativa (Hch 7.2). Sus promesas no fueron suficientes en sí mismas para motivarlo a empezar un largo viaje cuando ni sabía dónde iba; pero la revelación de la gloria que pertenecía al Dios que le dio las promesas fue bastante para traer a Abraham a la fe en Él. Y ello lo hizo obedecer de inmediato. Junto con esa obediencia estaba la perseverancia paciente, puesto que an-

El diluvio y el papel que Noé jugó en él, es otro episodio de Génesis 1-11 que se toma literalmente y sin preguntas por parte del escritor de Hebreos. Es interesante notar que la credibilidad de este pasaje ha sido siempre atacada por el mundo, aunque la Biblia usa la misma sección como base para mucho de lo que se enseña acerca de la naturaleza de Dios y la confianza del creyente en Él.

tes de que pudiera entrar en la tierra prometida, debió viajar incontables kilómetros y a lo largo de muchos años. Su fe no fue ciega, a pesar de que no sabía a dónde iría; pero la fe de Abraham no era en la tierra, sino en el Dios que le había prometido la tierra a él y a sus descendientes. Puesto que su fe estaba puesta en Persona tan gloriosa, no podía ser llamada ciega. El de Abraham fue un viaje de fe que lo llevó de Ur a lo largo del Eufrates después de pasar Harán, hasta que por fin llegó a la tierra de Canaán, la cual Dios identificó como la prometida (Gn 12.6-7).

A pesar de que los cananeos habitaban en ciudades, Abraham se contentó en hacerlo en tiendas (Heb 11.9). El habitante de la ciudad se considera como residente permanente, mientras que el que vive en tiendas opina que es residente temporal. Aunque la tierra de Canaán fue entregada a Abraham por decreto de Dios, él se consideraba como un extranjero en una tierra extraña. Aunque esto parezca indicar su incredulidad respecto a los designios que Dios tenía para él en ese lugar, en realidad le reveló que había algo inherente

en la promesa de Dios que Abraham había clamado como suya y lo esperaba con fe. Esto se nos explica en que Abraham «esperaba la ciudad que tiene fundamentos, cuyo arquitecto y constructor es Dios» (11.10). La ciudad prometida no sería construida en la tierra de Canaán, sino que sería una ciudad celestial en la que Abraham viviría al final junto al Dios cuyas promesas creyó (Heb 12.22-24). Puesto que esa ciudad celestial iba a ser su destino final, se consideraba sólo un habitante temporal en la tierra de Canaán. Por ella pasaría en su camino hacia donde Dios le había prometido. Así pues, vemos que su fe en Dios produjo obediencia inmediata, y ello motivó perseverancia paciente, puesto que el viaje fue largo. E incluso cuando se estableció en la tierra de la promesa, fue todavía llamado a perseverar pacientemente en la fe, puesto que la tierra no era su destino definitivo. Por la fe esperaría el cumplimiento de todo lo que Dios había prometido.

Es interesante, que el escritor no llamó nuestra atención hacia ese gran ejemplo de la fe de Abraham registrado en Génesis 15, donde como respuesta a la promesa de Dios, sería padre de un hijo: «Creyó a Jehová, y le fue contado por justicia» (Gn 15.6). Si el escritor se hubiera dirigido a incrédulos para llevarles a la fe salvadora en Cristo, no habría olvidado de ninguna manera esta fe completa de Abraham que creó la base sobre la cual Dios pudo proclamarle justo (esto es, aceptable consigo mismo). Pero puesto que el autor le escribe a creyentes y quiere llamar su atención a la obediencia y a la perseverancia paciente que la fe de Abraham produjo, les expone los incidentes particulares en los que se manifiestan claramente.

Después, Sara es presentada como alguien cuya fe en la promesa de Dios produjo perseverancia paciente. Desde el principio de su trato con Abraham, Dios le había asegurado que haría de él una gran nación.

Esto significaba que Abraham tendría un hijo. Esto permaneció muy presente en la mente de Abraham (Gn 15.1-4). Cuando Sara, que había sido estéril toda su vida (Gn 16.1), se dio cuenta de que no tenía la capacidad para darle el hijo a través del cual se cumpliría la promesa, y creyendo que esta *debía* cumplirse, le ofreció a su sirvienta como concubina. Fue su creencia en la promesa la que le llevó a esta solución incorrecta y mediante esa unión nació Ismael. En ese tiempo Abraham contaba con ochenta y seis años de edad (Gn 16.16). Fue unos trece años después, cuando tenía noventa y nueve (Gn 17.1), que Dios reiteró su pacto con él (Gn 17.4-8) y reafirmó la promesa de que por medio de Sara tendría el hijo (Gn 17.15-16).

Desde un punto de vista humano, tal nacimiento era imposible. Si Sara hubiera concebido

Nuestra fe es probada a menudo, especialmente cuando nuestras circunstancias parecen por completo contrarias a lo que Dios nos ha revelado a través de su Palabra. Es la misma situación que enfrentó Abraham, y aun así no sucumbió a «dudar en la oscuridad de lo que Dios le había dicho a la luz». En vez de ello, vivió su vida de acuerdo con lo que Dios le había dicho. Esta es, sobre todo, la lección que Hebreos 11 trata de enseñarnos.

de inmediato, Abraham habría tenido cien años de edad, y ella noventa (Gn 17.17). Desde un punto de vista físico, tal nacimiento era imposible. Cuando Abraham ofreció a Ismael mediante el cual la promesa original podía ser llevada a cabo, Dios rechazó a Ismael y afirmó que el hijo de la promesa se lo daría Sara (Gn 17.19). Y Él reveló el momento específico en que nacería (Gn 17.21). Parece ser que aunque Sara supo de la promesa original y tuvo conocimiento de la revelación de Dios de que ella sería la madre, su esterilidad (Gn 16.1) y su edad (Gn 18.11-12) motivaron que su fe vacilara. Para fortalecerla, Dios envió mensajeros angélicos a fin de reafirmar lo que le había previamente revelado a través de Abraham. La promesa fue: «Sara tu mujer tendrá un hijo» (Gn 18.10). Ella escuchó el anuncio y respondió

riéndose. La risa de Abraham (Gn 17.17) fue de gozo porque creyó el anuncio de Dios. La de Sara, sin embargo, fue de incredulidad, puesto que sólo consideró su esterilidad y su edad. No miró más allá de las circunstancias al poder de Dios que era suficiente para realizar lo prometido (Gn 18.14). En este momento, ella no respondía en verdad con fe a la promesa de Dios. Abraham y Sara juntos debían creer en el mensaje, y así fue necesario fortalecer esa fe vacilante.

Al entregar el mensaje concerniente al nacimiento de Isaac, los ángeles también anunciaron juicio sobre Sodoma y Gomorra. Después dejaron a Abraham y Sara y siguieron su camino hacia esas ciudades malvadas para destruirlas (Gn 19.13). Puesto que no se le había dado tiempo a Lot de escapar de esas ciudades

---

¿Honra Dios las buenas intenciones, con métodos incorrectos? Aparentemente sí, aunque quizás los permita para que a través de ellos aprendamos de los resultados lamentables. Si ha caído en el error, aunque su deseo genuino sea el de agradar a Dios y servirle en obediencia, no pierda la esperanza. La fe de Sara en las promesas de Dios, a pesar del fallo en el incidente con Agar, fue tan importante para Dios que la incluyó en ese «desfile de la fe».

(Gn 19.15) podemos deducir que el juicio sobre Sodoma y Gomorra tuvo lugar en unos pocos días. Además, Abraham y Sara habrían sido capaces de presenciar su destrucción (Gn 19.27-28). Así pues, había dos partes en el mensaje de los ángeles a Abraham y Sara. Primero, Sara concebiría y daría a luz a un hijo; y segundo, Sodoma y Gomorra serían destruidas. El punto, entonces, es que si Dios cumplió una parte de su promesa literalmente, podía confiarse en que haría la otra. Así pues, la destrucción de las ciudades apoyó y fortaleció la fe de Sara en la promesa de Dios.

El escritor de Hebreos deja muy claro que el nacimiento de Isaac fue el resultado de la fe de Sara. Y que Dios hizo que ella mirara más allá de las circunstancias y pusiera sus ojos en el Dios que había dado las promesas. Así pues, fue llevada al punto en el que «creyó que era fiel quien lo había prometido» (Heb 11.11). Es obvio que pasó un largo tiempo desde la promesa original de un hijo (Gn 12.2) hasta que nació por fin (Gn 21). También pasó un largo período entre la reafirmación de Dios de la promesa (Gn 17.15-19) y el nacimiento. Así

pues, la fe de Abraham y Sara fue puesta a prueba, y demostraron paciente perseverancia mientras esperaban el cumplimiento de la promesa.

Los descendientes de Abraham a quien el autor escribía eran parte del cumplimiento de la promesa. Dios aseguró que haría a su descendencia innumerable como la arena que está a la orilla del mar o como las estrellas del cielo (Gn 13.16; 15.5; 22.17; 26.4). Pero el escritor deja claro que la fe de Abraham y Sara tenía miras más allá del nacimiento de Isaac, puesto que él no era todo lo que les había prometido. Hasta el nacimiento de Isaac, continuaron viviendo bajo la regla de fe, o bajo la influencia y de acuerdo con el principio de la fe. Hasta el final de sus días había más en la promesa por lo que seguir esperando. Es evidente que la fe produjo una continuada perseverancia paciente.

Como el escritor indicó: «esperaba la ciudad que tiene fundamentos, cuyo arquitecto y constructor es Dios» (Heb 11.10). Aunque no hubieron entrado en esa ciudad, estaban seguros de su existencia y de su participación en ella. Este convencimiento era el resultado de su fe, y cambió su actitud hacia la tierra en la que vivieron. Esta les había sido dada como posesión permanente (Gn 12.7), y aun así se consideraban «extranjeros y peregrinos» (Heb 11.13). Reconocían que estaban en un país extranjero, aunque aquella ciudad prometida era su posesión permanente. Como forasteros no tenían posesión permanente de la tierra en la que vivían, ni derecho de ciudadanía allí, puesto que la suya era en la ciudad celestial prometida (Flp 3.20). Ellos no veían a Mesopotamia como su patria, aunque no había obstáculo alguno que les previniera de regresar allí. Por la fe se contentaron con habitar como extranjeros y peregrinos en Canaán, esperando por el cumplimiento definitivo de lo que Dios les había prometido. Por la fe esperaron su cumplimiento y pacientemente perseveraron.

Debido a su fe, Dios se identificó a sí mismo con Abraham en tal manera, que al tratar con sus descendientes a lo largo del libro de Éxodo se presentó como «el Dios de *Abraham*, Isaac y Jacob» (Éx 3.16). Prueba de la identificación de Dios con aquellos que caminan por la fe se puede ver en la explicación: «Porque les ha preparado una ciudad» (11.16). Como respuesta a su fe, Dios dispuso una ciudad en la que les identificará consigo mismo (Heb 12.22-24).

Mientras esperaban el cumplimiento definitivo de la promesa de Dios, Abraham demostró la perseverancia paciente de la fe al obedecer su mandato de ofrecer ese hijo prometido como sacrificio. Esto expone claramente la obediencia de su

Esto debería ser un estímulo para aquellos que entienden los resultados motivadores y alentadores de estudiar las profecías bíblicas. La revelación de Dios respecto a aquella «ciudad que tiene fundamentos, cuyo arquitecto y constructor es Dios» es más completa hoy que en los días de Abraham, así pues, podemos tener la misma seguridad y esperanza por medio de nuestro estudio de las cosas futuras como hicieron aquellos dos santos.

fe. Dios había aclarado que el pacto hecho con Abraham sería llevado a cabo a través de Isaac (Gn 17.19). Por lo tanto debió parecerle muy extraño cuando Dios le ordenó: «Toma ahora tu hijo, tu único, Isaac, a quien amas, y vete a tierra de Moriah, y ofrécelo allí en holocausto sobre uno de los montes que yo te diré» (Gn 22.2). Aunque Abraham no se dio cuenta, esto estaba designado no sólo para probar su fe, sino también su obediencia por fe. La prueba no era tanto para saber si se sometía sino para ver si creía que Dios podía cumplir su promesa a pesar de la muerte del único mediante el cual podían ser cumplidas.

La fe de Abraham no vació y su obediencia fue inmediata. Él podía creer que la promesa sería cumplida a través de Isaac: «Pensando que Dios es poderoso para levantar aun de entre los muertos» (Heb 11.19). Puesto que Isaac fue elegido para ser una ofrenda quemada (Lv 1.1-17), era ofrecido, no por expiación de algún pecado, sino como un acto de alabanza a Dios. Y la obediencia de Abraham fue en sí misma una alabanza aceptable. Así pues, basado en la vida de Abraham,

el escritor desea que sus lectores: «Se hagan imitadores de aquellos que por la fe y la paciencia heredan las promesas» (Heb 6.12) y muestren la misma perseverancia paciente y obediencia que su fe debe producir.

El pacto dado a Abraham fue reafirmado a Isaac (Gn 26.1-5), quien designó a Jacob como heredero de las promesas y le confirió sus bendiciones (Gn 27.26-29), y aunque Esaú debía servir a Jacob, Isaac también lo bendijo (Gn 27.38-40). En la misma manera, Jacob nombró a José como su heredero (Gn 37.3) y, antes de su muerte bendijo a sus hijos (Gn 48.10-22). En cada uno de estos casos históricos, la promesa original de Dios y el pacto con Abraham se reitera, al destacar que Él dio la tierra de Canaán a Abraham y a sus descendientes como posesión incondicional y eterna. Cada patriarca que confirió bendiciones en la siguiente generación lo hizo por fe, anticipando el cumplimiento final del pacto de Dios. Así que, la fe produjo perseverancia paciente.

Justo antes de morir, José reiteró su fe en la promesa de Dios al decir: «Dios ciertamente os visitará, y os hará subir de esta tierra a la otra que juró a Abraham, a Isaac y a Jacob» (Gn 50.24). Debido a su fe en Dios, estaba seguro de una restauración de los descendientes de Jacob a la tierra de la promesa, e hizo prometer a los israelitas con un juramento que cuando regresaran llevaran sus huesos de Egipto a la tierra prometida (Gn 50.25).

Así pues, todos aquellos en el período patriarcal que jugaron un papel importante en la historia de Israel demostraron su fe a través de la perseverancia paciente y la obediencia. Esto es lo que el escritor de Hebreos desea que emulen sus lectores.

c. Ejemplos de fe en la vida de Moisés (11.23-29).

La fe en Dios ejemplificada por Moisés fue primero vista en sus padres. El Faraón había decretado que todos los varones hebreos debían ser echados al río al nacer (Éx 1.22). Pero la fe en las promesas de Dios concernientes al futuro de los descendientes de Abraham era mayor que el temor a las represalias por parte del monarca. Así que buscaron los medios para salvar la vida de este heredero de la promesa (Éx 2.3). Los padres de Moisés vivieron en un tiempo de gran adversidad, aunque su fe operaba incluso en medio de las circunstancias. Esto, ciertamente, debió haber servido de conexión para los lectores que eran llamados a vivir por fe en sus presentes sufrimientos. Ahora veremos como Dios honró la fe de los padres de Moisés.

La historia sugiere fuertemente que Moisés fue salvado del destino intencionado de Fa-

---

Aunque «Dios no tiene nietos» en términos de decisión personal por Cristo, la historia de los patriarcas hebreos nos revela una continuación de fe salvadora de generación en generación por medio de cuidadosas instrucciones y admoniciones. Aunque algunos de los descendientes decidieron rechazarlas, otros velaron por el cumplimiento de las promesas de Dios debido a que ya sabían cuáles eran. ¡No dejemos nunca de cumplir con nuestra responsabilidad de instruir a la siguiente generación en las maravillosas cosas de Dios!

raón por Hatsepsut, la hija menor de Tutmosis I (quien ordenó la muerte de los varones hebreos recién nacidos, Éx 2.5-10). Moisés entonces se convirtió en su hijo adoptivo (Hch 7.21). Los investigadores nos dicen que este faraón tenía un hijo, que debido a sus impedimentos físicos y mentales se le consideraba incapacitado para asumir las prerrogativas reales para las que había nacido. Cuando ascendió al trono como Tutmosis II, su hermana Hatsepsut se convirtió en regente y en verdad fue la que gobernó el país. Tutmosis II murió sin ningún heredero legítimo, pero debido a que ambos, su padre y su hermana habían previsto esta falta de sucesión, determinaron con bastante antelación que Moi-

sés sería el heredero. Por tanto, desde bien pequeño fue educado con esto en mente, como Esteban declara: «Fue enseñado Moisés en toda la sabiduría de los egipcios; y era poderoso en sus palabras y obras» (Hch 7.22).

Cuando su hermano murió, parece ser que Hatsepsut retuvo la autoridad suprema como regente en Egipto e indicó su intención de colocar a Moisés, su hijo adoptivo, en el trono como sucesor. Para legitimarlo, planeó casar a Moisés con su hija mayor, Nefertiti. Moisés, sin embargo, rechazó las dos cosas: el trono y la novia, y así sacrificó su posición en el reino y el honor y las riquezas que venían con ello.

En este punto de su vida Moisés demostró su fe en el

¿Qué haría falta para que usted decidiera escoger las ofertas del mundo en vez de una comunión íntima con Dios? ¿Suficiente riqueza como para garantizar su seguridad? ¿Una relación que parezca mejor que la que tiene ahora? ¿Placeres sensuales cuando lo desee? ¿Posesiones materiales por encima de lo que pueda imaginar? Para algunos creyentes, estas cosas no les tentarían en lo más mínimo, como tampoco sedujeron a Moisés. Pero para otros, la etiqueta del precio todavía puede que esté colgando de su compromiso con Cristo. Si este es su caso, resuelva hoy este asunto. Reconozca que no existe nada que pueda igualar el privilegio de servir a Cristo.

Dios que había dado promesas a sus antepasados. El programa de Dios no iba a ser llevado a cabo desde el trono de Egipto, sino a través del que Dios establecería con los descendientes de Abraham. La palabra *rehusó* (11.24) muestra que Moisés tomó una decisión sabia, y que esta fue motivada por su fe. La frase: «hijo de la hija de Faraón» enfatiza la posición real que Moisés rechazó intencionadamente, junto con todos los privilegios que tal posición llevaba consigo. Moisés no cambiaba una de este tipo por otra también ventajosa, sino que rechazaba la real para «ser maltratado». Se separó de la familia real para identificarse con una raza que había sido reducida a una esclavitud abatida (Éx 1.8-14). No existía ninguna perspectiva de privilegio en la determinación que Moisés hizo por fe. Su elección demostraba que la fe escogía la adversidad sobre la desobediencia. El pecado que Moisés pudo haber disfrutado (Heb 11.25) era el de la desobediencia, quedándose en la corte real cuando la bendición de la promesa podía encontrarse sólo al dejar esa posición. Esa rebeldía le hubiera dejado en el lugar donde podía

haber experimentado los beneficios de ser príncipe, pero no habría visto al pueblo hebreo esclavizado como «el pueblo de Dios». Pero por fe pudo ver en esa nación a los herederos del pacto y las promesas de Dios.

La base para su decisión se revela en el versículo 26. Con paciente perseverancia miraba hacia adelante, al cumplimiento de lo que Dios había prometido a su pueblo. La frase «el vituperio de Cristo» (11.26) puede entenderse de muchas maneras. Puede hacer referencia al vituperio que Cristo padecería, el cual, aunque pertenecía todavía al futuro en los días de Moisés, era un hecho histórico desde el punto de vista de los lectores (Ro 15.3). O puede tomarse como la reprobación que padeció debido a su relación con el prometido y anticipado Mesías, que vendría como cumplimiento de los pactos. Esto era el objeto de su fe.

La opinión del autor expresa que todo lo que Moisés anticipó por la fe, no era presente, sino futuro. Aún así, estaba tan seguro de lo que Él había asegurado, que en base a esta confianza pudo separarse a sí mismo de todos los privilegios de la corte real. Mientras que los datos recogidos en Éxodo parecen indicar que Moisés huyó de Egipto debido al temor de la represalia de Faraón después de matar a un egipcio, el autor de Hebreos señala en el versículo 27 que su partida fue el resultado de su fe. De haber permanecido en Egipto, hubiera sido forzado a aceptar la corona y el trono para los que había sido preparado. Rechazar esto le hubiera expuesto a la ira de Faraón. La única manera de evitar lo que había sido planeado para él, era dejar Egipto. Esto fue debido a su fe en un Dios que ni siquiera había visto (11.27). Creyó que: «Es necesario que el que se acerca a Dios crea que le hay, y que es galardonador de los que le buscan» (11.6).

La fe de Moisés se demuestra más adelante cuando celebró la Pascua, pues esta fue el medio de protección que Dios usó para impedir que los primogénitos de Egipto cayeran bajo la sentencia de muerte (Éx 12). Como Dios había instruido, aquellos que desearan escapar de la plaga de muerte que pasaría sobre los primogénitos deberían sacrificar un animal, lo cual sería hecho en el patio de la propia casa. Su sangre, en-

tonces, sería aplicada en los dos postes y en el dintel de la vivienda. Al entrar en ella a través de la sangre los miembros de esa familia, encontrarían seguridad en que Dios mantendría su promesa: «Porque Jehová pasará hiriendo a los egipcios; y cuando vea la sangre en el dintel y en los dos postes, pasará Jehová aquella puerta, y no dejará entrar al heridor en vuestras casas para herir» (Éx 12.23).

La palabra traducida como *pascua* en ese texto significa literalmente «pasar sobre». El cuadro descrito anticipa que cuando el Señor viera la sangre, se pondría a sí mismo sobre la puerta para proteger a todos aquellos que habían buscado refugio por la fe a través de la sangre, y haría que el heridor que había venido a ejecutar el juicio pasara de largo. Ningún ejemplo como este de liberación había sido presenciado con anterioridad. Por lo tanto, los que recibieron esta provisión tuvieron que ejercer la fe en el Dios que prometió que sería su protector del juicio de muerte. Moisés fue uno de ellos y encontró la liberación de tal juicio. La implicación para los lectores debería haber sido muy clara: Si por la fe se apoderaron de las promesas divinas, ellos como Moisés, serían salvados cuando el juicio venidero cayera sobre esa generación. El ejemplo final de la fe de Moisés es cuando, al acatar el mandato de Dios «pasaron el Mar Rojo como por tierra seca» (Heb 11.29). Para los hijos de Israel pasar a través del Mar Rojo era un acto de fe, puesto que no existía una experiencia previa con la que pudieran identificarse, sino que tuvieron que emular la fe de Moisés y cruzar el Mar Rojo en obediencia al mandato de Dios. La implicación debería haber sido bien clara de que si los hijos de Israel pudieron encontrar liberación de la servidumbre mediante la fe en Dios y en la sumisión a su líder, los lectores también podrían encontrar liberación de las circunstancias que les oprimían.

d. Ejemplos de fe en el tiempo de la conquista (11.30-31).

El informe que los diez espías trajeron después de reconocer la tierra ocupada por los cananeos (Nm 13.28-33) dejó muy claro que los hijos de Israel serían incapaces de conquistarla, subyugar los pueblos y ocuparla. Josué y Caleb exhortaron al pueblo a ocupar la tierra por fe en las promesas de Dios y en obediencia a su mandato. Ellos dijeron: «Si Jehová se agradare de nosotros, Él nos llevará a esta tierra, y nos la entregará; tierra que fluye leche y miel» (Nm 14.8). Pero en vez de proceder en fe, el pueblo se rebeló en contra de Dios y por medio de la incredulidad desobedecieron el mandato de ocupar la tierra. Perdieron el derecho a las bendiciones en la tierra prometida.

Una generación después, bajo el liderazgo de Josué, pro-

No hay duda de que nuestra confianza en Dios enfrenta las pruebas más difíciles cuando nos encontramos, repentinamente, en territorios desconocidos, enfrentando circunstancias que nunca antes tuvimos que enfrentar. En esos momentos podemos volver la vista hacia Moisés, quien en una situación desesperadamente desconocida, obedeció a Dios y siguió adelante en su confianza en Dios.

cedió en fe, y en obediencia a las órdenes de Dios de entrar y ocupar la tierra que había dado a Abraham y a sus descendientes como su posesión. Dios respondió a su fe abriendo camino a través de las aguas del río Jordán para que pudieran entrar en la tierra (Jos 3.14-17). Por la fe se acercaron a las murallas fortificadas de la ciudad de Jericó que habían sido construidas para protegerla de cualquier invasión proveniente del este. Jericó parecía impenetrable, pero por medio de la fe en Dios y la obediencia a sus mandatos, esa ciudad fortificada cayó (Jos 6.1-21).

Rahab es una ilustración del hecho de que incluso un gentil de tan cuestionable carácter podía ser liberado por fe del juicio decretado sobre los habitantes de Jericó. Los hombres que Josué había enviado para espiar (Jos 2.1) descubrieron que de alguna manera que desconocían, el conocimiento del Dios verdadero y vivo había llegado a Rahab, puesto que ella confesó: «Jehová vuestro Dios es Dios arriba en los cielos y abajo en la tierra» (Jos 2.11). También creía que el Dios al cual había llegado a reverenciar, iba a juzgar su ciudad destruyéndola. Por tanto, les suplicó que su vida y la de su familia fuesen libradas de la muerte (Jos 2.12-13). Josué dio la orden de que cuando la ciudad cayese, Rahab y su familia fuesen respetados (Jos 6.17).

La fe genuina de Rahab fue demostrada mediante la protección que ella proveyó para los espías, y fue por su fe que sus vidas fueron respetadas cuando cayó Jericó. No fueron las obras de Rahab las que la libraron del juicio, sino su fe en el Dios que traía juicio. Rahab, ajena a los pactos, recibió bendiciones en base a lo mismo mencionado con anterioridad por el autor; esto es, por la fe. Rahab creyó en Dios y en que la tierra sería dada a Israel de acuerdo a su promesa. Ese mismo testimonio había sido dado al pueblo de Jericó, pero a diferencia de Rahab, «ellos no creyeron» (Heb 11.31), no tuvieron fe y así fueron entregados al juicio. Lo que aquí se registra muestra que la fe opera para cualquiera, esté fuera o dentro del pacto. A la vez demuestra que la falta de fe es la base para el juicio.

e. Ejemplos de fe en las pruebas (11.32-38).

Después de llevar a sus lectores a lo largo del período de los patriarcas y el tiempo de la conquista de la tierra, el autor ahora pasa a la era de los jueces, los reyes, y los profetas para mostrar que el principio de la fe se encuentra sobre toda la historia de Israel.

La victoria de Gedeón sobre los madianitas es otro ejemplo de la suficiencia de la fe en medio de conflictos. Cuando el Señor eligió a Gedeón para librar a Israel de los madianitas (Jue 6.14), dio por hecho que sería necesario reunir un gran ejército para derrotar al enemigo. Pero si este ejército de miles hubiera tenido éxito al derrotar a los madianitas, Israel mismo se hubiera alabado por su victoria (Jue 7.8). Y enfrentando la enorme disparidad, Gedeón ejerció su fe en Dios (Jue 7.15) y se internó en el conflicto. Su fe inconmovible motivó una obediencia que le llevó al triunfo. Cuando Sísara, capitán del ejército de Jabín, rey de Canaán, desafió a Israel, Dios prometió a Débora: «Yo lo entregaré en tus manos» (Jue 4.7). Por fe, fe en el Dios que le había dado la promesa: «Este es el día en que Jehová ha entregado a Sísara en tus manos. ¿No ha salido Jehová delante de ti?» (Jue 4.14), Barac guió a diez mil hombres de las tribus de Neftalí y Zabulón en contra de Sísara. Dios honró la fe de Débora y Barac y [...] quebrantó a Sísara, a todos sus carros y a todo su ejército, a filo de espada delante de Barac» (Jue 4.15). Una vez más, la fe triunfó en medio de las adversidades.

Cuando los filisteos ocuparon Judá y amenazaron su existencia (Jue 15.9), Sansón atacó sus fuerzas con sólo una quijada de asno (Jue 15.15) y mató a mil hombres. Es evidente que el Espíritu del Se-

En nuestra experiencia, al avanzar por fe, a pesar de las circunstancias, nos podemos encontrar con que Dios no cumple su propósito como lo hemos imaginado. Incluso puede que atravesemos un período de pérdida aparente antes de llegar al punto en que Dios solucione nuestros problemas.

ñor estaba sobre Sansón en este conflicto como estuvo en él cuando se enfrentó con el león rugiente (Jue 14.5-6). El Espíritu del Señor dará victoria al que camina y pelea en fe.

Cuando los amonitas lucharon contra Israel (Jue 11.4), los ancianos invitaron a Jefté a ser su capitán (Jue 11.11). Fortalecido por el Espíritu del Señor (Jue 11.29), Jefté peleó contra los amonitas: «Y Jehová los entregó en su mano. Y los derrotó con muy grande estrago. Así fueron sometidos los amonitas por los hijos de Israel» (Jue 11.32-33).

David es otro ejemplo de la perseverancia paciente que la fe produce. El Señor le ordenó a Samuel de ungiera a David para ser rey (1 S 16.12-13). No fue hasta años más tarde que fue ungido como rey sobre Judá (2 S 2.4), y después también sobre el resto de las tribus de Israel (2 S 5.3). Así pues, David fue llamado a ejercer perseverancia paciente mientras esperaba el cumplimiento de lo que Dios había prometido. El reino de David generó muchos conflictos, en su familia, en la nación, en las naciones alrededor de Israel. Consecuentemente David fue obligado a reunir un gran ejército y declarar la guerra a sus enemigos (2 S 8). En todos estos conflictos David fue sostenido y triunfó por fe.

Hasta el nombramiento de Samuel para ser el profeta de Dios (1 S 3.20-21), los sacerdotes levíticos habían sido mediadores entre Dios y el hombre. El sacerdote era el portavoz de Dios para Israel. Pero con la designación de Samuel en el cargo de profeta, Dios canalizó su revelación a la nación a través de aquellos que lo desempeñaban. Samuel también fue elegido como juez en Israel (1 S 7.15-17). Su papel como profeta/juez fue marcado por su rápida obediencia a la voluntad de Dios tan pronto como le era revelada. Esta sumisión era producto de su fe, la cual produjo tal justicia en su vida que nadie en Israel podía encontrar ninguna falta en él (1 S 12.1-5). Como intercesor delante de Dios en favor de la nación, Samuel reconoció la necesidad de ser fiel como mediador, y consideraba un pecado no orar siempre por ellos. Al representar a Dios ante los hombres se convirtió en su maestro (1 S 12.23). De modo que, vemos que la fe produjo fidelidad y rectitud en este que Dios había elegido como profeta.

La fidelidad que caracterizó a Samuel, el primer profeta, dice el escritor, también fue usual en aquellos que en años sucesivos ocuparon el cargo de profetas. En Hebreos 11.33-38, sin citar referencias específicas, nos muestra lo que la fe produjo en los que padecían severas aflicciones, adversidades, y pruebas. Al mencionar estas experiencias, el autor enfatiza que los problemas no debieran anular la fe, sino fortalecerla. La fe no es solamente puesta a prueba por las aflicciones, sino que es fortalecida por ellas. El autor sin duda tiene en mente las vivencias de sus lectores. Su deseo es que su fe sea consolidada por las adversidades que enfrentan, en la misma manera que la fe trajo victorias militares a Israel.

La fe ha producido siempre una vida justa que agrada a Dios. Muchos, mediante ella, han verificado el cumplimiento de las promesas de Dios. La fe

libró del maltrato físico, bocas de leones fueron cerradas; salvó a creyentes del fuego o la espada, la debilidad se convirtió en fortaleza. Incluso hubo quienes prefirieron someterse voluntariamente al martirio en vez de intentar encontrar una vía de escape. Esta tortura pudo haber sido emocional al ser sometidos a burla, o tal vez fue física al sufrir azotes e incluso encarcelamiento.

Hubo quien por la fe presenció la resurrección de entre los muertos (1 R 17.17ss; 2 R 4.17ss; Lc 7.11-15; Jn 11; Hch 9.36-41). Los milagros de resurrección en las Escrituras eran el pináculo más grande que podía ser llevado a cabo a través de la fe, al triunfar sobre la muerte de aquellos que en fe la aceptaron (Heb 11.37). Otros, por ella fueron expulsados de sus comunidades. Vagaron y fueron reducidos a la pobreza. Sin tener donde vivir, moraron aislados en guaridas y cuevas.

Mientras escribía, el autor debía considerar numerosos

Este es precisamente el punto de Santiago 1.2-4. Es una perspectiva difícil de mantener en medio de problemas, pero sin duda alguna es verdadera.

paralelos entre a lo que hacía referencia y la experiencia de sus lectores. Muchos de ellos habían sido expulsados de la sociedad, perdido su empleo, y reducidos a la pobreza. Los que habían sido poderosos ahora eran débiles, sometidos a la burla y a la cárcel. Pero todavía no habían sacrificado sus vidas debido a su fe en Cristo.

f. La victoria de la fe (11.32-38).

El escritor ha recorrido la gama de las experiencias humanas para mostrar que la fe puede triunfar en cualquier circunstancia. Aquellos que pasaron por tales vivencias fueron llamados a demostrar paciente perseverancia, puesto que «no recibieron lo prometido» (11.39). Durante esos momentos, cuando la fe era probada, ellos anticiparon lo que Dios les había prometido. Aquel destino asegurado a Abraham (11.10) lo sustentó en medio de sus sufrimientos. Y los lectores de esta carta eran participantes de esa misma promesa. Por lo tanto, el autor les anima a aferrarse a ellas por la fe y demostrar perseverancia paciente. Puesto que si esa expectativa pudo sostener a los que padecieron, como el escritor ha descrito en los versículos 33-38, podrá también en verdad sostenerles en sus conflictos presentes. Los padecimientos que sus antecesores sufrieron no les hizo darse por vencidos, ni que dieran la espalda a su camino de fe, sino, que vivieron por ella y demostraron paciente perseverancia, anticipando el cumplimiento de la promesa de Dios.

En la misma manera los que reciban esta carta deben ser pacientes en las dificultades hasta que se cumpla la promesa de Dios. Si sus antepasados hubieran recibido lo que estaban esperando, la promesa al ser cumplida, no tendrían que esperar por ella los lectores. Pero

---

El asunto de «entremezclarse» es excelente para desafiar a los creyentes de la joven generación. Muchos jóvenes anhelan oír que ser objeto de burlas, ser ridiculizados e incluso abusados físicamente por su fe en Cristo es normal. Saber que la persecución les ayudará a madurar, les motivará más.

puesto que sus antecesores no lo habían recibido todavía, los lectores deberían emular su paciente perseverancia. La unidad del programa de Dios demanda que todo su pueblo consiga la herencia juntos. Por la fe, nosotros y ellos juntos aguardaremos la consumación de la promesa. Y mientras que los destinatarios originales de esta carta padecían de verdad, sus aflicciones no podían igualar los sufrimientos de los que vivieron antes que ellos. Si la fe sustentó a sus antecesores, también les sustentaría a ellos y a nosotros.

E. Exhortación a la perseverancia paciente (12.1-29).

1 Por tanto, nosotros también, teniendo en derredor nuestro tan grande nube de testigos, despojémonos de todo peso y del pecado que nos asedia, y corramos con paciencia la carrera que tenemos por delante,

2 puestos los ojos en Jesús, el autor y consumador de la fe, el cual por el gozo puesto delante de Él sufrió la cruz, menospreciando el oprobio, y se sentó a la diestra del trono de Dios.

3 Considerad a aquel que sufrió tal contradicción de pecadores contra sí mismo, para que vuestro ánimo no se canse hasta desmayar.

4 Porque aún no habéis resistido hasta la sangre, combatiendo contra el pecado;

5 y habéis ya olvidado la exhortación que como a hijos se os dirige, diciendo: «Hijo mío, no menosprecies la disciplina del Señor, ni desmayes cuando eres reprendido por Él;

6 Porque el Señor al que ama, disciplina, y azota a todo el que recibe por hijo».

7 Si soportáis la disciplina, Dios os trata como a hijos; porque ¿qué hijo es aquel a quien el padre no disciplina?

8 Pero si se os deja sin disciplina, de la cual todos han sido participantes, entonces sois bastardos, y no hijos.

9 Por otra parte, tuvimos a nuestros padres terrenales que nos disciplinaban, y los venerábamos. ¿Por qué no obedeceremos mucho mejor al Padre de los espíritus, y viviremos?

10 Y aquellos, ciertamente por pocos días nos disciplinaban como a ellos les parecía, pero éste para lo que nos es provechoso, para que participemos de su santidad.

11 Es verdad que ninguna disciplina al presente parece ser causa de gozo, sino de tristeza; pero después da fruto apacible de justicia a los que en ella han sido ejercitados.

12 Por lo cual, levantad las manos caídas y las rodillas paralizadas;

13 y haced sendas derechas para vuestros pies, para que lo cojo no se salga del camino, sino que sea sanado.

14 Seguid la paz con todos, y la santidad, sin la cual nadie verá al Señor.

15 Mirad bien, no sea que alguno deje de alcanzar la gracia de Dios; que brotando alguna raíz de amargura, os estorbe, y por ella muchos sean contaminados;

16 no sea que haya algún fornicario, o profano, como Esaú, que por una sola comida vendió su primogenitura.

17 Porque ya sabéis que aun después, deseando heredar la bendición, fue desechado, y no hubo oportunidad para el arrepentimiento, aunque la procuro con lágrimas.

18 Porque no os habéis acercado al monte que se podía palpar, y que ardía en fuego, a la oscuridad, a las tinieblas y a la tempestad,

19 al sonido de la trompeta, y a la voz que hablaba, la cual los que la oyeron rogaron que no se les hablase más,

20 porque no podían soportar lo que se les ordenaba: Si aun una bestia tocare el monte, será apedreada, o pasada con dardo;

21 y tan terrible era lo que se veía, que Moisés dijo: Estoy espantado y temblando;

22 sino que os habéis acercado al monte de Sion, a la ciudad del Dios vivo, Jerusalén la celestial, a la compañía de muchos millares de ángeles,

23 a la congregación de los primogénitos que están inscritos en los cielos, a Dios el Juez de todos, a los espíritus de los justos hechos perfectos,

24 a Jesús el Mediador del nuevo pacto, y a la sangre rociada que habla mejor que la de Abel.

25 Mirad que no desechéis al que habla. Porque si no escaparon aquellos que desecharon al que los amonestaba en la tierra, mucho menos nosotros, si desecháremos al que nos amonesta desde los cielos.

26 La voz del cual conmovió entonces la tierra, pero ahora ha prometido, diciendo: Aún una vez, y conmoveré no solamente la tierra, sino también el cielo.

27 Y esta frase: Aún una vez, indica la remoción de las cosas movibles, como cosas hechas, para que queden las inconmovibles.

28 Así que, recibiendo nosotros un reino inconmovible, tengamos gratitud, y mediante ella sirvamos a Dios agradándole con temor y reverencia;

29 porque nuestro Dios es fuego consumidor.

1. La exhortación (12.1).

El escritor señala el uso de la verdad, mencionada en el capítulo anterior, a quienes escribe. La expresión *por tanto* (12.1) indica acción. El fundamento de su llamado está en que tenemos «en derredor nuestro tan grande nube de testigos». Aquí el autor visualiza a los creyentes como involucrados en un maratón.

La carrera ha comenzado, pero no ha concluido. Lo que estimula al corredor es que tenemos «en derredor nuestro tan grande nube de testigos». Estos no son simples testigos oculares que ven cómo corremos la carrera, ni que esperan ver si soportamos hasta el fin.

Más aún, son los que testifican *de nuestra* vida de fe. Estos testigos son los mencionados en el capítulo anterior. Testifican de la efectividad de la fe y además demuestran que esta producirá paciencia perseverante, obediencia y aceptación de las pruebas sin vacilar. Ninguna otra evidencia es necesaria para confirmar que la fe apoyará al corredor en el trayecto hasta lograr la meta final. En base a

esto, el autor brinda tres exhortaciones.

Primera, nos exhorta a que nos «despojemos de todo peso». Para el corredor el peso puede ser exceso de grasa o una carga agobiante. La palabra *despojémonos* sugiere la idea de desvestirse. Si uno quiere alcanzar la meta en la carrera que ha comenzado, es necesario despojarse de cualquier estorbo. El que compite entrenará intensamente a fin de lograr el peso deseado y se despojará de cualquier ropa que pueda impedir su avance.

La segunda exhortación es a despojarnos «del pecado que nos asedia». Aunque es cierto que cualquier pecado impedirá el avance del participante, la referencia específica al «pecado» sugiere que el escritor piensa en el pecado de incredulidad (10.38-39). La palabra traducida como «asedia» es compuesta y significa literal-

---

Puesto que no usamos las Escrituras sin antes saber lo que realmente dicen, tampoco deberíamos estudiarlas sin explorar los efectos que pueden tener en nuestras vidas. No es el caso decidir «una u otra cosa», sino más bien «ambas». Es el matrimonio perfecto entre la manera en que deberíamos trabajar en la Palabra de Dios y la forma en que ella debería actuar en nosotros.

mente «estar alrededor de». Así como el corredor es rodeado por la multitud que testifica para comprobar la validez de la fe, los incrédulos también nos rodean e invitan a abandonar la fe. Cuando el concursante pierde su seguridad en el logro de su objetivo, comienza a dudar si sería capaz de finalizar la carrera. Y puede renunciar fácilmente.

La tercera exhortación es a que «corramos con paciencia la carrera que tenemos por delante». La fe brinda seguridad al que realiza la carrera completa y alcanza la meta, lo cual es madurez (Heb 6.1). La competencia no es una carrera en la cual se alcanza la meta en poco tiempo. Más que eso es un maratón prolongado que se extiende por toda la vida. De modo que el escritor no sólo nos exhorta a correr con fe, sino también a perseverar con paciencia en la fe.

2. El ejemplo de Cristo (12.2-4).

En la frase «puestos los ojos en Jesús», el autor indica la actitud constante con la que se debe correr. Como cada corredor avanza hacia la meta, algunos han pensado que Jesús mismo es la meta, y dado que progresamos en la madurez y esta se encuentra en Cristo, tal cosa parecería razonable. Sin embargo, el escritor pasa a considerar a Jesús como el único ejemplo de perseverar con paciencia en todo su sufrimiento. Nosotros, por lo tanto, seguimos su ejemplo. Es importante notar que el autor usa el nombre «Jesús» para enfatizar la humanidad de aquel en el que debemos poner los ojos mientras corremos. Como se ha hecho referencia a muchos santos del Antiguo Testamento que corrieron perseverando en la paciencia, los lectores pueden ser tentados a seguir sus ejemplos.

Si le gusta correr, jugar al tenis o cualquier otro tipo de deporte, intente este experimento. La próxima vez que vaya a participar en un partido, lleve un paquete lleno de libros sobre su espalda (no lo intente si su deporte es la natación). Entonces, cada vez que se dé cuenta de cómo el peso en su espalda le impide algún logro, recuerde que: «Este es el efecto que el pecado tiene en la vida cristiana».

No obstante, aunque casi todos eran testigos de la fe, fallaron, así que no podrían ser ejemplos perfectos. Jesús ejemplifica perfectamente la perseverancia en la paciencia y la obediencia. La frase «puestos los ojos» sugiere quitar la vista de lo demás, no ver a otros como ejemplo sino a Jesús. Por lo tanto, concluimos que todos los santos mencionados no pueden considerarse ejemplos de fe, sino testigos de la perseverancia en la paciencia que produce la fe. El hecho de que se cite a Jesús como ambas cosas, el autor de la fe y quien la lleva a su más alta expresión, enfatiza la perfección del ejemplo de aquel en el cual nos exhortan a poner los ojos.

No hay mayor ejemplo de perseverancia paciente como en el sufrimiento de Jesús, tanto en las pruebas como en la crucifixión. El profeta Isaías dijo de Él: «Angustiado Él, y afligido, no abrió su boca; como cordero fue llevado al matadero; y como oveja delante de sus trasquiladores, enmudeció, y no abrió su boca» (Is 53.7). Pedro testificó de la perseverancia de Cristo en sus sufrimientos cuando dijo: «Pues para esto fuisteis llamados; porque también Cristo padeció por nosotros, dejándonos ejemplo, para que sigáis sus pisadas; el cual no hizo pecado, ni se halló engaño en su boca; quien cuando le maldecían, no respondía con maldición; cuando padecía no amenazaba, sino encomendaba la causa al que juzga justamente» (1 P 2.21-23).

Lo que motivó a Jesús en su sufrimiento fue «el gozo de estar ante la presencia de Dios». Su gran regocijo radicaba en que se sometió sin reservas a la

Uno de los errores más peligrosos que un marinero puede cometer en un barco de pesca es dejar que su pie o su tobillo se enrede en la red cuando esta se tira por la borda. De inmediato esto puede provocar daños o incluso la muerte. Los efectos de enredarse en el pecado no son menos serios en nuestras vidas espirituales. Si lentamente se está enredando en prácticas, tendencias o relaciones pecaminosas, déjelas a un lado. Las molestias temporales serán mucho mejor que las consecuencias a largo plazo que sufriría si continuara enredado.

voluntad de su Padre. Su gozo provenía de su obediencia. Pablo se refirió a esto cuando escribió: «Se humilló a sí mismo, haciéndose obediente hasta la muerte, y muerte de cruz» (Flp 2.8). La petición de Cristo de que le fuera restablecida la gloria que tenía con el Padre desde la eternidad (Jn 17.5) le fue respondida a causa de su sujeción a la voluntad de Dios, quien honró la obediencia y la perseverancia de su Hijo concediéndole el trono a su mano derecha. Pablo indica que debido a su obediencia: «Dios también le exaltó hasta lo sumo, y le dio un nombre que es sobre todo nombre, para que en el nombre de Jesús se doble toda rodilla de los que están en los cielos, y en la tierra, y debajo de la tierra; y toda lengua confiese que Jesucristo es el Señor, para gloria de Dios Padre (Flp 2.9-11). La cruz que era emblema de vergüenza entre el pueblo, se convirtió en la fuente del gozo incomparable del Hijo de Dios.

Para que Jesús demostrara su paciencia perseverante, fue necesario que entrara en la muerte física y espiritual a fin de salvar a los pecadores. El autor señala que tanto los creyentes fieles como los oprimidos pueden considerar sus aflicciones, ya que no han sido llamados a sufrir, en la voluntad de Dios, como Jesucristo lo fue (12.3-4). Aunque es cierto que algunos creyentes como Esteban y Santiago sufrieron la muerte física, pertenecieron a una generación anterior. De esto se deduce que el sufrimiento de la iglesia de la segunda generación no fue tan severo como el de aquellos de la primera generación, y no cabe duda que fue menor al que sufrió Jesús. De manera que pusieron sus ojos en la perseverancia de Él como modelo.

A pesar de que muchos de los beneficios de la vida cristiana son «instantáneos», la Biblia se refiere a ella repetidamente como a un proceso largo y firme en el que se requiere «la perseverancia». Sea cauto con cualquier grupo que prometa una espiritualidad «instantánea» por medio de algún tipo de práctica o experiencia, y en vez de ello, prepare su mente y su corazón para el largo peregrinaje. El viaje vale la pena.

3. La explicación de la disciplina (12.5.11).

En los versículos 5-11 el escritor muestra los beneficios que ofrece a los creyentes el perseverar en sus sufrimientos con paciencia. Cuando el escritor declara: «No menosprecies la disciplina del Señor», da por sentado que en efecto menosprecian la corrección del Señor, como queriendo desalentar esa actitud. La palabra *menosprecies* en este contexto tiene la connotación de no dar importancia o pasar por alto. Esto implica que no veían el beneficio en las experiencias a que eran sometidos. En contraste, citando a Proverbios 3.11-12, el escritor pide a estos sufrientes que vean sus aflicciones como evidencia del amor de un padre por sus hijos. Más que menospreciar su corrección o desanimarse cuando llegue el sufrimiento, deberían asegurarse de que son hijos de Dios, porque Él disciplina sólo a los que son sus hijos.

He aquí la importancia de distinguir entre castigo y disciplina. El primero es el pago al mal causado. Dios nunca castiga a sus hijos cuando cometen iniquidad, porque el castigo por nuestros pecados fue llevado por Jesucristo a la cruz: «Ninguna condenación hay para los que están en Cristo Jesús» (Ro 8.1). De manera que el hijo de Dios no teme el castigo divino.

Corrección o disciplina, de cualquier forma, implica la perspectiva de una lección moral. Esto es un recurso instructivo por el cual un niño es conformado a las normas o expectativas del padre. Así como es responsabilidad del padre terrenal corregir a sus hijos, Dios como Padre nos disciplina a nosotros, sus hijos.

La ausencia de disciplina nos indica que no somos hijos de Dios. Por lo tanto, la corrección o disciplina debería ser vista como la evidencia de nuestra calidad de hijos. Más aún, estas disciplinas son evi-

---

Existe una innegable relación entre el gozo y la obediencia en la vida cristiana. Si no tiene gozo, empiece por hacer un inventario de su obediencia a Dios.

dencia del amor del Padre. Hay diferentes grados de disciplina, como sugiere el contraste entre corrección y castigo (12.6). Estos no se diferencian por su clase, sino más que todo por su intensidad. Dios puede iniciar el proceso disciplinario muy suavemente e ir aumentando su intensidad sólo si uno se resiste a la disciplina. Cuando el motivo de la disciplina desaparece o cuando esta logra su objetivo, es retirada. Si el hijo de Dios no responde permanentemente, la disciplina definitiva de Dios puede ser llevárselo de esta vida y transferirlo a la gloria donde el proceso de perfección será completado (1 Jn 5.16).

El hijo terrenal que es disciplinado respetará y honrará al padre que es fiel a su responsabilidad de corregirlo. De modo que la aplicación es obvia: «¿Por qué no obedeceremos mucho mejor al Padre de los espíritus, y viviremos?» (Heb 12.9). Esto enfatiza el espíritu en que se debe recibir la corrección. Si esta actitud caracteriza a esos que sufren, se beneficiarán de sus actuales experiencias. La disciplina del padre terrenal es temporal y pasajera. Pero el autor no se refiere al aspecto temporal de la disciplina de Dios, porque esta continuará hasta que cumpla su objetivo final. Por lo tanto, quien más rápido se somete a la disciplina del Señor y aprende de ella, más rápido puede esperar que finalice. La corrección divina puede en realidad ser dolorosa pero se puede soportar con paciencia a causa del propósito deseado.

La disciplina divina no es resultado de la ira de Dios, sino que es planeada «para lo que nos es provechoso» (12.10). El

Responder a la disciplina de Dios con gratitud y no con amargura es un gran desafío. Es por eso que se nos aconseja que lo miremos desde el punto de vista del amor de Dios por nosotros, tal y como los padres, que disciplinan a sus hijos para mantenerlos alejados de las calles, les ayudan a que aprendan obediencia. En respuesta a la pregunta: «¿Por qué tengo que someterme a la disciplina de Dios a pesar de que los injustos no parecen sufrir en absoluto?» Dios ni se molesta en disciplinar a aquellos que no son suyos.

autor hace dos declaraciones significativas que muestran el resultado del sufrimiento cuando es soportado con paciencia. En primer lugar: «Para que participemos de su santidad» (12.10). Y en segundo: «Pero después da fruto apacible de justifica» (12.11). La santidad tiene que ver con el carácter esencial del individuo, mientras que la justicia con la manifestación externa de ese carácter. Ser partícipe de su santidad y manifestar los frutos apacibles de justicia es mostrar la perfección o madurez que se nos planteó como meta (12.1). De esto se deduce que el sufrimiento es un prerrequisito indispensable para la madurez.

Refiriéndose a «los que en ella han sido ejercitados», el autor usa las mismas palabras que en 5.14 donde escribió: «Pero el alimento sólido es para los que han alcanzado madurez, para los que por el uso tienen los sentidos ejercitados en el discernimiento del bien y del mal». Las palabras *ejercitados* y *preparados* son las mismas en el Nuevo Testamento y sugieren que la disciplina es usada para llevarnos a la madurez.

4. La obligación del creyente (12.12-17).

La disciplina es el fundamento de quienes se aseguran de su calidad de hijos, ya que el Padre celestial sólo corrige a sus propios hijos. Toda disciplina es administrada, no con ira, sino con amor. La disciplina recibida en forma correcta nos hará partícipes de la santidad de Dios y producirá en nosotros frutos apacibles de justicia. Así que una obligación específica reposa en cada creyente. La frase *por lo cual* en el versículo 12 indica ese deber.

Primero, el apóstol señala la obligación de quienes practican la paciencia con aquellos que son oprimidos por sus experiencias. La metáfora de los participantes del maratón explicada en 12.1 es todavía una imagen destacada. En la carrera se encuentran los que se agotan tanto que están con los brazos caídos. También aparecen los que se tornan tan débiles que apenas se pueden parar. Por lo tanto, el privilegio y el deber de los que corren con paciencia es identificar que su fortaleza proviene de su debilidad. Para hacer «sendas derechas» el que corre con paciencia guardará al cansado para que no se salga del camino. Esto sugiere la idea de remover cualquier obstáculo que pudiera provocar una fractura al corredor. Cualquier debilidad o accidente podrían eliminar al contendiente de una carrera. El escritor utiliza la ilustración del cuerpo para mostrar la responsabilidad de un miembro con otro. Esto está en perfecta armonía con lo que Pablo enseña en 1 Corintios 12.12-31. La imagen del cansado descrita en el versículo 12 sugiere la experiencia actual de algunos que están en la carrera, mientras que haciendo «sendas derechas» evitan que un compañero competidor tome la delantera. Quien persigue el objetivo de la madurez ayudará a cualquiera que esté en peligro de caer cerca de la meta.

Acto seguido, el autor muestra la propia obligación del participante mientras corre con paciencia. No necesita preocuparse con la debilidad de otro que pierda de vista la meta.

Al enfrentar el infortunio, hay una tentación de transformarnos en opositores de nuestras adversidades. Sin embargo, esa actitud hace imposible cumplir el precepto bíblico: «No os venguéis vosotros mismo[...] si tu enemigo tuviere hambre, dale de comer; si tuviere sed, dale de beber; pues haciendo esto, ascuas de fuego amontonarás sobre su cabeza. No seas vencido de lo malo, sino vence con el bien el mal». Cristo ordena: «Amad a vuestros enemigos, bendecid a los que os maldicen, haced bien a los que os aborrecen, y orad por los que os ultrajan y os persiguen; para que seáis hijos de vuestro Padre que está en los cielos» (Mt 5.44-45). Dios es santo y su santidad se manifiesta amando a sus enemigos. El hijo de Dios demostrará que es partícipe de la santidad de Dios si ama a sus enemigos, y manifestando estas cualidades es evidente que avanza hacia la madurez.

Aunque no sea un concepto popular ni se enseñe a menudo hoy en día, la Biblia aclara que Dios puede escoger llevarse a un hijo desobediente. Esto, más que asustarnos y estancarnos, debería motivarnos a estar entre los hijos obedientes y responsables que dan la gloria debida a su nombre.

Pero ahora el apóstol hace una advertencia. Aun algunos que han sufrido con paciencia pudieran «caer de la gracia de Dios». El escritor ve tres peligros que enfrenta el creyente. El primero es fracasar en el avance hacia la madurez. Previamente lo estableció: «Acerquémonos, pues, confiadamente al trono de la gracia, para alcanzar misericordia y hallar gracia para el oportuno socorro» (4.16). Esa gracia es la promesa divina establecida para cada circunstancia. Pero existe el peligro de que el creyente se preocupe tanto con las circunstancias que no se refugie en la gracia de Dios que lo capacita para sobrellevar la adversidad.

De manera que el creyente puede enfrentar un segundo peligro, y es que puede llegar a amargarse. Esto sería un fracaso en cuanto a seguir «la paz con todos, y la santidad» (12.14). Un proceso lento pudiera iniciar lo que gradualmente se desarrollaría en esa actitud de amargura que caracteriza al individuo. Y su actitud no sólo le afectaría a sí mismo, sino que influiría en muchos otros que también se amargarían.

Esto conduciría a un tercer peligro, mejor ilustrado por la experiencia de Esaú (Gn 25.27-34). A fin de satisfacer su apetito, voluntariamente renunció al privilegio y la bendición que como heredero del pacto le correspondía. Esaú fue llamado «fornicario», no porque fuese inmoral, sino porque vivió para satisfacer sus deseos carnales. La satisfacción física de la comida que recibió de Jacob fue muy breve, tomando en cuenta que los beneficios recibidos mantendrían para siempre la promesa de bendición. Muy tarde se percató de que había perdido y suplicó las bendiciones del pacto «con una muy

---

La santidad y la justicia están inseparablemente unidas con el proceso de madurez espiritual. Como este es el verdadero proceso del crecimiento espiritual, cada vez que comprometemos la santidad de Dios por la manera en que vivimos, en vez de ayudarnos nos dañamos más. Esto incluiría «grandes cosas», como infidelidad o actividad criminal, y tan «pequeñas», como chismear, mentir o ser deshonesto.

grande y muy amarga exclamación» (Gn 27.34). Pero como Isaac ya había bendecido a Jacob, las lágrimas de Esaú fueron en vano. Aunque cambió de manera de pensar, a Isaac le era imposible quitar la bendición de Jacob y dársela a él. Así que «no encontró Esaú forma de arrepentirse con Isaac». La decisión que hizo de cambiar su primogenitura por satisfacer su apetito determinó su futuro.

La aplicación para los lectores de Hebreos es muy clara. Si no aprovechamos la gracia de Dios provista a fin de fortalecernos para el conflicto, y si llegamos a amargarnos por las circunstancias cambiando las bendiciones espirituales por ayudas pasajeras para aliviar los sufrimientos físicos, caeremos —como se advirtió en el capítulo 6— en un estado de inmadurez. Y este estado puede postrarnos de modo que sea imposible restaurarnos a la bendición que disfrutan aquellos que sufren con paciencia y progresan hacia la madurez.

5. Refugio en las pruebas (12.18-24).

Aquellos que sufrieron una persecución intensa necesitaban un refugio al cual acudir. Algunos sentían que su refugio era volver a las costumbres del judaísmo, de modo que sus perseguidores vieran su bautismo público y creyeran que seguían apegados al antiguo sistema. La Ley dada a Israel en el Sinaí fue una manifestación gloriosa de la santidad de Dios, quien se reveló a sí mismo por medio de su pacto con su pueblo. Pero volviendo a la idea de Éxodo 20.18-19, el escritor recuerda a sus lectores que en el momento que la Ley fue dada, la gente estaba tan abrumada, atemorizada con el estruendo y los relámpagos, las tinieblas y el

Las Escrituras dejan en claro que la Iglesia no debería ser «un ejército que dispare a sus heridos». La larga discusión acerca de la madurez cristiana, aquí en Hebreos, indica que uno de sus resultados más visibles, importantes e inmediatos debe ser que los cristianos ayuden a los que sufren. No criticándoles, ni condenándoles, ni menospreciándoles, sino ayudándoles.

sonido de la trompeta, que huían de su presencia. No experimentaban descanso, ni paz ni calma, sino un temor sobrecogedor. Era tan inaccesible el Dios que se reveló en el Sinaí que estableció que cualquiera que tocara el monte no viviría (Éx 19.12-13). El pueblo temía tanto a ese Dios que le rogaba que acallara su poderosa voz (Éx 20.18-19). Tal fue el clamor, no sólo del pueblo sino también del mismo Moisés (a pesar de que Dios se le había revelado previamente; Heb 12.21) que el autor señala que si alguno de ellos buscaba refugio otra vez en la Ley, no encontraría la paz y el descanso deseado, sino que como Moisés le sobrecogería el temor.

La palabra *sino* en 12.22 pone en contraste el refugio provisto para los creyentes. No tienen que acercarse al Sinaí terrenal sino al Monte de Sion celestial. No tienen que ir a la ciudad que es orgullo del pueblo, sino a la ciudad del Dios vivo. No tienen que ir a la Jerusalén fundada por David como capital de su reino, sino más bien a la Jerusalén celestial. La Jerusalén terrenal (con su templo, al que algunos son tentados a regresar), fue habitada por multitudes que por su rechazo a Cristo se declararon enemigos de Dios. Sin embargo, los moradores de la ciudad celestial son totalmente diferentes. Esta ciudad es habitada por «la compañía de muchos millares de ángeles», la vasta multitud de ángeles fieles al Señor.

Por otra parte, esta ciudad es la morada de «la congregación de los primogénitos que están inscritos en los cielos». Esto se refiere a los creyentes de la actualidad, los cuales comenzaron en el día de Pentecostés y continuarán hasta el traslado de los santos del mundo a su gloria (1 Ts 4.13-17). Además se incluirán allí «los espíritus de los justos hechos perfectos», lo cual implica que los santos del Antiguo Testa-

A menudo medimos nuestro progreso espiritual comparándonos con otros cristianos, particularmente con aquellos que no lo hacen tan bien como parece. El verdadero modelo de comparación, sin embargo, debería ser Cristo y cómo estamos conformándonos a su imagen.

mento junto con los de la Gran Tribulación serán resucitados y trasladados durante la Segunda Venida de Cristo a la tierra (Is 26.19-20; Dn 12.12; Ap 20.6).

Todos estos estarán en la presencia de «Dios el Juez de todos» y «Jesús el mediador del nuevo pacto». Esta ciudad es la que menciona nuestro Señor como «la casa de mi Padre» (Jn 14.2). Es el lugar donde los creyentes morarán con Cristo (Jn 14.3). Juan describe «la santa ciudad, la nueva Jerusalén» (Ap 21.1-8) como el eterno lugar donde morarán los redimidos de todas los siglos. Esta es la ciudad a la que Abraham vislumbró (Heb 11.10), en la cual «el tabernáculo de Dios con los hombres, y Él morará con ellos; y ellos serán su pueblo, y Dios mismo estará con ellos como su Dios» (Ap 21.3).

Cristo declaró: «Yo soy el camino, y la verdad, y la vida; nadie viene al Padre, sino por mí» (Jn 14.6). Así pues el escritor de Hebreos nos recuerda que los creyentes entrarán en esta ciudad en baso al nuevo pacto de sangre (13.24). Abel ofreció un sacrificio aceptable de la sangre de un animal, pero Jesucristo ofrece una sangre mejor que se convierte en el fundamento de un nuevo refugio debido a que ofreció su propia sangre. Esta sangre no produce, como la revelación de Dios en el Sinaí, temor ni deseos de huir. Esta sangre del nuevo pacto trae reposo y paz.

6. Advertencias y palabras de ánimo (12.25-29).

A la luz del refugio que se nos ha provisto, el escritor hace resonar una advertencia. La palabra *mirad* (12.25) enfatiza la obligación que le resta a aquellos que tienen tal esperanza delante de ellos. Aunque Dios

Vivimos en una cultura donde el odio y la amargura crecen constantemente. Todos tenemos un hacha que afilar, una queja que hacer, una aflicción por la cual culpar a otra persona. Pero la Biblia enseña que el cristiano maduro reconoce la mano de Dios en todas las cosas y no se amarga contra Él incluso a pesar de las más difíciles circunstancias. Esta perspectiva ofrece libertad verdadera y un fundamento para el gozo eterno.

habló en el Sinaí, el escritor lo ve como aún hablando desde el cielo (12.25). La revelación de Dios dada a los apóstoles, quienes por inspiración plasmaron lo que les fue revelado. Esta revelación, que vino a través de un apóstol y que se escribió por inspiración, tiene la misma autoridad que la revelación dada a Israel a través de Moisés. Y así como Israel es responsable de la Palabra que Dios le habló, los que reciben esta carta son responsables de la revelación que se les ha dado mediante el apóstol. Israel no podía escapar de la disciplina si desobedecía o trataban con negligencia la revelación dada. Asimismo, los que reciben esta epístola no pueden esperar que van a escapar de una severa disciplina si no prestan atención a sus advertencias y a las exhortaciones del apóstol como palabra autoritativa de Dios para ellos en las circunstancias presentes.

Cuando la Ley fue dada en el Sinaí, la voz de Dios «conmovió[...] la tierra» (12.26). Esto sugiere una violenta convulsión de la naturaleza. La entrega de la Ley instituyó un nuevo orden y la autoridad del que lo instauraba se podía ver en la respuesta de la naturaleza a esa revelación. Lo que pasó en el establecimiento de la Ley, pasará en un grado mayor en la institución de un nuevo orden. Previendo la venida de la era mesiánica pactada, el profeta Hageo dijo lo que ocurriría antes de la institución de esa era: «Porque así dice Jehová de los ejércitos: De aquí a poco yo haré temblar los cielos y la tierra, el mar y la tierra seca; y haré temblar a todas las naciones, y vendrá el Deseado de todas las naciones; y llenaré de gloria esta casa, ha dicho Jehová de los ejércitos» (Hag 2.6-7).

La predicción del profeta de la era venidera asociada con los temblores de tierra, da de nuevo la connotación de que el viejo orden establecido con

---

A la luz de la fugaz visión del futuro lugar donde viviremos juntos los creyentes, muchas de nuestras tontas quejas contra otros deberían parecer insignificantes. ¡Ciertamente, nuestros rencores e iras deberían avergonzarnos, al saber que viviremos con Él en esa ciudad eterna!

temblores de tierra llegaría a un final. Aunque anticipando un final y futuro temblor antes de la Segunda Venida de Cristo, el escritor parece adelantar el temblor de Jerusalén que realizaría Tito, el cual estaba cercano. La profecía de Hageo notificó que el orden levítico existente era un arreglo temporal que a la larga finalizaría para que un orden permanente e inmutable se pudiera establecer. El escritor manifestaba que si sus lectores intentaban regresar al judaísmo para encontrar refugio para sus aflicciones, volverían a algo que iba de pasada. No encontrarían reposo ni paz permanente en un sistema temporal. Los que estaban sufriendo debido a su identificación con Cristo tienen la promesa de «un reino inconmovible» (12.28). Están ya «inscritos en los cielos» (12.23). Y por causa de esto el escritor puede exhortar a que «tengamos gratitud». Tienen acceso al trono de la gracia donde pueden «alcanzar misericordia y hallar gracia para el oportuno socorro» (4.16). La necesidad particular aquí es de paciente perseverancia; al recibir el don de la gracia de Dios, le servimos a Él «agradándole

con temor y reverencia» (12.28).

Este servicio se ofrecerá debido al respeto reverencial que le tenemos a Dios, y se ofrecerá sin temor, a menos que, después de todo lo que Dios ha provisto para capacitar a las personas a vivir por la fe y mostrar evidencia de perseverancia paciente, dejen de alcanzar aquello que Dios les ha prometido y dejen de progresar hacia la madurez. Como un fuego consumidor, Dios purifica todo lo que es indigno e inaceptable en aquellos que le sirven y todo lo que es impropio de habitar en su presencia. Por lo tanto, no trate de servir a Dios en lo que ha caducado y en lo que Él no acepta.

F. Exhortaciones finales (13.1-19).

1   Permanezca el amor fraternal.

2   No os olvidéis de la hospitalidad, porque por ella algunos, sin saberlo, hospedaron ángeles.

3   Acordaos de los presos, como si estuvierais presos juntamente con ellos; y de los maltratados, como que también vosotros mismos estáis en el cuerpo.

4   Honroso sea en todos el matrimonio, y el lecho sin mancilla; pero

a los fornicarios y a los adúlteros los juzgará Dios.

5 Sean vuestras costumbres sin avaricia, contentos con lo que tenéis ahora; porque Él dijo: No te desampararé, ni te dejaré;

6 de manera que podemos decir confiadamente: El Señor es mi ayudador; no temeré lo que me pueda hacer el hombre.

7 Acordaos de vuestros pastores, que os hablaron la palabra de Dios; considerad cuál haya sido el resultado de su conducta, e imitad su fe.

8 Jesucristo es el mismo ayer, y hoy, y por los siglos.

9 No os dejéis llevar de doctrinas diversas y extrañas; porque buena cosa es afirmar el corazón con la gracia, no con viandas, que nunca aprovecharon a los que se han ocupado de ellas.

10 Tenemos un altar, del cual no tienen derecho de comer los que sirven al tabernáculo.

11 Porque los cuerpos de aquellos animales cuya sangre a causa del pecado es introducida en el santuario por el sumo sacerdote, son quemados fuera del campamento.

12 Por lo cual también Jesús, para santificar al pueblo mediante su propia sangre, padeció fuera de la puerta.

13 Salgamos, pues, a Él, fuera del campamento, llevando su vituperio;

14 porque no tenemos aquí ciudad permanente, sino que buscamos la por venir.

15 Así que, ofrezcamos siempre a Dios, por medio de Él, sacrificio de alabanza, es decir, fruto de labios que confiesan su nombre.

16 Y de hacer bien y de la ayuda mutua no os olvidéis; porque de tales sacrificios se agrada Dios.

17 Obedeced a vuestros pastores, y sujetaos a ellos; porque ellos velan por vuestras almas, como quienes han de dar cuenta; para que lo hagan con alegría, y no quejándose, porque esto no os es provechoso.

18 Orad por nosotros; pues confiamos en que tenemos buena conciencia, deseando conducirnos bien en todo.

19 Y más os ruego que lo hagáis así, para que yo os sea restituido más pronto.

A través de esta epístola, el escritor presenta muchas verdades doctrinales importantes que se convierten en la base de sus exhortaciones para vivir por la fe y dejar que esta produzca el fruto de la paciencia perseverante. Ahora el escritor da algunas exhortaciones para aplicar la verdad a circunstancias específicas en las que los lectores se encuentren a sí mismos. Ninguna doctrina aparece sin su aplicación práctica, y la doctrina de la superioridad de Cristo está tan vigorosamente presentada en esta carta que sin duda afectará la conducta práctica de los creyentes.

1. Exhortaciones del campo moral (13.1-6).

La primera exhortación se refiere a la relación entre creyentes. Esto es una reiteración de la obligación del escritor declarada en 12.12-13. El término *amor fraternal* se refiere a la relación de los cristianos unos con otros debido a su mutua relación con el Señor. Mientras que el amor que un judío tiene es nacional (Dt 23.19), el amor del creyente es universal. A esto se debe que Juan ordenara lo siguiente a sus hijos espirituales: «En esto hemos conocido el amor, en que Él puso su vida por nosotros; también nosotros debemos poner nuestras vidas por los hermanos. Pero el que tiene bienes de este mundo y ve a su hermano tener necesidad, y cierra contra él su corazón, ¿cómo mora el amor de Dios en él? Hijitos míos, no amemos de palabra ni de lengua, sino de hecho y en verdad» (1 Jn 3.16-18).

Cuando el autor dice que el amor debe permanecer, da por sentado que sus lectores se han estado demostrando tal amor, pero que ese vínculo estaba en peligro de desaparecer. Tal amor, por otra parte, cumpliría el mandamiento de Cristo (Jn 13.34-35).

Su segunda exhortación se refiere a mostrar hospitalidad, la cual por sí misma es una manifestación del amor universal que los creyentes deben demostrar. Es evidente que el escritor tiene en mente la experiencia de Abraham, según aparece en Génesis 18. Aquellos que Abraham invitó eran mensajeros de Dios. Este pasaje no sugiere que podamos esperar revelaciones especiales de Dios a través de seres angélicos como experimentó Abraham, sino que si mostramos hospitalidad, quizás a quien invitemos sea un mensajero de Dios que dé ánimo, fortaleza o confianza.

La tercera exhortación anima a los creyentes a identificarse con los que están actualmente encarcelados por su fe, o que están padeciendo debido a que viven en medio de quienes son hostiles a Cristo. Esos creyentes necesitarían con desesperación la ayuda de otro. Pablo escribió: «Si un miembro padece, todos los miembros se duelen con él» (1 Co 12.26). Aquellos que no sufren persecución deben identificarse con quienes lo están, porque son parte del mismo cuerpo.

La cuarta exhortación se refiere al matrimonio y la relación conyugal. Pablo enseñó (1 Co 7.25-38) que para uno ser devoto por completo al servicio del Señor y en vista a las persecuciones que podrían venir sobre los creyentes, sería mejor permanecer soltero. Tal vez esos creyentes llegaron a la conclusión que era erróneo que un creyente se casara. O que si un creyente se casaba, sería mejor que viviera en celibato. Por tanto, el escritor reafirma que el matrimonio es un vínculo divino. La relación entre los esposos en el matrimonio estaba designada a satisfacer los apetitos dados por Dios (1 Co 7.9). Debido a que el divorcio prevalecía entre los judíos, que incluso sus maestros sancionaban (Mt 19.3-12), algunos recurrieron a alguna forma de inmoralidad para escapar a las presiones de la persecución. Así pues el escritor advierte en contra de cualquier cosa que menosprecie la dignidad del matrimonio o que viole su santidad.

Se da una quinta exhortación en base a que muchos creyentes renunciaron a todas sus posesiones terrenales por amor a Cristo. Sería fácil para esos creyentes convertirse en codiciosos e inconformes con su suerte en la vida. Por lo tanto, se les exhorta a que su compostura sea conforme al sentir de Cristo, de manera que no fueran avariciosos, sino que se contentaran con lo que tienen. El escritor les muestra (13.5b-6) que su seguridad no se encuentra en las posesiones materiales, sino en la Persona que prometió: «No te dejará, ni te dasampararás» (Dt 31.6). Su confianza de que el Señor puede suplir cada una de sus necesidades les sostendría incluso en su miseria. Tal fue la actitud del apóstol Pablo cuando, como prisionero en Roma, escribió: «Mi Dios, pues, suplirá todo lo que os falta conforme a sus riquezas en gloria en Cristo Jesús» (Flp 4.19). El Dios que podía sostener a Pablo en sus pérdidas materiales y suplir cada una de sus necesidades era suficiente para ellos también.

Aquí la palabra *dejaré* comunica la idea de desarraigarse, retirar el apoyo que ofrece un posible lugar donde asirse. La palabra *desampararé* da la idea de abandonar, desertar o dejar a alguien solo en una batalla o en una competencia de atletismo. Por lo tanto, el desamparado no tendría ningún compañero que esté a su lado. Dios ha prometido que nunca apartará su asidero que nos sostiene, ni que tampoco nos abandonará en el conflicto.

2. Exhortaciones del campo religioso (13.7-17).

A continuación el escritor llama la atención de sus lectores al ejemplo de sus «pastores». La palabra *acordaos* significa observar cuidadosamente o considerar algo en detalles. Los creyentes, por tanto, se consideran el rebaño de Dios encomendado al esmerado cuidado de los pastores. Pedro escribe acerca de la responsabilidad de los pastores del rebaño: «Ruego a los ancianos que están entre vosotros, yo anciano también con ellos, y testigo de los padecimientos de Cristo, que soy también participante de la gloria que será revelada: Apacentad la grey de Dios que está entre vosotros, cuidando de ella, no por la fuerza, sino voluntariamente; no por ganancia deshonesta, sino con ánimo pronto; no como teniendo señorío sobre los que están a vuestro cuidado, sino siendo ejemplos de la grey» (1 P 5.1-3).

Estos pastores habían llevado por la fe un buen testimonio de la vida de fe y de la perseverancia paciente que esta produce. Era responsabilidad de los pastores ejercer la autoridad que Dios les dio sobre el rebaño para guiarlo, pero sobre todo para ser un ejemplo de la vida de fe. El escritor considera que estos pastores son fieles a su confianza; por lo tanto, se exhorta a los miembros a seguir su ejemplo (Heb 6.12). Quizás persiguieron a algunos hasta el punto de perder sus vidas en el desempeño de sobreveedor. Sin embargo, la fe triunfó aun en esas circunstancias y su ejemplo, si se sigue, capacitará a quienes sufren por lograr la victoria. Esto se basa en que: «Jesucristo es el mismo ayer, y hoy, y por los siglos» (13.8). Quien llevó a la victoria a sus pastores, sin duda les dará también a ellos la victoria.

El escritor ahora emite una advertencia concerniente a las

falsas doctrinas a las que esos creyentes habían sido expuestos, temiendo que puedan dejarse «llevar» de esas enseñanzas. El contraste aquí es entre la doctrina que se les ha enseñado en esta epístola y la doctrina de los judaizantes, quienes enseñaban que mediante ordenanzas externas podían obtener el favor de Dios y gozar de una comunión íntima con Él. Pero el escritor les recuerda que en el Antiguo Testamento tales sacrificios fueron inefectivos y no condujo a la madurez espiritual de quienes los ofrecían. Todo progreso viene a través de lo que la gracia provee y la fe se apropia.

Antes, el escritor declaró: «Nada perfeccionó la ley[...] y de la introducción de una mejor esperanza, por la cual nos acercamos a Dios» (Heb 7.19). La fe proveerá un fundamento de manera que viviendo por fe podamos entrar en el reposo y la paz incluso en medio de conflictos.

Evidentemente algunos falsos maestros declaraban que si los cristianos abandonaban los sacrificios, se quedarían sin la provisión de Dios para su sustento, su fuerza y su comunión con Él. Esto es cierto en el Antiguo Testamento, los que ofrecían sacrificios se sustentaban con ellos. Todos los que guardaban la Pascua comían la carne del cordero sacrificado y eran sustentados por eso. Los sacerdotes que ministraban en el altar podrían comer la carne de lo sacrificado y el pan ofrecido en el tabernáculo. Ellos y sus familiares eran sustentados por esos sacrificios. Pero el escritor sugiere que es mejor nutrirse con lo que provee la gracia de Dios, antes que buscar el sustento en lo sacrificado, lo cual se convirtió en la comida de los adoradores en el antiguo orden.

Aunque por negligencia no tomemos en serio estas advertencias ni suframos consecuencias tan severas como las que enfrentaban los que recibieron originalmente esa carta, deberíamos darnos cuenta que el no considerar la Palabra de Dios, especialmente cuando entendemos lo que nos dice, puede traer resultados no deseables, como confirma Santiago 1.23-25.

Los creyentes que dejaban atrás esos ritos no perdían, sino ganaban; puesto que como creyentes-sacerdotes tenían acceso a la presencia de Dios en un tabernáculo mejor (Heb 9.11-12). Los que servían bajo el orden antiguo no tenían acceso al tabernáculo del cual nosotros sacamos nuestra fuerza y apoyo. Aunque los sacerdotes podían comer lo sacrificado que ofrecían en beneficio del pueblo, no se les permitía ingerir del sacrificio como ofrenda de pecado. Dios ordenó que después de colocar la sangre del becerro sobre el altar del incienso y esparcir el resto de la sangre sobre el altar de bronce, el cuerpo de ese sacrificio debía llevarse fuera del campamento y allí quemarse (Lv 4.1-35). Aunque ese sacrificio satisfizo las demandas de santidad y justicia de Dios con respecto a la culpa por el pecado, no hizo provisión para las necesidades físicas de los ofrendantes. El autor considera la muerte de Jesús como una ofrenda por el pecado, porque le sacaron para crucificarle (Mc 15.20). Cristo, al entregarse a sí mismo como ofrenda por el pecado, limpió de impurezas y libertó de la culpabilidad al pecador.

Los líderes religiosos, al crucificar a Cristo en las afueras de la ciudad, lo convirtieron en ofrenda de pecado; pero no fueron capaces de recibir beneficio alguno por su muerte. Sin embargo, los creyentes que se apartan del antiguo sistema y se identifican con Cristo, encuentran en Él provisión para sus necesidades, fortaleza y compañerismo. Tenemos el privilegio negado a los sacerdotes del Antiguo Testamento, recibir el beneficio de la ofrenda de pecado a través de nuestra identificación con Cristo por la fe.

La palabra *porque* (13.14) explica la razón por la que salen de la ciudad, ya que así se apartan del templo y de todos sus ritos inútiles. Tienen la seguridad de una ciudad permanente

Cambios recientes en el estilo de liderazgo de la iglesia han motivado abusos por parte de algunos a quienes se había confiado el cuidado del rebaño de Dios. Haríamos bien en recordar que el modelo de Dios para el liderazgo es el de un pastor, no el de gobernador supremo.

que toma lugar en la Jerusalén terrenal. Esa es la ciudad prometida a Abraham (11.9-10), la cual los anima, de igual forma, a esperarla por fe (Heb 12.22-24). Están en proceso de recibir el «reino inconmovible» (12.28) y en base a esa esperanza, perseveran con paciencia.

Para los judíos, Jerusalén era considerada su ciudad permanente. Poco se percataban de que eran devotos a la destrucción (Mt 23.37,24.2; Lc 21.24). Eso que creían permanente era pasajero, mientras que los creyentes saben que, aunque parezca irreal, es eterno.

Si estos creyentes han sido engañados por falsos maestros con la idea de que sin sacrificios de animales no pueden agradar a Dios, el escritor les recuerda que hay sacrificios que pueden ofrecerle y que le son aceptables; y que además pueden ofrecerlo continuamente, no sólo en ciertas ocasiones como lo establecía el sistema mosaico.

El primero de ellos es el sacrificio de alabanza a Dios, el cual es bien explicado como «fruto de labios que confiesan su nombre» (Heb 13.15). Las tres primeras ofrendas de Levítico 16 fueron sacrificios de acción de gracias por las bendiciones recibidas. Aun cuando estos sacrificios fueron hechos contrarios al de Cristo, el agradecimiento aún puede ser ofrecido a Dios. La alabanza tiene a una Persona en mente y está ocupada con las perfecciones del carácter de esa Persona. La acción de gracias centra su atención en los dones que esta Persona otorga. Quien esté así ocupado, responderá en adoración, y tal adoración es un sacrificio agradable a Dios.

El siguiente sacrificio es hacer el bien y la ayuda mutua. Aunque la alabanza y la acción de gracias está dirigida a Dios,

---

La atención cuidadosa del apóstol para contrarrestar las falsas doctrinas, nos muestra que es una responsabilidad de todos los cristianos examinar a la luz de la Palabra de Dios toda enseñanza, y rechazar lo que sea falso. Ser cauteloso con las falsas doctrinas no significa que «no tenga amor»; es una práctica esencial para aquellos que desean progresar hacia la madurez.

la ayuda mutua se dirige a los hombres. Esto es una manifestación del amor fraternal que menciona el escritor (13.1). De acuerdo a su capacidad, los creyentes comparten con quienes están en necesidad, lo cual además de beneficiar a los hermanos en Cristo, es un sacrificio agradable a Dios.

La exhortación final es a obedecer y sujetarse a quienes gobiernan (13.17). Los creyentes son vistos como un rebaño sobre el cual Dios ha puesto pastores responsables por el cuidado de sus ovejas. Puesto que las ovejas están bajo la autoridad de los pastores, estos no cumplirán su ministerio en el rebaño a menos que las ovejas se sometan a ellos. Los pastores no pueden ser irresponsables con su dirección, ni sus enseñanzas ni su disciplina, porque saben que serán llamados a rendir cuenta ante el gran Pastor. Si observan que algunas ovejas crecen con debilidades a causa

de los conflictos, si algunas se desvían por doctrinas erróneas enseñadas por falsos maestros, si algunas son propensas a volver a las viejas formas abolidas por el sacrificio de Cristo, los pastores serán responsables de enseñarlas, guiarlas y disciplinarlas a fin de que no se pierdan. Si el pastor falla en esto, será responsable ante «el gran pastor de las ovejas» (13.20).

Las normas de la disciplina quizás sean desagradables, pero se deben someter a ellas. Y si la dirección es dada por esas reglas, deben obedecerlas. La fidelidad de los pastores al gran Pastor de las ovejas resultará en gozo para ellos y beneficio para el rebaño.

3. Exhortaciones personales (13.18-19).

Ahora el escritor pide que oren por él y evidentemente por Timoteo con quien está asociado en el ministerio. Si los lectores rechazan la supervisión

La Biblia enseña en muchos lugares que aquellos en quienes se confía el liderazgo del pueblo de Dios serán contados estrictamente como responsables por Dios de tal mayordomía. Aunque ello no debería atemorizarnos para servirle en esta manera, debería hacernos líderes más diligentes y cuidadosos en todo lo que decimos, hacemos y enseñamos.

por parte de aquellos que han sido puestos sobre ellos, en la misma manera podrían rechazar la supervisión de él mismo. Puesto que esta epístola es realmente una manifestación de supervisión espiritual ejercida por un apóstol, el quiere que se aprovechen de ello. Les asegura que todo lo que se les ha escrito proviene de una buena conciencia y consecuentemente es digno de ser creído y obedecido. Es la expectativa del escritor que a través de las oraciones de ellos el pueda serles restituido más pronto. Esto implica que ha estado con ellos previamente, pero que ha sido separado de ellos y ahora espera visitarles. Su visita pondría a prueba la obediencia de ellos a sus exhortaciones.

Esta misma motivación a la obediencia fue usada por el apóstol Pablo cuando escribió a Filemón. Después de exhortarle a que aceptara a su esclavo desobediente de nuevo con él, concluyó diciendo: «Prepárame también alojamiento; porque espero que por vuestras oraciones os seré concedido» (Flm 22). La incertidumbre del momento de la llegada del apóstol demandaba obediencia inmediata, en caso de que llegara y les encontrara en desobediencia.

G. La bendición (13.20-25).

20 Y el Dios de paz que resucitó de los muertos a nuestro Señor Jesucristo, el gran pastor de las ovejas, por la sangre del pacto eterno,

21 Os haga aptos en toda obra buena para que hagáis su voluntad, haciendo Él en vosotros lo que es agradable delante de el por Jesucristo; al cual sea la gloria por los siglos de los siglos. Amén.

22 Os ruego, hermanos, que soportéis la palabra de exhortación, pues os he escrito brevemente.

23 Sabed que está en libertad nuestro hermano Timoteo, con el cual, si viniere pronto, iré a veros.

24 Saludad a todos vuestros pastores y a todos los santos. Los de Italia os saludan.

25 La gracia sea con todos vosotros. Amén.

Después de pedir por oraciones en su favor, el autor abre su corazón en favor de ellos. En esta oración reafirma su confianza de que el Dios de paz es capaz de proveer para cada una de sus necesidades en sus padecimientos presentes. Esta referencia a Dios como Dios de paz es significante. Podíamos esperar que se refiriera a Dios como el Dios de poder o el Señor de los ejércitos del cielo que era capaz de derrotar a todos sus adversarios, pero su mayor necesidad en estas circunstancias era de la paz de Dios. La certeza que les da es la misma que Pablo da a los perseguidos filipenses cuando les dijo: «La paz de Dios, que sobrepasa todo entendimiento, guardará vuestros corazones y vuestros pensamientos en Cristo Jesús» (Flp 4.7).

El Dios que es capaz de concederles paz, es el mismo Dios «que resucitó de los muertos a nuestro Señor Jesucristo». Aunque la creación del universo es un ejemplo del poder de Dios, ese poder se ejemplifica en un mayor grado en la redención de Israel de la servidumbre en Egipto. Pero la demostración climática de la suma grandeza del poder de Dios es la resurrección del Señor Jesucristo de la muerte (Ef 1.19-20). La palabra *resucitándole* enfatiza la obtención de una gran victoria después de que la muerte sufriera la derrota. Él fue resucitado para convertirse en «el gran pastor de las ovejas». Todos los creyentes están en su rebaño. Él es un Pastor fiel, ejerciendo cuidado protector sobre las ovejas de su rebaño para guardarlas, guiarlas, instruirlas y suplir cualquier necesidad que puedan tener.

Su trabajo como pastor es que Él «os haga aptos en toda buena obra para que hagáis su voluntad». Su voluntad, como se revela en esta carta, es la de traer a estos creyentes a la perfección o la madurez espiritual. Y Dios está obrando en ellos, incluso a través de sus sufrimientos, para llevar a cabo ese

A lo largo de esta carta hemos visto que la responsabilidad definitiva de traer creyentes a la madurez descansa solamente en Jesucristo y en su habilidad para cumplir con lo que ha prometido. La responsabilidad del cristiano es apartarse de aquellas cosas que le estorbarían en su camino hacia la madurez y someterse voluntariamente a Dios. La fórmula de dos pasos es muy simple: Nuestra responsabilidad es someternos a Él en fe; la suya es llevarnos a la madurez.

mismo propósito. Su meta para los creyentes será realizada a través del pastoreo de Jesucristo. El que se nos presenta como el que «se sentó a la diestra de la Majestad en las alturas» en gloria (Heb 1.3) es el mismo que ahora está siendo glorificado cuando los creyentes progresan hacia la madurez. Así pues, el tema de la perfección o la madurez de los creyentes que tanto se ha manejado en esta epístola se convierte en el sujeto de la oración de cierre del apóstol.

No es obligatorio que respondan a cualquiera de estas exhortaciones; es opcional. Por lo tanto el escritor cierra con una fuerte apelación a aquellos que han recibido esta «palabra de exhortación» para que no la ignoren, la desechen, o la rechacen; sino que la tomen para que Dios —que está obrando en sus experiencias para hacerles semejantes a Cristo— pueda llevar a cabo su voluntad en ellos.

El autor es cuidadoso de respetar la autoridad de aquellos que han sido hecho pastores sobre los demás. El no quiere parecer que está usurpando su autoridad, y así les manda saludos como un igual. El escritor manda saludos de «los de Italia». Aunque algunos han sugerido que esta epístola fue escrita desde Italia, esto puede también sugerir que habían allí muchos que habían huido de Italia y estaban en compañía del escritor. Debido a la persecución de los judíos en Roma bajo Claudio (Hch 18.2), muchos como Aquila y Priscila habían huido de Roma y se habían establecido en otras parte del imperio. El punto que el escritor está haciendo al hacer referencia a aquellos de Italia es que habían otros creyentes en otros lugares que estaban padeciendo persecuciones severas, pero no habían comprometido su testimonio para escapar de la persecución, y por el amor de Cristo habían dejado Roma para establecerse en otro lugar. La fidelidad de aquellos de Italia bajo persecución era un ejemplo para los que recibirían esta carta.

El apóstol cierra con la bendición: «La gracia sea con todos vosotros». La gracia era aquello a lo que el escritor se refería cuando invitó a los creyentes a «acercarse confiadamente al trono de la gracia, para alcanzar misericordia y hallar gracia para el oportuno socorro» (4.16). La gracia de Dios es suficiente para cualquier necesidad. La gracia de Dios está disponible, y todos los creyentes son libres de acercarse a su gracia para que les capacite a mantenerse cuando enfrentaran persecuciones, y para progresar firmemente hacia la madurez con paciente perseverancia.

Por lo tanto, cultivemos en nosotros mismos y animemos también a otros a luchar por una fe que perdura a través de su Espíritu.